Stiftung Aurora

Martin Empson

„Die Zeit der Ernte ist da!"

Revolution, Reformation und der Deutsche Bauernkrieg

Aus dem Englischen von Rosemarie Nünning

Die englische Originalausgabe erschien 2025 unter dem Titel
The Time of the Harvest has Come: Revolution, Reformation and the German Peasants War Bookmarks Publications

Bibliografische Information der Deutschen Nationalbibliothek:
Die Deutsche Nationalbibliothek verzeichnet diese Publikation in der Deutschen Nationalbibliografie; detaillierte bibliografische Daten sind im Internet über dnb.dnb.de abrufbar.

Typografie, Satz & Umschlagsgestaltung: Tom Berg

Verlag: BoD · Books on Demand GmbH, Überseering 33,
22297 Hamburg, bod@bod.de
Druck: Libri Plureos GmbH, Friedensallee 273, 22763 Hamburg

ISBN: 978-3-8192-4771-2

Sieh zu, die Grundsuppe des Wuchers, der Dieberei und Rauberei sein unser Herrn und Fürsten, nehmen alle Kreaturen zum Eigentum: Die Fisch im Wasser, die Vögel im Luft, das Gewechs auf Erden muß alles ihr sein (Esaie 5). Darüber lassen sie dann Gottes Gebot ausgehen unter die Armen und sprechen: „Gott hat geboten: Du sollst nit stehlen." Es dienet aber ihn nit.

So sie nun alle Menschen verursachen, den armen Ackermann, Handwerkmann und alles, das da lebet, schinden und schaben (Michee, 3. Ka.), so er sich dann vergreift am Allergeringesten, so muß er hengen. […] Die Herren machen das selber, daß ihn der arme Mann feind wird. Die Ursach des Aufruhrs wollen sie nit wegtun, wie kann es die Lenge gut werden? So ich das sage, muß ich aufrührisch sein, wohlhin!

Thomas Müntzer
„Hochverursachte Schutzrede", Ende 1524[1]

---

1 Lenk (1983: 225).

Danksagung

Dieses Buch zu verfassen, wäre mir ohne die Unterstützung und den Rat vieler Einzelpersonen nicht möglich gewesen. Mein Dank gilt Justine Firnhaber-Baker, Donny Gluckstein und Graham Mustin für ihre Kommentare und Vorschläge zu den ersten Entwürfen dieses Buchs. Die detaillierten Kommentare von Rosemarie Nünning haben mich dazu gebracht, die Rolle der Frauen zu überdenken und auch, wie der Deutsche Bauernkrieg Jahrhunderte später wahrgenommen wurde und wird. Mein besonderer Dank gilt Andrew Drummond, dessen Buch über Thomas Müntzer eine bedeutende Anregung für mich war, wie noch deutlich werden wird. Andrews Bereitschaft, mich mit Rat, Kommentierung, Übersetzungen und Quellen zu unterstützen, und dies nicht selten sehr kurzfristig, war von unschätzbarer Hilfe. All diese Einzelnen haben dazu beigetragen, dass ich die hier dargestellten geschichtlichen Ereignisse vielfach auf neue Weise betrachtet habe. Für eventuelle Fehler bin allein ich verantwortlich.

Ebenfalls habe ich Colm Bryce zu danken, der als Erster die Idee aufgriff, dass ein Buch über den Deutschen Bauernkrieg auch fünfhundert Jahre später für Sozialistinnen und Gewerkschafter noch von Bedeutung ist. Mark L. Thomas war ein hilfreicher, einfühlsamer und begeisterter Lektor. Ich bin ihm sehr zu Dank verpflichtet. Außerdem möchte ich Oisin McGann für den Entwurf der Landkarte danken, Ben Windsor für die Titelgestaltung des Buchs und Carol Williams für ihre gründliche Durchsicht des Texts. Nicht zuletzt geht mein Dank auch an Sarah Ensor, die wieder einmal erduldet hat, dass ich mich über einen längeren Zeitraum hinweg in die Geschichte der Bauern- und Religionskämpfe versenkt habe.

Inhaltsverzeichnis

Anmerkungen zur Übersetzung

Dank an Einde O'Callaghan für die gründliche Durchsicht dieser Übersetzung. Etliche Zitate, die in der englischen Fassung dieses Buchs bereits eine modernisierte Übertragung aus dem Deutschen darstellen, sind in der deutschen Urfassung oder in geringfügig modernisierter deutscher Schreibung oft nicht leicht erfassbar. Schwierigere Stellen habe ich selbst übertragen, soweit keine zugänglichere Fassung zu finden war, und hoffe, den Sinn getroffen zu haben. Viele Quellenbücher sind digitalisiert, und wer einen Eindruck von der Art zu schreiben (und zu denken) gewinnen will, kann die Verweise im Literaturverzeichnis nutzen.

Bei der Frage des geschlechtergerechten Schreibens bei einer Aufstandsbewegung, in der die Hauptakteure im Vordergrund, die Reformatoren, Revolutionäre, Bauern, die ihre Schriften und Manifeste hinterließen, männlich waren und auch die Geschichtsschreibung sich vor allem auf Männer konzentrierte, habe ich mich letztendlich dafür entschieden, bei der traditionellen Schreibung zu bleiben. Martin Empson hat in diesem Buch die Beteiligung von Frauen und ihre Stellung in der damaligen Gesellschaft an verschiedenen Stellen erörtert. Über Menschen, die nicht dem einen oder anderen Geschlecht zuzuordnen waren, geht aus den Quellen, soweit ich sie gesehen habe, nichts hervor.

Diese Übersetzung wurde anhand der vorletzten Fassung erstellt, um rechtzeitig, zum Höhepunkt der Ereignisse vor 500 Jahren, auf Deutsch verfügbar zu sein. Die Abweichungen sind geringfügig. Bedanken möchte ich mich bei Claudia Hollstein und Michael Hübner von der Sächsischen Akademie der Wissenschaften zu Leipzig, die mir umstandslos zwei Quellenbände der Thomas-Müntzer-Ausgabe, die von der Akademie herausgegeben werden, als Arbeitsmaterial zur Verfügung gestellt haben.

Rosemarie Nünning

Vorwort: Warum noch ein Buch zu 500 Jahre Bauernkrieg?

Martin Empson, britischer Sozialist und in der Umweltbewegung aktiv, untersucht mit einem historisch-materialistischen Verständnis die größte soziale Erhebung in Europa vor der Französischen Revolution. Diese wissenschaftliche Tradition in der Arbeiterbewegung wurde durch den Stalinismus verschüttet. Aus diesem Grund hat sich die Stiftung Aurora entschlossen, das Buch herauszugeben.

In „Die Zeit der Ernte ist da – Revolution, Reformation und der deutsche Bauernkrieg" werden genau und ausführlich Entstehung, Ausbreitung und Entwicklung des Aufstandes geschildert. Empson fragt nach den gesellschaftlichen Bedingungen, die diese Massenbewegung möglich machten.

Mit seiner Analyse knüpft er unter anderem an Friedrich Engels' Verständnis des deutschen Bauernkriegs an, in der unterschiedliche Klassen für ihre jeweiligen Interessen kämpften. Er diskutiert auch kritisch die Konzeptionen west- und ostdeutscher Historiker:innen und den Begriff der „frühbürgerlichen Revolution", wie Engels ihn einführte.

Das Ausmaß der Bauernerhebung nahm den Charakter einer Revolution an. Anführer dieser Revolution waren die „gemeinen Leute", Bauern, Bergknappen und Stadtbürger, die in städtischen Angelegenheiten nicht mitbestimmen konnten.

Die „gemeinen Leute" griffen Luthers theologische Ideen von der „Freiheit eines Christenmenschen" als Ideen zur Veränderung der Welt auf und gingen weit darüber hinaus. Sie kämpften gegen ihre verschärfte Unterdrückung und Ausbeutung durch Fürsten, Adel und Kirche und strebten eine Gesellschaft an, in der „alle alles gemeinsam haben". Es waren radikale Denker wie Thomas Müntzer, die mit ihren Ideen diesem Kampf Ausdruck verliehen, während Luther sich schließlich gegen die Erhebung wandte, um die gesellschaftliche Ordnung zu erhalten.

Doch ihre Hoffnung, mit ihrer Erhebung Gleichheit, Freiheit und Gerechtigkeit durchsetzen zu können, wurde von der vereinten Macht der altkirchlichen (katholischen) und reformierten Fürsten brutal zerschlagen.

Es waren die Feudalherrscher, die aus diesem Kampf gestärkt hervorgingen, wie Engels schrieb. Und doch bleibt für uns heute der Kampf Ausgebeuteter gegen ihre Ausbeuter eine Inspiration.

Stefanie Thyssen

Einführung: Der Deutsche Bauernkrieg?

Im März 1525 versammelten sich rund 50 gewählte Vertreter einer der größten revolutionären Bewegungen der europäischen Geschichte in Memmingen, einer Kleinstadt im Südwesten des heutigen Deutschlands. Die Delegierten diskutierten im Verlauf mehrerer Sitzungen Forderungen, die schließlich in zwölf Artikeln zusammengefasst wurden. Diese brachten den Zorn und die Unzufriedenheit der niederen Stände in weiten Teilen der südlichen Regionen des Heiligen Römischen Reichs Deutscher Nation, einschließlich Gegenden des heutigen Frankreichs und der Schweiz, zum Ausdruck.[1] Diese Massenbewegung bewaffneter Bauern, die sich in „Haufen" genannten Formationen organisierten, griff in Windeseile um sich und riss Zehntausende mit sich. Die Haufen marschierten weite Strecken, um ihre Erhebung zu verbreiten und sich mit weiteren Aufständischen zu verbünden. Städte und Ortschaften der Region schlossen sich ihnen an, erhoben häufig eigene Forderungen und schrieben ebenfalls Artikel. Die Rebellen konnten zumindest anfangs ihre Gegner außerordentlich erfolgreich bedrängen, und sie eroberten und zerstörten Symbole ihrer Unterdrückung. Zum Beispiel wurden in nur zehn Tagen im Bistum Bamberg zweihundert Burgen ganz oder teilweise zerstört.[2]

Die von den Gesandten aufgestellten Zwölf Artikel fanden weite Verbreitung. Laut Schätzungen wurden im deutschen Reich 25.000 Exemplare unter die Leute gebracht. Wir wissen, dass sie von Tausenden gelesen und begeistert aufgegriffen wurden, weil sie sich in Hunderten lokalen Forderungen Aufständischer niederschlugen.

Die riesige radikale Erhebung, die als Deutscher Bauernkrieg in die

---

1 Ich werde im Folgenden Begriffe wie „deutsch" und „europäisch" verwenden. Für die damalige Zeit ist das etwas anachronistisch, aber es macht es zugänglicher. Bei der Beschreibung bestimmter Orte habe ich versucht, einen Eindruck davon zu vermitteln, wo sie sich auf einer modernen Landkarte befinden. Es sollte jedoch beachtet werden, dass die Grenzen der heutigen europäischen Nationalstaaten häufig nicht mit denen des 16. Jahrhunderts übereinstimmen, auch wenn es bereits Nationen gab.

2 Endres (1979): 163.

Geschichte einging, stand in engem Zusammenhang mit den umfassenderen gesellschaftlichen Gärungsprozessen in Europa. Europa befand sich an der Schwelle zu einer Zeit großer Umbrüche. Kaum drei Jahrzehnte vor dem Ausbruch der Rebellion hatte Christoph Kolumbus einen Prozess angestoßen, der zur gewaltsamen Kolonisierung des amerikanischen Kontinents und zur Vernichtung seiner Ureinwohner durch Krieg, Seuchen und Hunger führte. Schiffe von Spanien und Portugal fuhren um Afrika und in den Indischen Ozean und erschlossen diese Gebiete für den europäischen Handel und die Kolonisierung. Der Sklavenhandel hatte bereits eingesetzt. Schon in den Anfangsjahren wurden Hunderte Menschen in Afrika gefangen genommen, um in den Kolonien Zwangsarbeit zu leisten. Dies war der Beginn eines gewalttätigen Dreieckstauschs, in dem Millionen Menschen über den Atlantik verschleppt wurden, um in Amerika auf europäischen Plantagen zu arbeiten – und zu sterben. Der mit diesem Handel erzeugte Reichtum begann in die europäischen Länder zurückzufließen, insbesondere nach England, Frankreich und Spanien, die sich einen höchstmöglichen Anteil daran zu sichern suchten. Das Heilige Römische Reich Deutscher Nation war zu dieser Zeit eher auf die eigene Region konzentriert, vor allem auf den Mittelmeerraum. Das gesamte christliche Europa fürchtete die Ausdehnung der seinerzeit mächtigsten Kraft, des Osmanischen Reichs. Die Osmanen hatten 75 Jahre zuvor mit Konstantinopel eine für das Christentum bedeutende Stadt erobert. Nun drängte das Osmanische Reich überall portugiesische und spanische Handelsniederlassungen, Entdecker und Armeen zurück. Seine Waffen, Technik und Kultur waren denen Europas in vieler Hinsicht mindestens gleich, wenn nicht überlegen. Neben den militärischen Auseinandersetzungen standen die europäischen Herrscher vor weiteren Krisen. Neue wirtschaftliche Mechanismen brachten Spannungen mit sich. In den vorangegangenen Jahrhunderten hatte sich die Feudalordnung langsam verändert. Neue wirtschaftliche Motive machten sich bemerkbar. Das Aufkommen einer Geldwirtschaft, des Warenhandels, einer profitorientierten Landwirtschaft und eines Manufakturwesens waren die Vorboten einer kapitalistischen Ökonomie. Jene, deren Reichtum auf diesen neuen Produktionsmethoden beruhte, gerieten immer häufiger in Konflikt mit der alten feudalen Ordnung. Diese wirtschaftlichen Veränderungen zeigten sich auf vielfache Weise: im politischen, kulturellen wie religiösen Bereich. Insbesondere die Macht der christlichen Kirche, deren Oberhaupt der fast übermächtige Papst war, wurde herausgefordert. Wir werden noch sehen, wie sich diese Spannungen innerhalb des Christentums in der von Martin Luther im Jahr 1517 eingeleiteten Reformation niederschlugen. Auf der Grundlage von Luthers anfänglicher Forderung nach gesellschaftlichem Wandel entstand sehr schnell eine radikale Massenbewegung des „gemeinen Mannes", die zu einer Spaltung in der Kirche selbst führte. Die Anschauungen der Reformation sind den Zwölf Artikeln und unzähligen anderen Forderungen, die von den deutschen Aufständischen in den Jahren 1524 bis 1525 erhoben wurden, deutlich eingeschrieben.

Die Menschen auf der untersten Stufe der Gesellschaft hatten eine lange Phase wirtschaftlichen Stillstands und krisenhafter Ereignisse erlebt. Die Mehrheit der Europäer lebte in ärmlichen Verhältnissen. Hunger und Armut waren alltäglich, ebenso die Entbehrungen, die ständige Kriege der Landesherren um Land und Einfluss mit sich brachten. Auf den einfachen Leuten lastete wegen der hohen Pachten und Steuern enormer wirtschaftlicher Druck. Zum Beispiel klagten die Bewohner von Rothenburg ob der Tauber darüber, dass sie „mehr als die Hälfte ihres Einkommens als Steuern und Zinsen wieder abgeben" mussten.[3] Zusammenfassend schreiben die Historiker Tom Scott und Bob Scribner: „Feudale Abgaben oder Pachten machten nicht selten 40 Prozent der erzeugten Güter aus, dazu kam noch der Zehnt."[4] Der Druck der Entwicklungen und Spannungen von außerhalb wie innerhalb der deutschen Gesellschaft brach sich im Jahr 1524 in einem bewaffneten Aufstand Bahn, der nur durch schärfste Unterdrückung beendet werden konnte. Zehntausende wurden allein deshalb ermordet, weil sie sich getraut hatten, für die Veränderung der gesellschaftlichen Verhältnisse einzutreten. Dieses Buch erzählt die Geschichte dieser Erhebung.

---

3 Endres (1979: 158).
4 Scott/Sribner (1991: 9). Der Zehnt war eine Art Kirchensteuer. Sie belief sich in der Regel auf ein Zehntel der Ernte oder anderen Einkommens.

*

Der Aufstand der Massen in den Jahren 1524 bis 1526 in Europa wurde als Deutscher Bauernkrieg bekannt. Diese Bezeichnung ist in dreifacher Hinsicht ungenau: Erstens reichte die Erhebung weit über die Grenzen des heutigen Deutschlands hinaus. Es gab damit verbundene Ereignisse in der Schweiz, Teilen des heutigen Frankreichs, in dem heutigen Österreich und selbst so weit entfernt wie im Samland, das seinerzeit als Teil des Königreichs Polen zum Herzogtum Preußen gehörte und heute eine zwischen Polen und Litauen gelegene Enklave Russlands ist.[5] Zweitens ging die Beteiligung an den Aufständen weit über die Bauern hinaus. Heute verstehen wir unter „Bauern" meist nur diejenigen, die ihr Land bestellen. Wie Rodney Hilton in seiner klassischen Studie des englischen Aufstands von 1381 jedoch schrieb, gehörten zur „bäuerlichen Gemeinschaft" weit mehr als diese.[6] Die Interessen von Handwerkern, Schmieden und Müllern waren mit denen der Dorfgemeinschaft eng verflochten.

Dasselbe gilt für das ländliche Deutschland im 16. Jahrhundert, und in der folgenden Darstellung gibt es viele Beispiele von Personen, die in der Bauernarmee kämpften, aber nicht dem klassischen Bild eines Bauern entsprachen. Dennoch gibt es Unterschiede zwischen der Zeit, die Hilton diskutiert, und dem Deutschland des 16. Jahrhunderts. Zum Beispiel war die Kluft zwischen den reichen und den ärmeren Bauern innerhalb der Ortschaften größer, und an dem Deutschen Bauernkrieg beteiligten sich auch Lohnarbeiter, insbesondere Bergknappen, die sich vielfach dem Aufstand anschlossen. Und doch handelte es sich vor allem um Angehörige der bäuerlichen Gemeinschaft. Peter Blickle, ein bedeutender Historiker zu diesen Ereignissen, hat die interessante These aufgestellt, der Bauernkrieg sei eine „Revolution des gemeinen Mannes" gewesen. Er vertrat die Auffassung, „Träger der Revolution ist nicht ‚der Bauer' (er dominiert in der Regel nur in der ersten Ebene des Aufstands = Formulierung der Beschwerden/Forderungen), sondern der ‚gemeine Mann' (= Bauer, Bürger landesherrlicher Städte, nicht-ratsfähige

---

5 Der Aufstand im Samland findet selten Beachtung. Eine Ausnahme ist Wunder (1975: 9–37).
6 Hilton (1972: 35–36)

Bevölkerung der Reichsstätte, Bergknappen)".[7] Auf diese These werde ich noch zurückkommen, aber sie verkennt das Wesen der Revolution und verwechselt deren Teilnehmer mit der Klasse, die im Mittelpunkt der Ereignisse stand. Und zum Dritten war es kein Krieg. Es gab militärische Auseinandersetzungen und die Bauern bewaffneten sich, bildeten Heere, führten militärische Operationen durch, stürmten Burgen, Schlösser und Städte und zogen in erbitterte Schlachten. Diesen Aufstand einen Krieg zu nennen, übersieht die Verschränkung von religiösen, wirtschaftlichen und politischen Fragen, die zur Entstehung der Revolution beitrugen. Leo Trotzki schrieb in dem Vorwort zu seiner Monumentalgeschichte der Russischen Revolution von 1917, an der er selbst führend teilgenommen hatte: „Der unbestreitbarste Charakterzug der Revolution ist die direkte Einmischung der Massen in die historischen Ereignisse."[8] Zweifellos galt das auch für Deutschland in den Jahren 1524 bis 1525. Zwar gibt es große Unterschiede zwischen den Bauern des 16. Jahrhunderts in Europa und den Arbeitern und Bauern, die im Jahr 1917 in Russland die Macht ergriffen, aber auch die Aufständischen von 1524 versuchten, ihr Leben in die eigene Hand zu nehmen und ihre Gemeinden und ihre Zukunft selbst zu gestalten. Zehntausende legten ihre Werkzeuge nieder, bewaffneten sich und verließen Heim und Dorf, um sich Heeren anzuschließen, die sich den Fürsten und Herren entgegenstellten. Ihnen konnte kein Erfolg beschieden sein, anders als vier Jahrhunderte später den Revolutionärinnen und Revolutionären in Russland. Der Grund dafür ist engstens verbunden mit der Geschichte der Entstehung des Kapitalismus. In den Jahrhunderten nach den Unruhen der 1520er Jahre in Deutschland machte die Reformation weitere Fortschritte. Alle Gewissheiten wurden erschüttert. Zahllose Monarchen, Fürsten, Adlige und Geistliche wurden in den folgenden Kriegen, den Unruhen, politischen Krisen und Aufständen gestürzt. Damit einhergehend und eng damit verbunden war der Aufstieg des Kapitalismus. Aber erst

---

7   Blickle (1975: 127). Blickle (1983: 165–195) Der Begriff „gemeiner Mann" ist insofern problematisch, als er auf die Abwesenheit von Frauen bei diesen Ereignissen hindeutet, was aber nicht der Fall war, wie noch zu zeigen sein wird.
8   Trotzki (1960: 12).

Ende des 19. Jahrhunderts konnte die bürgerliche Gesellschaft in ganz Europa die alten Fesseln abschütteln. Damit vollendete sie einen Prozess, dessen Beginn sich in den Jahren vor dem 16. Jahrhundert abzuzeichnen begann. Dies war einer der Gründe, warum der deutsche Revolutionär Friedrich Engels im Jahr 1850 das 16. Jahrhundert zur Beleuchtung der Ereignisse des Revolutionsjahrs von 1848 heranzog. Das ist auch der Grund, wie ich meine, warum die Geschichte der Ereignisse von 1524/1525 noch heute für uns von Bedeutung ist, denn sie trägt dazu bei, unsere eigene Gesellschaft zu verstehen, und kann noch jetzt Rebellinnen und Revolutionäre inspirieren.

*

Im Folgenden habe ich mich so weit wie möglich auf zeitgenössische Berichte gestützt, um die durch die Erhebung aufgeworfenen Themen zu untersuchen. Dabei weise ich darauf hin, dass diese Zitate aus dem 16. Jahrhundert gelegentlich antisemitische und sexistische Äußerungen enthalten.

*

Der Titel dieses Buchs ist dem Prager Sendbrief Thomas Müntzers von 1521 entnommen:

> Es musste die Büberei mit aller Deutlichkeit an den Tag kommen. – O ho, wie reif sind die faulen Äpfel! Oho, wie mürb sind die Auserwählten geworden! Die Zeit der Ernte ist da. Darum hat mich Gott selber angemietet in seine Ernte. Ich habe meine Sichel scharf gemacht, denn meine Gedanken sind heftig auf die Wahrheit gerichtet und meine Lippen, Haut, Hände, Haar, Seele, Leib, Leben verfluchen die Ungläubigen.[9]

---

9 Wehr (1989: 31).

Erster Teil

1. Deutschland am Vorabend der Revolution

Das 16. Jahrhundert zeichnete sich durch rasanten Wandel in ganz Europa aus. Im Jahr 1492 erreichte Kolumbus den amerikanischen Kontinent und leitete damit eine Zeit der kolonialen Ausbeutung ein, bei der die Bevölkerung des Kontinents, die natürlichen Ressourcen und die Ökologie an einen Weltmarkt gebunden wurden, was genozidale Folgen für die einheimische Bevölkerung hatte. Der Zufluss von Reichtum in Form wertvoller Metalle, Mineralien, Holz, Fellen und Häuten sollte die europäische Gesellschaft nachhaltig beeinflussen und einen wirtschaftlichen Wandel in Gang setzen, der bereits in Konflikt mit der feudalen Ordnung geriet.

Deutschland blieb von diesen Veränderungen nicht ausgenommen. Im 16. Jahrhundert war die Wirtschaft allerdings noch überwiegend agrarisch geprägt. Etwa 80 Prozent der Bevölkerung arbeitete auf dem Land und die Gesellschaft war von der Beziehung zwischen Bauern und Grundeigentümern, den Fürsten, geprägt. Im Reich gab es viele Arten der Landwirtschaft, von Getreide, Viehzucht und Milchwirtschaft bis hin zu Flachsanbau zur Herstellung von Leinen und zum Weinbau. Während ein Großteil der Produkte noch für den lokalen Gebrauch und Verkauf bestimmt war, produzierten einige Wirtschaftszweige bereits für einen ausgedehnten Markt. Einige Regionen des Reichs waren auf bestimmte landwirtschaftliche Produkte spezialisiert. Selbst heute sind Gegenden wie das Rheinland oder das Elsass noch bekannt für ihre Weine und Milchprodukte. Aber innerhalb dieser ländlichen Ökonomie entstanden andere Industrien. Einige Ortschaften und Städte wurden berühmt für ihre Woll- und Leinenwebereien. Straßburg zum Beispiel, das seinerzeit zum Heiligen Römischen Reich gehörte, entwickelte sich an der Wende zum 15. Jahrhundert aufgrund seiner Wollherstellung „mit rund 25.000 Einwohnern zu einer der größten Städte im Reich". Produkte wie Wolle sowie Getreide und Vieh aus den weiten Landstrichen des Ostens wurden in Westeuropa verkauft. Zusammen mit weiteren aufstrebenden Industriezweigen wie Bergbau, Weberei und Eisenerzeugung waren all dies Anzeichen für eine neue ökonomische Realität.[10]

*

Im 16. Jahrhundert waren die meisten Bewohner Deutschlands Bauern. Was genau jedoch ein Bauer des 16. Jahrhunderts war und wer die Bauern waren, ist erstaunlich schwierig zu beantworten. Die Teilnehmer des Bauernkriegs waren nicht einfach Leute, die das Land bestellten. Zu ihnen gehörten auch andere, die in den Landgemeinden lebten, wie Schmiede oder Gastwirte, und deren Leben und Arbeit eng mit der Landwirtschaft verflochten war. Um die Sache weiter zu verkomplizieren, haben diese nicht selten ebenfalls eigenes Land bestellt oder Land, das anderen gehörte.

Deutschland war eine strikt gegliederte Ständegesellschaft, die sich in den vorausgehenden Jahrhunderten nur wenig verändert hatte. Fast alle waren einem Landesherrn unterworfen, der nicht selten weit entfernt lebte und den die meisten Bauern vermutlich niemals zu Gesicht bekamen. Die unmittelbare Verfügungsgewalt über die Bauern lag beim Grundherrn, einem örtlichen Feudalherrn. Diese Grundherrenschaft konnte von einem Adligen ausgeübt werden oder auch von einer Institution wie einem Kloster oder einer Kirche. In diesem Fall schuldeten die Bauern dem Haupt dieser Einrichtung die Gefolgschaft.

Für die Bauern selbst gab es eine verwirrende Anzahl an Namen und Bezeichnungen, die ihre jeweilige gesellschaftliche Position und ihren Platz in der gesellschaftlichen Hierarchie kennzeichneten. In der klassischen europäischen Feudalzeit etwa vom 9. bis zum 15. Jahrhundert waren die meisten Bauern Leibeigene, auch Eigenleute genannt. Sie befanden sich am unteren Ende der Ständepyramide und hatten wenige Rechte oder Freiheiten. Leibeigene waren an ihren Grundherrn und seine Güter gebunden und mussten für ihn arbeiten. Dieser Frondienst konnte darin bestehen, wöchentlich

---

10 Scott (1996: 3–5).

oder monatlich eine bestimmte Anzahl an Tagen auf den Gütern zu schuften oder zum Beispiel in der Erntezeit zusätzliche Arbeit zu verrichten. Leibeigene unterlagen noch mehr Beschränkungen: Sie waren an die Scholle gebunden, durften nicht ohne Genehmigung heiraten und mussten verschiedenste Steuern an den Grundherrn entrichten. Wenn ein Leibeigener starb, musste die Familie den Grundherrn dafür entschädigen (Todfall) oder eine Abgabe für die Weiternutzung des Lands entrichten. Der Grundherr hatte große Macht über die Leibeigenen, auch das Recht zur Züchtigung. Solches Unrecht schürte die Unzufriedenheit und schlug schließlich in den bäuerlichen Aufstand um.

Im 16. Jahrhundert setzen Veränderungen in den ländlichen Beziehungen ein. Die Leibeigenschaft wurde langsam aufgehoben. Dieses System der Bewirtschaftung des Bodens stellte sich zunehmend als ineffizient heraus, und eine wachsende Anzahl von Grundherren lieh den Bauern das Land gegen eine Pacht oder einen anderen Ausgleich. Zudem dezimierte die Pest der Jahre 1347 bis 1350 die europäische Bevölkerung. Deutschland allein verlor ein Drittel seiner Einwohner an den Schwarzen Tod. Dadurch kam es zu Arbeitskräftemangel, und die Leibeigenen konnten ihre Stellung verbessern. Mit dieser Entvölkerung ging die Aufgabe bisher bewirtschafteter Flächen einher, was die Einkünfte der Grundherren schmälerte und die Preise steigen ließ. Die feudale Ordnung begann sich von dieser Zeit der Krise erst mit dem Wiederanstieg der Bevölkerungszahl zu erholen. Im Jahr 1470 betrug diese 7 bis 10 Millionen und erreichte bis zum Jahr 1560 rund 14 Millionen.[11]

Gleichzeitig kam es im 16. Jahrhundert zur weiteren Ausdehnung der Geldwirtschaft mit der Herstellung von Feldfrüchten und mit Viehzucht für den Markt.[12] Mit dem einsetzenden Bevölkerungswachstum im 16. Jahrhundert wurde wieder mehr Ackerfläche benötigt und nicht mehr bewirtschaftetes Land urbar gemacht, Moore wurden trockengelegt und Wälder gerodet. Die Getreidepreise stiegen, das Einkommen der Bauern hielt damit nicht Schritt, sodass

---

11 Rösener (1996: 70).
12 Diese Zusammenfassung der vielfachen Veränderungen in der deutschen Landwirtschaft des 16. Jahrhunderts stützt sich auf: Rösener (1996: 70–78).

sich der Gewinn der Grundherren vergrößerte. Deshalb versuchten die Grundbesitzer, ihre Produktion zu steigern, um den wachsenden Bedarf an Nahrungsmitteln zu decken und noch mehr Gewinn zu erzielen. Die Intensivierung der Flächennutzung und verbesserte Anbaumethoden wie die Einführung der Fruchtfolge und neuer Kulturpflanzen brachten höhere Erträge ein. All diese Faktoren spiegelten die Hinwendung zu einer Landwirtschaft wider, die auf Gewinn und nicht auf Nutzen ausgerichtet war. Eine kleine Anzahl Bauern profitierte von diesen Veränderungen, die Hauptnutznießer waren allerdings die Großbauern. In der Folge vergrößerte sich die „gesellschaftliche Kluft zwischen einer winzigen bäuerlichen Oberschicht und der Masse der Kleinbauern".[13] Insbesondere in Ostdeutschland führte die Entstehung der „Gutslandwirtschaft" zur Zusammenlegung ehemaliger und bestehender Bauernhöfe zu Gutshöfen. Anders dagegen in Süd- und Westdeutschland, wo „im 16. Jahrhundert keine großflächige Gutslandwirtschaft entstand, sondern die Landpacht für die Grundherren auf Grundlage von Geld- oder Naturalpacht überwog".[14]

Im Widerspruch zu diesen sich verändernden ländlichen Beziehungen kam es zur Wiederbelebung der Leibeigenschaft in Osteuropa und in einigen Gegenden Deutschlands, auch „zweite Leibeigenschaft" genannt. Die Herrscher stärkten die Verfügungsgewalt der Grundherren über die Leibeigenen und gestatteten laut dem Historiker Tom Scott die Entwicklung einer „ausgeprägten unternehmerischen Domänenwirtschaft, in der die Bauernschaft durch feudale Bindungen [...] einer kapitalistischen Produktionsweise zur Versorgung der überseeischen Märkte unterworfen war".[15]

In Deutschland gab es viele unterschiedliche Rechts- und Wirtschaftsverhältnisse in der Landwirtschaft, überall jedoch stützten diese sich auf die Ausbeutungsbeziehungen zwischen Grundeigentümern und Bauern. Die Leibeigenschaft wurde allmählich abgelöst, auch wenn der Adel für die Erhaltung dessen rechtlicher Grundlagen kämpfte, obwohl ihm bewusst war, dass es eine unwirtschaftliche

---

13 Rösener (1996: 74).
14 Rösener (1996: 76).
15 Scott (1996: 10).

Art der Reichtumsvermehrung war. Wenn sich jedoch die Anzahl der Leibeigenen verringerte, wer trat an ihre Stelle? Wer waren die anderen, die nichtleibeigenen Bauern im 16. Jahrhundert?

Die Rangordnung und gesellschaftliche Schichtung in der ländlichen Gesellschaft erwies sich am deutlichsten an der Kluft zwischen den Reichsten und den Ärmsten – den Grundherrn und den Bauern zum Beispiel. Aber auch unter den Bauern gab es Unterschiede je nach Reichtum und Eigentum; alle kannten ihren Platz im Dorf und in der Gesellschaft. Die rechtliche Stellung eines Bauern bestimmte sein Einkommen und also auch die gesellschaftliche Stellung der Bauernfamilie. Die Einkünfte ergaben sich vor allem aus der Größe des bewirtschafteten Lands. Ein wohlhabender Bauer mit mehreren Besitzungen stand in der Dorfhierarchie sehr viel höher als einer, der nur einen Hof oder nur einen Teil eines Hofs bewirtschaften konnte. Die Ärmsten in der Dorfgemeinde waren die vielen landlosen Bauern, die auf den Höfen anderer als Lohnarbeiter schuften mussten.

Wir können die Bauern also nicht als unterschiedslose Masse begreifen. Vielmehr waren sie eine Gruppe mit gemeinsamen Interessen, jedoch differenziert nach Reichtum und gesellschaftlicher Stellung. Dieses komplexe Geflecht aus rechtlichen, wirtschaftlichen und sozialen Faktoren bedeutete, dass der Einzelne verschiedenen Herren, den Nachbarn, Freunden und anderen Familienmitgliedern verpflichtet war. Christopher Friedrichs wies darauf hin, dass Besitzrecht an Land von dem Vater eines Bauern geerbt sein konnte, der Status jedoch von der Mutter. Es war möglich, dass „eine Person ihr Land von dem einen Grundherrn erhielt, jedoch einem anderen unterstellt war".[16]

Diese unterschiedlichen Interessen lassen sich auch an den während ihres Aufstands erhobenen Forderungen ablesen. Während in vielen Artikeln die Aufhebung der Leibeigenschaft gefordert wurde, ging es in anderen um die Senkung von Steuern und Pachten. Aus diesem Grund war es dem Adel auch möglich, die Bauern durch selektive Zugeständnisse in Parteien zu spalten. Überall in Europa

---

16 Friedrichs (1996: 249).

wurden diese sozialen und politischen Entwicklungen durch neue Technologien befördert. Mit der neuen Navigations- und Schiffsbautechnik konnte die Welt für den europäischen Kolonialismus erschlossen werden. Gewehre und Geschütze transformierten die Kriegsführung. Erfindungen wie die Uhr begannen die Lebens- und Arbeitsweise der Menschen zu verändern, und neue landwirtschaftliche Geräte beeinflussten die Anbaumethoden. Die Herstellung der Materialien für all diese Dinge hatte enorme Auswirkungen auf die Welt. Ein Beispiel dafür ist der Hochofen für die Eisenherstellung. Der Historiker Jean Gimpel weist darauf hin, dass dafür riesige Wälder gerodet wurden, um Brennstoff für die zu Tausenden errichteten Öfen zu gewinnen.[17]

Einer der Gründe für den Drang europäischer Entdecker und Kolonisten in die Ferne waren die äußerst attraktiven natürlichen Ressourcen an Orten wie Amerika für Händler, Fabrikanten und Herrscher, mit denen sie ihren Reichtum vermehren konnten. Solche Quellen gab es allerdings auch in Europa. In Deutschland waren es beispielsweise die Silberminen, und den Bergknappen, die Eisenerz, Gold oder Kupfer förderten, sollte eine wichtige Rolle in den Klassenkämpfen des 16. Jahrhunderts in Deutschland zukommen.

Diese wirtschaftlichen und technologischen Entwicklungen veränderten die europäische Gesellschaft allmählich und beförderten weiteren Fortschritt. Wie der britische Sozialist Chris Harman feststellte, hätte Kolumbus „den Weg nach Amerika auch ohne das Astrolabium aus den arabischen Ländern und den Kompass aus China finden können", aber er benötigte diese Instrumente, um die Route zu kartografieren, was weitere Reisen und die Eroberung durch Spanien ermöglichte.[18]

Ähnlich verbreiteten sich auch Luthers Anschauungen in Windeseile, nicht nur, weil er die allgemeinen Anliegen und Beschwerden ansprach, sondern auch weil die Einführung des Buchdrucks die Herstellung von Flugschriften und Plakaten in hoher Auflage erlaubte und einfache Leute leichten Zugang dazu erhielten. Wie ein

---

17 Gimpel (1976: 78–79). Dieser Abschnitt fehlt in der deutschen Ausgabe. Zu Umwelt und Umweltverschmutzung siehe: Gimpel (1980: 82–86); RN.
18 Harman (2016: 276).

Autor schrieb, bemühte sich Luther sogar, die „Marke Luther" durch die Massenherstellung von Materialien zu erschaffen, indem er einen Drucker nach Wittenberg holte und eine „Marke" mit ähnlicher Gestaltung und ähnlichem Schriftbild entwerfen ließ.[19] Das Zusammenspiel aus technischer Entwicklung und gesellschaftlichem Wandel förderte wiederum weitere Veränderungen.

Das 16. Jahrhundert fällt mit dem ausgehenden Mittelalter zusammen, in dem die bäuerliche Produktion für die Feudalherren vorherrschte. Diese Herren verdankten ihre gesellschaftliche Stellung einer vergangenen Zeit, als sie den Schutz der ihnen untergebenen Bevölkerung in ihrem Land durch Aufstellung von Streitkräften noch garantieren konnten. Als Gegenleistung für diesen Schutz waren die Bauern verpflichtet, dem Landesherrn einen großen Anteil ihrer Erzeugnisse für dessen persönlichen Verzehr zu geben. Im Laufe der Zeit verfestigte sich diese Herrschaft zu einer äußerst drückenden und ausbeuterischen Gesellschaft, die, wie wir gesehen haben, das Leben der Bauern strengen Regeln unterwarf. Dieses System rief Klassenkämpfe hervor. Die Grundherren versuchten, mehr aus den Bauern zu pressen, und die Bauern wehrten sich dagegen mit einer Vielzahl von Protestformen, die von dem Beschreiten eines begrenzten Rechtswegs bis hin zur offenen Rebellion reichten.

Überreste dieses Feudalverhältnisses fanden sich noch im 16. und 17. Jahrhundert. Einrichtungen wie das Grundherrschaftssystem hatten sich jedoch verändert. Die meisten Grundherren „hatten sich schon lange von ihren Gütern getrennt" und erzielten den Großteil ihrer „feudalen Einkünfte" aus der Pacht. Es war, so der Historiker Tom Scott, eine „versteinerte" Form des Feudalsystems. Er weist jedoch darauf hin, dass dieses System immer noch „den Rahmen für die gesellschaftlich-rechtliche Unterwerfung der Bauernschaft" bot, auch wenn es sich im Wandel befand.[20]

Kaiser, Könige und Königinnen standen in den europäischen Ländern nach wie vor an der Spitze der gesellschaftlichen Pyramide, und während die Adligen, Fürsten und Herren unter den Monarchen

---

19 Pettegree (2016: 160–163; 172–178).
20 Scott (1996: 9). In der Feudalgesellschaft war das „Gut" das Land, das für die Nutzung des Grundherrn bestimmt war, im Gegensatz zu verpachtetem Land.

standen, bestimmten sie das Leben Hunderttausender Bauern. Doch im Laufe des Mittelalters begann die Gesellschaft sich mit den neuen Herstellungsweisen zu verändern. Im Feudalismus herrschte der bäuerliche Ackerbau vor, der ganz auf die Befriedigung der Bedürfnisse der Grundherren ausgerichtet war (die nichtlandwirtschaftliche Produktion wie die Herstellung von Kleidung oder Werkzeug stützte sich ebenfalls auf die bäuerlichen Familienverbände, darunter auch die Schmiede). Für die Feudalherren bemaß sich ihr Reichtum somit an dem Land, das sie besaßen, und der Zahl der Bauern, die es bearbeiteten. In marxistischen Begriffen gesprochen war die feudale Wirtschaft auf die Herstellung von Gebrauchswerten ausgerichtet. Ein Fürst begnügte sich meist damit, seine Bauern auszubeuten, um genügend Lebensmittel und Güter herzustellen, damit er, seine Angehörigen und sein Gefolge in Luxus leben konnten und seine gesellschaftliche Stellung durch Dienstpersonal und Wachen abgesichert war. Der Luxus hing von der Größe des bewirtschafteten Lands ab, denn die Arbeit der Bauern war die einzige Quelle des Reichtums. Dies war jedoch keine Produktion um der Produktion willen. Der Ausbeutung der Bauernschaft war eine Grenze gesetzt, weil kaum über den Bedarf des Grundherrn hinaus produziert wurde, was im Mittelalter Stagnation in der technologischen Entwicklung zur Folge hatte.

Im Laufe des Mittelalters setzten langsam Veränderungen ein. Die Herstellung von Gütern als Tauschwert zum Verkauf auf dem Markt rückte zunehmend in den Vordergrund. Die Geldwirtschaft wurde vorherrschend, und der Handelsware von Kaufleuten kam in ganz Europa eine immer höhere wirtschaftliche und politische Bedeutung zu. Einige städtische Gebiete wurden durch dieses Marktsystem reich. In Freiburg zum Beispiel kreuzten sich Handelswege und Flüsse und der Stadtrat versuchte, durch die Überwachung des Handels und Erzeugung von Gütern in der Stadt selbst den Wohlstand der Stadt zu mehren.

Wie sich dieser Wandel vollzog, lässt sich nach Scott an Schlesien und der Oberlausitz Mitte des 16. Jahrhunderts gut aufzeigen:

> Die Feudalherren nutzten ihre gebündelte Macht, um Handwerk und Textilherstellung zu fördern. Anstatt die Pächter zu enteignen, gaben sie Grundbesitz und Gemeindeland für die Neuansiedlung von Landarbeitern frei und förderten die Verlagerung der Leinenherstellung aus den Städten auf ihre eigenen Güter, wo sie in das System der Feudalpacht integriert wurde.

In anderen Gegenden jedoch, wie in Niedersachsen, Thüringen, Sachsen und Oberösterreich, wo sich der Bauernkrieg hauptsächlich abspielte, gab es eine

> [...] Zwischenform der Grundherrschaft mit Lohnarbeit freier Bauern und den Arbeitsdiensten der Leibeigenen, um beachtliche Ländereien zu bewirtschaften. [...] In einem solchen Gebiet, dem Bezirk um Magdeburg, gab es auf ein und demselben Anwesen gewerbliche Pachtverhältnisse auf den größeren Bauernhöfen neben der Arbeit landloser Leibeigener. Solche Domänen entwickelten sich zweifellos als Reaktion auf den Markt, die Nachfrage war jedoch lokal wie auch international auf den Anbau von Gerste als wichtigster Kulturpflanze ausgerichtet.[21]

Diese neuen agrarischen Wirtschaftsbeziehungen bildeten sich in der Zeit vor und nach dem Bauernkrieg heraus. Sie illustrieren die außerordentliche Umwälzung in der ländlichen Gesellschaft und die Bemühungen der Herren, sich der aufkommenden Marktwirtschaft und den neuen wirtschaftlichen Rahmenbedingungen anzupassen.

Geld gewann in der europäischen Ökonomie immer mehr an Bedeutung. Einige Kaufleute wurden sehr wohlhabend und konnten ihren Reichtum nutzen, um mehr Geld durch Bankgeschäfte und

---

21 Scott (1996: 11).

das Manufakturwesen zu erwirtschaften. Die Familie Fugger begann mit dem Handel von Stoffen und Tuchen. Sie wurde unvorstellbar reich und lieh Monarchen wie Päpsten Geld, auch anderen Kaufleuten, und ihre „Bank" wurde zur mächtigsten Wirtschaftsinstitution Europas. Mit ihrem Reichtum nahm sie Einfluss auf die europäische Gesellschaft, finanzierte Kriege, stürzte oder ernannte Fürsten. Sie betrieb einerseits Ablasshandel[22] zugunsten des Papstes und versuchte andererseits, bei der katholischen Kirche auf die Aufhebung des Zinsverbots hinzuwirken.

Diese wirtschaftlichen Entwicklungen veränderten auch die Landschaft. Die Landwirtschaft war zunehmend auf den Anbau von Nutzpflanzen ausgerichtet, die gegen Geld verkauft werden konnten. Dadurch entstand eine neue Schicht von Landarbeitern, die einen Teil oder die gesamte Zeit Lohnarbeit verrichteten. Sie stellten jetzt Handelsware her, keine Produkte für den unmittelbaren Verzehr und Gebrauch. Kaufleute setzten immer häufiger auf das „Verlagssystem". Dies beruhte zwar weiterhin auf der Arbeit der Hausgemeinschaft, doch nun lieferten die Kaufleute das Rohmaterial zur Herstellung von Waren für den Verkauf. Die Produktion war nun an einen Markt und nicht mehr an die unmittelbaren Bedürfnisse der Grundbesitzer und Herrscher gebunden. Gleichzeitig entstanden neuere städtische Gewerbe, die nach kapitalistischen Prinzipien arbeiteten. Die Entwicklung einer ländlichen und städtischen Industrie war auch mit der Entstehung von Lohnarbeit in den Städten wie auf dem Land verbunden.[23]

All diese Veränderungen verursachten erhebliche Spannungen. Die alte Feudalordnung verlor in dem Maße an Macht und Ansehen, wie Einzelpersonen ihr Vermögen durch Handel und Bankgeschäfte bildeten und gesellschaftlich aufstiegen. Die ständigen Kriege des Mittelalters zwischen verschiedenen Flügeln der feudalen Ordnung, die um Land konkurrierten, nahmen nun oft gewaltige Ausmaße an. Der Deutsche Bauernkrieg selbst war in nicht geringem Maße geprägt

---

22 Mit einem Ablass sollte ein göttlicher Strafnachlass für zu Lebzeiten begangene Sünden erwirkt werden, meist verstanden als Verkürzung der Zeit im „Fegefeuer". Das „Fegefeuer" war Ort der Bestrafung und Läuterung der Seele nach dem Tod und vor der Aufnahme in den Himmel.
23 Harman (1998: 96).

von den Auseinandersetzungen zwischen dem Heiligen Römischen Reich und anderen europäischen Mächten. Die Söldnerheere, die sich auf den Schlachtfeldern wie Frankenhausen und Böblingen als so entscheidend erwiesen, wurden vom Adel oft vorübergehend auf anderen Schauplätzen eingesetzt. Ein Vierteljahrhundert nach dem Bauernkrieg wurde Deutschland in den Fürstenaufstand gestürzt, als protestantische Fürsten sich gegen den katholischen Kaiser erhoben.

Diese Kriege und Auseinandersetzungen im 16. Jahrhundert in Deutschland waren von den Konflikten zwischen den Klassen nicht zu trennen. Das Mittelalter war eine Zeit ständigen Klassenkampfs, weil jene auf der unteren Stufe der Gesellschaft sich gegen ihre Ausbeutung durch die Grundherren zu wehren versuchten. In diesem Buch werde ich darlegen, dass der Bauernkrieg sowohl eine Fortsetzung dieses Prozesses als auch eine Entwicklung im Zusammenhang mit allgemeinen ökonomischen Veränderungen war, die neue gesellschaftliche Gruppierungen auf den Plan treten ließen. Das zeigt sich am deutlichsten in städtischen Gegenden und an dem Zusammenspiel von Bauern und Landgemeinden mit ihren städtischen Landsleuten. Städte und Gemeinden waren nicht mehr nur an erster Stelle Marktplätze, sondern Produktionsorte und unabhängige Quellen des Reichtums. Viele derer, die vom Land in die Stadt abzuwandern versuchten, nicht selten ohne Erlaubnis ihres Grundherrn, hielten an ihren kulturellen und gesellschaftlichen Verbindungen mit der Bauernschaft fest und schufen so das Potenzial für eine mächtige Einheit in den kommenden Kämpfen. Der Historiker Roy Pascal, der von marxistischen Ansätzen beeinflusst war, schrieb:

Viele Städte verweigerten den unablässig hineinströmenden Bauern das Bürgerrecht. Auf diese Weise entstand eine echte Klasse Eigentumsloser. Die Wirtschaftskrise des 16. Jahrhunderts traf diese unteren Klassen [...] am härtesten, denn während die Preise für Gewerbeerzeugnisse stark anstiegen, erhöhten sich die Preise für landwirtschaftliche Erzeugnisse und die Löhne langsamer und oft nur nach erbitterten Auseinandersetzungen. Mit der Ausbeutung der Handwerksgesellen ging eine Art Kolonialpolitik gegenüber den Bauern einher. Deshalb finden wir in den Bauernkriegen dieses Jahrhunderts das Proletariat auf der Seite der Bauern.[24]

Der Bauernkrieg richtete sich somit nicht nur gegen die Klasse der Grundbesitzer. Die neuen Reichen, wie die Fugger, verschärften den Klassenkonflikt durch ihre ausbeuterischen Praktiken und sie wurden ebenfalls zur Zielscheibe der Unzufriedenen. Wie wir noch sehen werden, wütete Michael Gaismair in Tirol als einer der radikalen Führer in seiner Vorstellung von einer neuen Gesellschaft der Gleichen auch gegen Herrschaften wie die Familie Fugger.

All diese Veränderungen kennzeichneten den Eintritt der europäischen Gesellschaft in eine neue Ära. Die Warenproduktion löste sich einhergehend mit der Entstehung kapitalistischer Beziehungen von der alten Feudalordnung. Millionen Menschen auf dem europäischen Kontinent mussten erleben, wie ihr bisheriges Dasein und das der vorherigen Generationen umgewälzt wurde. Traditionelle Praktiken gerieten mit der Produktion für den Markt statt für den unmittelbaren Gebrauch ins Hintertreffen. Der Kapitalismus entstand „als Netz von Produktionseinheiten im Handwerk (in der Stadt und auf dem Land) und in der Landwirtschaft unter Einsatz freier Arbeit, die in unterschiedlichem Maße von echter Kontrolle über die Produktionsmittel und -materialien getrennt waren. Dieses Netz wurde durch die Tätigkeit eines Teils des Kaufmannskapitals zusammengehalten, das wiederum hauptsächlich in den Städten beheimatet war", erläuterte Chris Harman.[25]

Mit diesen Veränderungen ging auch eine Anpassung der Besitzverhältnisse der Bauern einher, die im Reich unterschiedliche Formen annahmen. In Ostdeutschland traten an die Stelle des Erbeigentums schrittweise „unvorteilhafte Nutzungsrechte", wie Rösener es nannte. Das geschah, so Rösener, zur „Förderung der Gutswirtschaft, [...] indem die Bauern an die Scholle gebunden", die Gesamtzahl der Bauern verringert und die „Dienstpflichten der verbleibenden

---

24 Pascal (1933: 18). Pascal verwendet hier das Wort Proletariat im Sinne städtischer Lohnarbeiter. Nach marxistischer Begrifflichkeit lässt sich das jedoch nicht wirklich auf die vorkapitalistische Zeit anwenden, da noch keine arbeitende Klasse, kollektiv ausgebeutet von kapitalistischen Bossen, entstanden war.
25 Harman (1998: 96).

Bauern" erhöht wurden. Der Bauer „zählte nun zum Gutseigentum und war zu schweren Arbeitsdiensten verpflichtet". Die sich in der Zeit von 1480 bis 1624 entfaltende Gutswirtschaft in Ostdeutschland hatte weitreichende Folgen. Damit entstand wieder ein System der Leibeigenschaft, nun jedoch ausgerichtet auf den Markt.[26] In Südwestdeutschland dagegen, dem Hauptgebiet des Bauernkriegs, überwog die Pachtwirtschaft und die Bauern waren verhältnismäßig frei. Diese regionalen Unterschiede beeinflussten deutlich die Art des ländlichen Klassenkampfs und die zukünftige Entwicklung der deutschen Wirtschaft. All diese Veränderungen waren tiefgreifend. Harman fasst es wie folgt zusammen:

> Unter den Reichen in Land und Stadt brach eine Gier nach Geld aus. Der Goldrausch von Kolumbus, Cortés und Pizarro gehörte dazu. Sie äußerte sich auch in dem Ablasshandel, der Luther in Wut versetzt hatte. Ein weiterer Ausdruck dieser Geldgier waren die in Osteuropa wieder eingeführte Leibeigenschaft und die ersten Ansätze einer kapitalistischen Landwirtschaft in einigen Gegenden Westeuropas. Geld wurde das Maß aller Dinge. Die offiziellen Werte der Gesellschaft waren aber immer noch jene, wie sie die Stände des alten Feudalismus verkörperten.[27]

Das bedeutet nicht, dass sich in Europa bereits der Kapitalismus durchgesetzt hätte. Es war eine Gesellschaft im Übergang. Kapitalistische Prozesse und Interessen entwickelten sich innerhalb der alten feudalen Wirtschaft, erzwangen einen Wandel und veränderten die Beziehungen der Menschen zueinander. Die alte Ordnung blieb bestehen, betont Harman, und das galt insbesondere für Deutschland mit seinen Dutzenden miteinander konkurrierenden Fürsten, nun jedoch wurde sie angefochten durch radikal neue Weltanschauungen, die von der Masse der Bevölkerung aufgegriffen wurden. Es kam zu weiteren gesellschaftlichen Veränderungen. Nach Merry E. Wiesner war „Arbeit" in der Zeitspanne von 1300 bis 1600 von

---

26 Rösener (1996: 74–76).
27 Harman (2016: 279–280).

Landwirtschaft mit geschlechtlicher Arbeitsteilung beherrscht. Sie erklärt, dass Frauen „vor allem für Aufgaben innerhalb oder nahe dem Haus zuständig waren". Dazu gehörte die Versorgung der Tiere, der Anbau von Flachs zur Herstellung von Stoffen, die Zubereitung von Bier, Brot und Milchprodukten. In den geschäftigen Zeiten des Erntejahres arbeiteten die Frauen auch auf dem Feld mit. „Manuskriptillustrationen und Holzschnitte zeigen bis weit in das 18. Jahrhundert hinein Frauen wie Männer mit Sicheln bei der Arbeit". Männer wie Frauen gingen zum Markt und arbeiteten als Tagelöhner. Wiesner stellt fest, dass in einigen Gegenden Deutschlands Männer und Frauen gleich viel verdienten, meistens jedoch verdienten Frauen weniger, ob es gleiche Arbeit oder die traditionelle Frauenarbeit war.[28] Das war laut Wiesner die Folge eines Prozesses der Schaffung geschlechtsspezifischer Arbeit und des Ausschlusses von Frauen aus bestimmten Produktionsbereichen. Um 1300 gab es „noch keine scharfe Trennung zwischen dem Bereich von Produktion und Reproduktion für die Geschlechter", selbst wenn es geschlechtsspezifische Tätigkeiten gab und die Arbeit von Männern in der Regel „höher bewertet" wurde. Die Aufgaben von Frauen wurden als „Arbeit" angesehen. Zum Ende dieser Zeit „wurden Frauen aus bestimmten Produktionszweigen ausgeschlossen, vor allem aber galten ihre produktiven Aufgaben zunehmend als reproduktiv, als Teil der ‚Haushaltsführung'. Frauen arbeiteten, aber was sie taten, galt nicht mehr als ‚Arbeit'". Wiesner sagt, dass diese Entwicklungen in Zusammenhang mit der Herausbildung des Kapitalismus und der Produktion für den Markt standen. Sie setzt sie aber auch in Beziehung zu den in dieser Zeit sich vollziehenden weiteren Veränderungen – zum Beispiel der neu aufkommenden Vorstellung, Bildung solle „auf eine berufliche Laufbahn vorbereiten", wovon Frauen, die keine Ausbildung erhalten konnten, ausgeschlossen waren. Zudem verbreitete sich die protestantische Vorstellung von der Aufgabe der Frau als Ehefrau und Mutter, und schließlich definierten „zünftische Ehrbegriffe zunehmend die Erzeugung von Gütern in einem Geschäft als das, was die Lehrlinge, Gesellen und Meister taten",

---

28 Wiesner (1996: 218). Wiesner bietet eine herausragende Einführung in die Frage von Arbeit und Geschlecht in Deutschland in dieser Zeit.

während die Frauen „halfen".[29] In ganz Deutschland wurden verschiedene Gesetze erlassen, die eine solche Aufteilung förderten und bewirkten, dass die männlichen Handwerker selbst die Trennung der Arbeit zwischen den Geschlechtern organisierten. Wiesner nennt folgendes Beispiel:

> Als der Webrahmen in Deutschland eingeführt wurde, behaupteten Männer, dieser sei so schwer zu bedienen, dass nur sie dieses Handwerk erlernen könnten; tatsächlich ließ es sich mit diesem Rahmen einfacher und sehr viel schneller weben, und doch war Frauen die Bedienung des Rahmens mit der Begründung verwehrt, sie seien ungelernt. Deshalb verdienten sie mit Handweben sehr viel weniger als ihre männlichen Zeitgenossen am Rahmen. Zum Ende des 16. Jahrhunderts drängten männliche Weber auf Gesetze, um Frauen ganz vom Weben auszuschließen, das als anspruchsvolle Tätigkeit den Männern vorbehalten sein sollte.[30]

All dies geschieht vor dem Hintergrund, dass „Kirche und Staat" die „Geschlechterrollen durch Predigten, veröffentlichte Ratgeber, Gesetze und Erlasse" festigten. Den Rahmen für diesen Angriff auf die Arbeit von Frauen durch einige Männer und durch Institutionen wie die Zünfte bildete die Reformation mit ihrer Betonung des „Familienlebens", in dem der Ehemann der Haushaltsvorstand und die Frau Ehefrau und Mutter zu sein hatte.[31] Diese Veränderungen wurden dann in Gesetze gegossen, mit denen „Facharbeit von Hilfsarbeit und reproduktive von häuslichen Aufgaben getrennt wurden".[32]

Es gab eine echte Chance auf Überwindung solcher Vorstellungen durch die Bauernerhebung. Nach dem Bauernkrieg stellte der zeitgenössische Reformator Andreas Musculus die Radikalität der Bauernbewegung in einen Zusammenhang mit der Stellung der Frau in der Gesellschaft. Er schrieb im Jahr 1556, eine Frau als

---

29 Wiesner (1996: 228–229).
30 Wiesner (1996: 215).
31 Wiesner (1996: 214–215).
32 Wiesner (1996: 215–216).

Haushaltsvorstand zu haben sei „wie inn der Pauren (Bauern) auf-frur / wenn die unterthanen wöllen Herrn sein".[33] Der Bauernkrieg steht hier für die Furcht der Oberschicht, dass die „Welt auf den Kopf" gestellt würde, wären Frauen in der Gesellschaft den Män-nern gleichgestellt oder stünden gar über ihnen. Schon im Vorfeld des Bauernkriegs fürchtete sich die deutsche herrschende Klasse vor einem Aufstand von unten. Dazu hatte sie guten Grund. Die aus-beuterische Produktionsweise des Feudalismus brachte im Mittel-alter beständigen Kampf mit sich, Rebellionen und Unzufriedenheit bedrohten die gegebenen Verhältnisse. Der Aufstand der Bauern mag nicht auf den Umsturz der Gesellschaft gerichtet gewesen sein, aber er konnte leicht in das Niederbrennen von Schlössern und Her-renhäusern, das Töten der Herren und deren Familien sowie die Zer-störung von Eigentum münden.

Die herrschende Klasse Deutschlands fürchtete angesichts der Ereignisse Anfang des 16. Jahrhunderts noch größere Unruhen. In seiner Geschichte dieses Zeitabschnitts schrieb der deutsche Mar-xist Karl Kautsky, im 16. Jahrhundert habe es eine „kommunistische Bewegung" als „Vorläufer" der späteren revolutionär-sozialistischen Bewegung gegeben. Kautsky nannte die „ununterbrochenen Kämp-fe [...] gegen die päpstliche Gewalt" das hervorstechende Merkmal solcher radikalen Gruppen, denn „die päpstliche Kirche [...] stand unter den besitzenden Klassen des Mittelalters in erster Linie".[34] Kautsky überbetont die Existenz einer „urkommunistischen" Be-wegung und ihrer Verbindung zu späteren Bewegungen der arbei-tenden Klasse. Er hat jedoch recht damit, dass Bewegungen wie die der Taboriten, einer radikalen christlichen Sekte, die aus dem böhmischen Hussitenaufstand hervorging, für eine gemeinschaftlich verfasste Gesellschaft der „Brüder und Schwestern" eintraten und die Kirche ablehnten.[35] Die Taboriten gingen Luther um fast ein

---

33 Wiesner (1996: 214). Musculus (1556: Kapitel 6).
34 Kautsky (1947b: 165–166).
35 Die Hussiten waren eine radikale tschechisch-christliche Bewegung. Sie entstand im
15. Jahrhundert im Gefolge der Böhmischen Reformation, eines Vorläufers der protestantischen
Reformation. Sie folgten den Lehren von Jan Hus, der 1415 wegen Ketzerei verbrannt wurde.
Hus war ein katholischer Priester, der für eine grundlegende Reform der Kirche eintrat. Nach
seiner Hinrichtung kam es zu einem militärischen Aufstand seiner Anhänger; sie schlugen die

Jahrhundert voraus, sie waren jedoch bereits ein Anzeichen dafür, wie radikale Vorstellungen die Herzen und Köpfe der Bauern einnehmen konnten. Kautsky weist auf „Emissäre" der Taboriten hin, die in Süddeutschland unter den Unzufriedenen in der ländlichen Gesellschaft tätig waren.[36]

Die Bundschuhaufstände

Doch erst zum Ende des 15. und Anfang des 16. Jahrhunderts kam es zu den ersten Aufständen in Deutschland, die eine Vorahnung auf das Kommende boten und die deutschen Herrscher in Angst und Schrecken versetzten. In den 1490er Jahren befand sich der Südwesten Deutschlands in einem Zustand „ständigen Aufruhrs", als die einfachen Leute ihre Unzufriedenheit mit ihren Herrschern zum Ausdruck brachten.[37]

Diese Unruhen gingen als Bundschuhaufstände in die Geschichte ein und waren von gewaltsamem Vorgehen und der radikalen Ablehnung der Kircheninstitutionen gekennzeichnet. Der Name leitete sich von dem mit Lederriemen hochgeschnürten Bauernschuh ab, der zum Fahnenzeichen der Rebellion wurde, ähnlich der geballten Faust als Symbol heutiger radikaler Bewegungen. Laut einem Volksglauben war die Eroberung Jerusalems im Ersten Kreuzzug (1095–1099) unter einer solchen Bauernfahne vollendet worden.[38] Diese Aufstände fanden vereinzelt statt, erstreckten sich aber über mehrere Jahrzehnte und waren Ausdruck tiefer Unzufriedenheit in der Region. Die Bundschuhaufstände hatten unterschiedliche Ursachen wie Unmut über hohe Steuern oder drückende Schulden. Schwierigkeiten bei der Rückzahlung von Krediten an Geldverleiher, zu denen

---

gegen sie ausgeschickten päpstlichen „Kreuzzugsarmeen". Die Hussitenkriege endeten mit einem Kompromiss, der Böhmen ein reformiertes Christentum gestattete.
36 Kautsky (1947a: 290–296; 1947b: 30).
37 Scott (1986: 166).
38 Cohn (1988: 258). Scott (1986: 166). Scott bietet mehr Details und weitere Beispiele aus dem 14. und 15. Jahrhundert.

auch Juden gehörten, äußerten sich in diesen Rebellionen hier und da auch als Antisemitismus.[39]

Joß Fritz war Anführer mehrerer Bundschuhaufstände im Rheinland und eine eher vernachlässigte Person in der Geschichte des Bauernkampfs. Wir werden ihm in unserer Darstellung des Bauernkriegs wiederbegegnen, vorher jedoch war er an mehreren örtlichen Empörungen vor dem großen Aufstand beteiligt. Wir wissen wenig über Fritz' Herkunft, außer dass er ein Leibeigener des Speyrer Bischofs war. Fritz' Gedankenwelt fasste Tom Scott wie folgt zusammen:

> Fritz hatte mehr als nur die wüste Zerstörung der kirchlichen Ordnung im Sinn. Er wollte die Kirche nach den Grundsätzen der göttlichen Gerechtigkeit reinigen und läutern. Diese religiöse Überzeugung äußerte sich in dem Aufnahmeritual des Speyrer Bundschuhs. Wer ihm beitreten wollte, musste mit gebeugten Knien fünf Vaterunser und fünf Ave Maria aufsagen. Die Losung des Bundschuhs lautete: „Gott grüß dich, Gesell. Was ist euch für ein Wesen?" Und die Antworte lautete: „Wir mögen vor den Pfaffen und dem Adel nicht genesen."[40]

Wie auch im Bauernkrieg wurden die Vorstellungen von einer anderen Gesellschaft in religiöse Begriffe gefasst. Eine Parole auf einer Fahne des Joß-Fritz-Aufstands von 1502 lautete: „Nichts denn die Gerechtigkeit Gottes", womit das göttliche Recht im Gegensatz zu dem der irdischen Herrscher betont wurde.[41]

Die Aufstandsvorbereitungen von 1502 wurden verraten und unterdrückt, noch ehe die Bauern losschlagen konnten. Viele wurden gefoltert, damit sie die Einzelheiten und das Programm ihrer „Verschwörung" verrieten. Dazu gehörten Angriffspläne und das Plündern kirchlicher Einrichtungen, die „Vernichtung jeder Obrigkeit

---

39 Zum Thema Antisemitismus im Bundschuh siehe: Scott (1986: 167, 169, insbesondere Fußnote 17).
40 Scott (1986: 174). Es gibt verschiedene Varianten der Losung in deutscher Fassung; siehe zum Beispiel: Bentzien/Strobach (1975: 261); RN.
41 Cohn (1988: 258). Siehe auch: Baylor (2012: 35). Auf die Vorstellung von einem göttlichen Recht werde ich später noch eingehen.

und Herrschaft", „Zins und Zehnten weder den Geistlichen, noch den Fürsten, noch den Herren" zu geben. Geistliche und Priester sollten von den Bauern ernannt und beaufsichtigt werden, ebenso die kirchlichen Einrichtungen. Die Bauern sorgten sich jedoch auch um ihre Lebensgrundlagen, die ihnen von den Reichen und Mächtigen entzogen wurden: Der Bundschuh forderte im Jahr 1502:

> Jagd, Fischerei, Weide, Wald und alles, was dem Privatgebrauch der Fürsten zu dienen pflegte, (solle) der Gesamtheit zurückgegeben werden, so dass es jedem Bauer frei stände, zu jagen und zu fischen, wann und wo er wollte, ohne Hinderung der Verbote irgend jemandes.[42]

Diese Forderungen, Artikel genannt, wurden von Folterern aufgeschrieben und wir können sie nur mit Vorsicht den sich verschwörenden Rebellen zuschreiben. Aber sie geben uns einen Hinweis darauf, welche Forderungen die Aufständischen aus Sicht der oberen Gesellschaftsschichten aufstellten.

Von Fritz selbst gab es ein Jahrzehnt lang keine Nachricht mehr, dann tauchte er wieder auf, um in etlichen Dörfern des Breisgaus um Freiburg eine weitere Rebellion anzuzetteln. Dieser neue Aufstand schien sich weniger gegen die Kirche gerichtet zu haben, das neue Losungswort auf die Frage: „Was ist euch für ein Wesen" lautete jetzt: „Der arme Mann in der Welt mag nicht mehr genesen." Im September 1513 waren die Aufständischen zum Losschlagen bereit. Sie hatten ihre seit 1502 vorbereitete revolutionäre Fahne fertiggestellt. Auf der einen Seite war ein Bundschuh zu sehen, auf der anderen Seite Christus am Kreuz, die Jungfrau Maria und Johannes der Täufer, vor ihnen ein kniender Bauer sowie die Insignien des Papstes und des Kaisers und die Worte: „Herr, steh deiner göttlichen Gerechtigkeit bei." Es gab einen ausgefeilten Plan, bedeutende Städte des Breisgaus einzunehmen, und wäre er umgesetzt worden, hätte er recht viel Ähnlichkeit mit dem Zug der Bauernhaufen im Bauernkrieg ein Jahrzehnt später gehabt. Dazu kam es jedoch nicht.

---

42 Zit. n. Herold (1889: 33–34). Baylor (2012: 36–38). Siehe auch: Scott (1986: 174) und Zimmermann (1980: 52).

Die Obrigkeit war von Spionen aus dem Rebellenlager informiert worden und Fritz konnte nur knapp entkommen.[43]

Eine weitere Erhebung ereignete sich im Jahr 1514, diesmal als Antwort auf das Vorgehen des Herzogs Ulrich von Württemberg, dem wir später im Bauernkrieg wiederbegegnen werden, wo er sich als Stimme der Bauern ausgab. Im Jahr 1514 stand er jedoch noch fest an der Seite des Adels und versuchte, seinen Reichtum durch Verringerung der Maßgewichte zu vergrößern. Der darauf folgende Aufstand wurde als der vom Armen Konrad bekannt. Der Name Konrad stand damals für den einfachen Mann und galt auch als abfällige Bezeichnung für die armen Landbewohner, wurde jedoch als Selbstbezeichnung von den Rebellen aufgegriffen.[44]

Im Jahr 1517 unternahm Joß Fritz einen erneuten Versuch, indem er Rebellenhaufen in Dutzenden Städten und Dörfern entlang des Rheins aufstellen ließ. Fritz war zu bekannt, also schickte er handverlesene Vertreter aus, um den Aufstand zu organisieren, „Bettler, Vagabunden, umherziehende Spieler, Bänkelsänger, Hausierer, Scharlatane, Reliquienhändler, Quacksalber und entlassene Söldner, die die Straßen des Reichs unsicher machten".[45] Diesmal forderten die Aufständischen die Streichung der Schulden und die Abschaffung der Lehnspflichten, womit sie „in das Herz aller herrschaftlichen Macht in Stadt und Land zielten".[46]

Erneut flog die Verschwörung auf, diesmal beichtete ein mutlos gewordener Bauer einem Priester das Vorhaben. Der Priester brach das Beichtgeheimnis und berichtete umgehend der Herrschaft. Die Führung zu verhaften, gestaltete sich als schwierig, bis ein Mitverschwörer, Michael von Dinkelsbühl, gefangen genommen wurde und die Namen von über hundert Aufrührern preisgab. Erneut konnte Fritz entweichen, so wie in diesem Fall die meisten anderen Rebellen. Das nächste Mal hören wir von Fritz während des

---

43 Scott (1986: 176–182).
44 Laube (2014: 51–52). Laube weist auf interessante Parallelen zwischen anderen Bauernerhebungen hin. Zum Beispiel machten die aufständischen französischen Bauern 1356 sich den Spottnamen „Jacques Bonhomme" (guter Jakob) zu eigen, weshalb der Aufstand Jacquerie genannt wurde. Zu dieser großen Rebellion siehe: Firnhaber-Baker (2021).
45 Scott (1986: 186).
46 Scott (1986: 187).

Bauernkriegs, „inzwischen ein graubärtiger Veteran, der immer noch die Bauern zum Kampf aufrief".[47]

Adolf Laube meint, die Bewegung vom Armen Konrad sei „weniger revolutionär und antifeudal" gewesen als die Bundschuherhebungen. Dennoch müssen sie Ulrich in Schrecken versetzt haben, als diese unter Beteiligung von Bauern wie Stadtbewohnern mit großer Geschwindigkeit das gesamte Herzogtum erfassten. Lediglich mit „Kompromiss" und „Waffengewalt" zugleich konnte der Herzog wieder die Kontrolle gewinnen. Die Bewegung des Bundschuhs und die vom Armen Konrad waren Teil eines fortgesetzten Kampfs in dieser Zeit und sie waren laut Laube „Ausdruck einer tiefen gesellschaftlichen Krise am Beginn der Übergangsepoche vom Feudalismus zum Kapitalismus, in der alle Klassen und gesellschaftlichen Gruppierungen einen Prozess der Entwurzelung und Ausdifferenzierung ungeahnten Ausmaßes erlebten, was auch die herrschenden Klassen vor gravierende Schwierigkeiten stellte".[48] Diese Vorläufer des Bauernkriegs wurden zwar leicht besiegt, schürten aber die Sorge der Herrschenden vor weiteren Aufständen und bildeten einen Erfahrungs- und Wissensschatz für die großen Kämpfe von 1524/25. Zu Beginn des 16. Jahrhunderts hatten die allmählichen Veränderungen in den europäischen Volkswirtschaften eine Vielzahl neuer Kräfte hervorgebracht, deren Interessen sowohl mit der bestehenden Gesellschaftsordnung als auch untereinander in Konflikt gerieten. Aus den Spannungen zwischen den einen, deren Reichtum auf den alten Feudalverhältnissen, und den anderen, deren Interessen auf der Erzielung von Gewinn durch den Merkantilismus beruhten, ergab sich vielfache Unzufriedenheit. Von größerer Bedeutung war jedoch der Unmut in den Unterschichten, als Hunderttausende Bauern und städtische Arbeiter für eine gerechtere Gesellschaft kämpften. Insbesondere Martin Luther verlieh dieser Stimmung mit seinem Kampf gegen die Amtskirche und die in ihrem Namen Herrschenden ideologischen Ausdruck. Wie wir gesehen haben, bildete dies den fruchtbaren Boden für den Durchbruch einer neuen, radikaleren und egalitären Politik, die den Gegensatz zwischen den unteren

---

47 Scott (1986: 188).
48 Laube (2014: 51–52).

Schichten der Gesellschaft und den Herrschenden noch vertiefen sollte. Roy Pascal resümiert: „Um 1500 war das alte Machtgleichgewicht des Mittelalters zusammengebrochen und hatte sich in eine Vielzahl Gruppen mit gegensätzlichen Interessen aufgespalten. Sie waren so selbstbewusst, dass ein scharfer politischer Zusammenstoß unvermeidlich war."[49]

Die ausbeuterischen Verhältnisse zwischen denen an der Spitze der Gesellschaft des Heiligen Römischen Reichs und jenen am Boden der Gesellschaft förderten die Unzufriedenheit und führten zu wiederholten Revolten. Um jedoch das Ausmaß des Bauernkriegs und die Ereignisse verstehen zu können, müssen wir einen Blick auch auf einen weiteren Faktor werfen, der eng mit anderen sozialen und wirtschaftlichen Veränderungen verbunden war: die religiöse Krise, die die deutsche Gesellschaft erfasst hatte. Im Europa des 16. Jahrhunderts bildete das Christentum unabhängig von der Klassenzugehörigkeit den gedanklichen Rahmen, um die Welt zu begreifen. Den unteren Klassen wurde dieses religiöse Verständnis durch die Kirche, den Klerus und die religiösen Institutionen vermittelt. Die Religion war jedoch nicht allgemein zugänglich. Die Bibel war nicht in den Volkssprachen erhältlich. Der Gottesdienst war in der Regel auf Lateinisch. Die Priester wurden von den Herrschern eingesetzt, und ihre Predigten spiegelten die Interessen und Vorstellungen der herrschenden Klasse wider. Religion prägte das Alltagsleben insbesondere der Bauern – sie bot Erklärungen für Naturkatastrophen und gab der Landbevölkerung den Rhythmus für Aussaat und Ernte vor. Religion war Realität. In dieser Welt gab es einen Teufel, und Dämonen versuchten, die Menschen von Gott wegzuführen. Martin Luther zum Beispiel glaubte, er sei regelmäßig vom Teufel gequält worden und habe mit ihm gekämpft. Religion war jedoch nicht einfach Ideologie für die Masse der Bevölkerung, die zur allgemeinen Unterdrückung der unteren Schichten beitrug. Die inneren Widersprüche von Religion wurden von Marx mit dieser berühmten Bemerkung zusammengefasst:

---

49 Pascal (1933: 18).

Das *religiöse* Elend ist in einem der *Ausdruck* des wirklichen Elendes und in einem die *Protestation* gegen das wirkliche Elend. Die Religion ist der Seufzer der bedrängten Kreatur, das Gemüt einer herzlosen Welt, wie sie der Geist geistloser Zustände ist. Sie ist das *Opium* des Volks.[50]

Mit anderen Worten war Religion die Ideologie der Gesellschaft, sie erklärte die Welt, spendete Trost angesichts der Alltagswirklichkeit und bot Hoffnung auf eine Zukunft ohne die Prüfungen und Sorgen der gegenwärtigen Welt. Deshalb beriefen sich die einfachen Leute, wenn sie gegen ihre Unterdrückung aufbegehrten, auf die Religion und suchten Erklärungen für ihre Unterdrückung und Argumente für eine Alternative in religiösen Schriften und der Bibel. Bei Betrachtung des Verlaufs des Bauernkriegs werden wir immer wieder darauf stoßen. In seiner Schilderung der Ereignisse führt Engels dies wie folgt aus:

> Auch in den sogenannten Religionskriegen des sechzehnten Jahrhunderts handelte es sich vor allem um sehr positive materielle Klasseninteressen, und diese Kriege waren Klassenkämpfe, ebensogut wie die späteren inneren Kollisionen in England und Frankreich. Wenn diese Klassenkämpfe damals religiöse Schibboleths trugen, wenn die Interessen, Bedürfnisse und Forderungen der einzelnen Klassen sich unter einer religiösen Decke verbargen, so ändert dies nichts an der Sache und erklärt sich leicht aus den Zeitverhältnissen.

Engels fährt fort:

> Und diese Oberherrlichkeit der Theologie auf dem ganzen Gebiet der intellektuellen Tätigkeit war zugleich die notwendige Folge von der Stellung der Kirche als der allgemeinsten Zusammenfassung und Sanktion der bestehenden Feudalherrschaft.[51]

---

50 Marx (MEW 1: 378).
51 Engels (MEW 7: 343)

In den 1520er Jahren befand sich das Christentum in Deutschland allerdings in der Krise. Im Jahr 1517 hatte der Theologe und Gelehrte Martin Luther einen Prozess eingeleitet, der als Reformation in die Geschichte einging und eine grundlegende Herausforderung an die Kirche darstellte. Diese Herausforderung trug dazu bei, die ideologische, politische und soziale Unzufriedenheit zu schüren, die zum Auslöser des Bauernkriegs wurde.

2. Martin Luther und die deutsche Reformation

Um die Ereignisse des Bauernkriegs richtig einordnen zu können, müssen wir diesen in einem größeren Zusammenhang betrachten. Wie wir bereits gesehen haben, war ein Grund für die Erhebung die wirtschaftliche Lage. Aufstände gegen Armut und den drückenden Alltag in einer feudalen Gesellschaft waren im 15. und 16. Jahrhundert in Europa nicht ungewöhnlich. Der wesentliche Unterschied jedoch zwischen dem Bauernkrieg von 1524/1524 und seinen Vorläufern bestand darin, dass er im Zusammenhang mit der deutschen Reformation stattfand. Reformation wurde die Bewegung genannt, die im Jahr 1517 von Wittenberg ausging und zur Spaltung in der christlichen Kirche zwischen dem Katholizismus und dem Protestantismus führte.

Sie hatte ihren Ursprung in der Unzufriedenheit über die Amtskirche, die für Ausbeutung und Unterdrückung stand, aber auch in den wirtschaftlichen Entwicklungen der Feudalgesellschaft. Die Kirche verfügte über riesige Ländereien und ihre Priester und Amtsträger beteiligten sich an der wirtschaftlichen Ausbeutung der Bauernschaft. Sie war das wichtigste Herrschaftsinstrument, denn sie bot den ideologischen Rahmen und die Rechtfertigung für die feudale Gesellschaft, in der die Masse der Bevölkerung einer kleinen Elite untergeordnet war.

Im Oktober 1517 veröffentlichte der Gelehrte, Mönch und Theologe Martin Luther 95 Thesen, mit denen er die Kirchenpraxis des Verkaufs von Ablassbriefen anprangerte. Unzufriedenheit über die Kirche war bei den einfachen Leuten weit verbreitet, und in der Kirche selbst gab es Zwietracht und Uneinigkeit. Das im März 1517 endende fünf Jahre während Fünfte Laterankonzil war wegen der wachsenden Spannungen innerhalb der Kirche einberufen worden. In einigen Fällen waren diese Spannungen Ausdruck der unterschiedlichen Interessen der europäischen Herrscher, die sich zum Beispiel in Fragen der Rechtsprechung nicht mit der Kirche einig waren. Der Ruf nach Reformen war Ergebnis der Widersprüche in einer mächtigen und reichen Kirche, die gleichzeitig für das

geistige Wohlergehen von Millionen verarmten Menschen zuständig
sein sollte. Der Angriff Luthers auf den Ablasshandel wurde aufgegriffen und mündete schnell in eine allgemeine Kritik der Kirche
an sich. Unruhe und Verwirrung breiteten sich in der europäischen
Gesellschaft, vor allem jedoch in Deutschland aus, und es wurden
immer heftigere Debatten geführt. Auch Luther begann nun, die
Kirche selbst, ihre Einrichtungen, ihre Praxis und die Hierarchien
anzugreifen.

Bevor Luther seine Thesen veröffentlichte, war er ein unbekannter
Gelehrter in einer deutschen Provinzstadt gewesen, die fast niemand
im Reich überhaupt wahrgenommen hatte. Jetzt geriet er rasch in
den Mittelpunkt eines Sturms der Veränderung, der über Europa
hinwegfegte. Sein früheres Leben ließ nicht unbedingt darauf schließen, dass er bald als radikaler Denker das gesamte Gefüge der katholischen Macht bedrohen würde. Er wurde 1483 in der kleinen
Stadt Eisleben geboren, bevor seine Familie nach Mansfeld zog, wo
er seine Kindheit verbrachte. Mansfeld war ein Bergbaustädtchen,
und Luthers Familie war in der Metallgewinnung tätig.

Später behauptete Luther, er sei der Sohn einer Bauernfamilie.
Doch während seine Vorfahren Bauern gewesen waren, lebten seine
Eltern nicht mehr so bescheiden. Hans Luder, Luthers Vater, wurde
Schaumeister, ein hoher Bergbaubeamter, und beschäftigte etwa 200
Arbeiter.[52] Der Bergbau war bis dahin kleinen, unabhängigen Erzeu-
gern vorbehalten gewesen, aber das änderte sich jetzt. Lyndal Roper
vermittelt einen Eindruck von den sozialen Beziehungen:

> Hans Luder war zwischen verschiedenen konkurrierenden
> Kräften eingekeilt: den Grafen, die die Bergwerke verpach-
> teten und ständig versuchten, mehr Geld aus ihnen her-
> auszuholen, indem sie die Rechtsgrundlagen änderten; den
> anderen Bergbauunternehmern, die stets auf ihren eigenen
> Vorteil bedacht waren; den Männern, die das Erz in harter
> Arbeit gewannen und somit das Vermögen erst aus dem Bo-
> den holten und sich gerade erst zu organisieren begannen;

---

52 Roper (2016: 33, 43). Ropers Buch ist unverzichtbar für das Verständnis von Luthers ersten
Lebensabschnitt und das Verständnis seiner Person.

und den Investoren im fernen Nürnberg und Leipzig, die hart verhandelten und bei denen man sich nur allzu leicht heillos verschulden konnte.[53]

Die Bergleute sollten gewichtigen Anteil am Bauernkrieg haben. In Bezug auf Luther jedoch geht es um die Bedeutung seines wirtschaftlichen Hintergrunds. Ursprünglich ließ sich Luther zum Juristen ausbilden, nicht zuletzt mit Blick auf die Stärkung des Familienunternehmens. Sein Vater hatte viel in diese Ausbildung investiert. Aber zwei Faktoren änderten den Lauf der Dinge. Der erste war Luthers persönliche religiöse Erfahrung. Ein Schlüsselmoment laut Luthers eigener Lebensbeschreibung war die Erfahrung, von einem schweren Gewitter im Freien überrascht worden zu sein. Luther rief die Heilige Anna, die Schutzpatronin der Bergleute, an und gelobte, Mönch zu werden, wenn sein Leben verschont würde. Er überlebte und löste sein Versprechen ein, indem er 1505 in den Orden des Heiligen Augustinus eintrat. Dieser Sinneswandel war ein großer Schock für alle, die Luther kannten, und verursachte einen tiefen Bruch zwischen ihm und seinem Vater.

Das von Papst Julius II. einberufene Fünfte Laterankonzil sollte die Stellung des Papstes stärken und Frieden in der Kirche einkehren lassen. Wie Diarmaid MacCulloch jedoch in seiner Geschichte der Reformation schreibt, hat das Konzil „nichts Wesentliches zustande gebracht". Er fährt fort: „In Rom war niemand dazu bereit, irgendwelche Interessengruppen zu verärgern, um konkrete Vorschläge in die Tat umzusetzen und dadurch maßgebliche Veränderungen herbeizuführen."[54] Das mag den Papst zwar beruhigt haben, aber die immer lauter werdenden Forderungen nach Reformen ließen sich nicht unterdrücken. Persönlichkeiten wie der humanistische Theologe Desiderius Erasmus schürten den Ruf nach Reformen, indem sie die Ideen und Praktiken der Kirche in Zweifel zogen. Erasmus schuf sich ein europaweites Netz von Kontakten, mit denen er einen regen brieflichen Austausch über seine Ansichten pflegte. Seine eigene Übersetzung des Neuen Testaments war ein Angriff auf die

---

53 Roper (2016: 42).
54 MacCulloch (2010: 132).

Kirchenlehre. Sein Werk war „geradezu elementar für die bevorstehende Reformation", die laut MacCulloch „in einer kurzen Zeitspanne von 1517 an ihren Höhepunkt" erreichte.[55] Obwohl Luther recht isoliert und unbekannt war, fiel sein Angriff auf den Ablasshandel auf fruchtbaren Boden. Aus einer scheinbar sehr spezifischen Forderung wurde rasch eine scharfe Kritik an der gesamten Kirche, dem Papst als ihr Oberhaupt und seinen Vertretern in ganz Europa, und sie wurde mithilfe der neuesten Kommunikationstechnik, der Druckerpresse, bald überall verbreitet. Aus diesem Grund lohnt sich ein Blick auf Luthers Forderungen, um zu verstehen, wie sie sich so schnell verbreiten und dem Unmut in Deutschland und schließlich in Europa allgemeinen Ausdruck verleihen konnten.

Mit einem Ablass konnten sich die Gläubigen einen Straferlass für ihre irdischen Sünden erkaufen. Darunter wurde in der Regel eine verringerte Zeit im Fegefeuer verstanden, wo die Seele der Sünder nach dem Tod und vor dem Eintritt in den Himmel verweilen musste. Mit dem Verkauf des Ablassbriefs wurden Gelder zum Beispiel zur Finanzierung der Kreuzzüge im Nahen Osten aufgebracht. Zur Zeit Luthers wurde das Einkommen aus Ablässen allerdings immer häufiger zur Finanzierung anderer Kirchenprojekte verwendet. Vor allem, und zu Luthers besonderem Ärger, sammelte die Kirche das Geld für den Neubau des spektakulären Petersdoms in Rom.

Der Verkauf von Ablassbriefen erzürnte Luther. Es bedeutete, oft unter Ausnutzung von Schuldgefühlen Geld von den am meisten Unterdrückten einzutreiben. Der höchst erfolgreiche Ablassprediger Johann Tetzel, der auch in Jüterbog, einer kleinen Stadt nahe Luthers Wittenberg, seinen Geschäften nachging, war besonders geschickt. Es heißt, Tetzel habe mit Versen zum Spenden angeregt. Einer lautete: „Bald der guldin in kasten klinget / Die seel sich auff gen hymel schwinget."[56] Laut Stanford verkörperte Tetzel die „Haltung der katholischen Kirche, mit der Religion Geschäfte zu machen", weshalb Luther sein Auftreten zum Anlass nahm, seine Kritik an der

---

55 MacCulloch (2010: 153, 147).
56 Stanford (2017: 110). Kühne et al. (2017: 77). „Sobald der Gulden im Kasten klingt, die Seele sich gen Himmel schwingt." (Das Geld wurde meist in einen schweren hölzernen oder metallenen Ablasskasten geworfen; RN.)

Kirche zu formulieren. Damit ist aus Luthers Sicht auch ein zweiter Missstand angesprochen: In dem Verkauf der Ablassbriefe flossen die wirtschaftlichen Interessen von Kirche und örtlichen Herren und Fürsten zusammen.

Der Ablasshandel in Brandenburg im Jahr 1517 lässt die komplexen Beziehungen zwischen lokalen und regionalen Herrschern und der Amtskirche erkennen. Als zwei Jahre zuvor Papst Leo X. den Wunsch nach Aufnahme des Ablasshandels in Brandenburg zur Finanzierung des Petersdoms äußerte, betraute er Erzbischof Albrecht mit dieser Aufgabe. Albrecht war einverstanden, weil er wegen der Übernahme seines Amts beim Papst und bei der Bank der Fugger schwer verschuldet war. Vertreter der Fugger begleiteten die Ablasshändler, prüften die Einnahmen und behielten die Hälfte ein.

Luthers Ärger über die Ablassbriefe war also nicht nur materiell, sondern auch spirituell motiviert. Die von Leuten wie Tetzel in Brandenburg verkauften Ablassbriefe boten

> [...] den vollständigen Erlass der Buße für alle Sünden, die Verheißung der göttlichen Gnade und Errettung vor dem Fegefeuer; das Recht, bei jedem Priester zu beichten, sodass der Sünder einen nachsichtigen Priester wählen und von ihm die Erteilung der Absolution erwarten konnte, was ihn zugleich von der Kontrolle durch den Gemeindepfarrer befreite; die Teilhabe an den allgemeinen Vorzügen der Kirche; und für die Seelen im Fegefeuer den Erlass der Sünden, die sie während ihres Lebens begangen hatten.[57]

Das war ein bestechendes Angebot, und die Menschen strömten herbei, um den Ablass zu kaufen. Luthers Einwand dagegen lautete, das Heil könne nicht erworben, sondern müsse von Gott gewährt werden. Für Luther zählte die Beziehung zwischen dem Einzelnen und Gott. Hier beginnen wir zu begreifen, warum Luthers Kritik radikale Implikationen hatte. Sein Angriff auf den Ablasshandel öffnete die Tür zur Kritik an der Kirche an sich. Für Luther bestand

---

57 Pascal (1933: 45).

46

Kirche nicht aus Gebäuden, Rang und Struktur, sondern aus der „Gemeinschaft der Gläubigen".[58] Dabei war Luther nicht der erste Kritiker des Ablasshandels und er gelangte auch nicht erst mit dem Auftauchen Tetzels in der Nachbarstadt zu dieser Einsicht. Vielmehr hatten sich seine Bedenken über einen längeren Zeitraum hinweg herausgebildet.[59] Mit der Veröffentlichung der 95 Thesen erhob er geschickt eine Reihe von Einwänden, die einen unmittelbaren Angriff auf die Kirche darstellten. Beim Lesen der Thesen heute fällt die Klarheit seiner Polemik auf. Er entwickelt eine Argumentation, die die Bedeutung der Kirche und insbesondere des Papstes für das individuelle Heil aufs Korn nimmt. Hier kommt die Kritik am Ablasshandel, aber auch an der Funktion der Kirche zum Ausdruck. Zur Veranschaulichung sind hier einige der Thesen aufgeführt:

> Mit dem „vollkommenen Nachlaß aller Strafen" meint der Papst nicht einfach alle, sondern nur die, die er selbst auferlegt hat. (20)

> Unvermeidlich wird deshalb der größte Teil des Volkes betrogen durch jenes in Bausch und Bogen gegebene, prahlerische Versprechen des Strafnachlasses. (24)

> Menschenlehre predigen die, die sagen: Wenn die Münze im Kasten klingt, fliegt die Seele sogleich aus dem Fegefeuer empor. (27)

> Man muß die Christen lehren: Es ist nicht die Meinung des Papstes, daß der Kauf von Ablaß in irgendeiner Hinsicht den Werken der Barmherzigkeit gleichzustellen sei. (42)

> Man muß die Christen lehren: Wenn der Papst wüßte, wie die Ablaßprediger das Geld eintreiben, ließe er lieber die Peterskirche zu Asche verfallen, als sie mit Haut, Fleisch und Knochen seiner Schafe aufzubauen. (50)

---

58 Pascal (1933: 49).
59 Stanford (2017: 110–112).

Man muß die Christen lehren: Der Papst sei, wie es seine Pflicht ist, willens – und wenn er (notfalls) die Peterskirche verkaufen müßte –, von seinen Reichtümern denen abzugeben, denen jetzt in großer Zahl von den Ablaßpredigern das Geld abgelockt wird. (51)

Luther stellt die Praxis der Kirche mit ihrem Ablasshandel ihren religiösen Grundsätzen gegenüber:

Demnach sind die Schätze des Evangeliums die Netze, mit denen man einst reiche Menschen fischte. (65)

Die Schätze des Ablasses hingegen sind die Netze, mit denen man heute die Reichtümer der Menschen fischt. (66)

Er spricht offen den Widerspruch zwischen den Aufgaben des Papstes und dem Ablasshandel an:

Zum Beispiel: Warum räumt der Papst das Fegefeuer nicht aus heiligster Liebe und um der höchsten Not der Seelen willen leer, also aus dem allertriftigsten Grunde, wenn er doch unzählige Seelen erlöst um des unseligen Geldes willen, das für den Bau der Peterskirche gegeben wird, also aus dem allerunwichtigsten Grunde? (82)

Weiter: Warum baut der Papst, dessen Reichtum heute größer ist als der des reichsten Crassus, nicht wenigstens die eine Peterskirche lieber von seinem eigenen Geld als von dem der armen Gläubigen? (86)[60]

Seine Thesen legen somit die Widersinnigkeit des Ablasshandels offen und wenden sie gegen die Kirche mit ihrem immensen

---

60 Luther (2016: 28–37). Marcus Licinius Crassus war Feldherr und Staatsmann im Alten Rom und galt als reichster Römer der Geschichte. Er hatte sein Vermögen durch Sklaverei und Grundbesitz erworben, unter anderem durch Aufkauf von durch Feuer geschädigtem Eigentum, oft sogar während es noch brannte. Luther dürfte den Namen Crassus als Synonym für Korruption und Gewalt wie auch für außerordentlichen Reichtum verwendet haben.

Reichtum, die dennoch den Armen Geld abknöpft, um ihre Vorhaben zu finanzieren. Die vielleicht wichtigsten Aussagen sind diejenigen, die die Scheinheiligkeit der Kirche entlarven: Wenn der Papst die Seelen vor dem Fegefeuer retten kann, warum dann nicht aus „heiligster Liebe" statt aus monetären Gründen? Viele glauben, Luther habe seine 95 Thesen an die Tür der Schlosskirche der Stadt Wittenberg genagelt, wo er als Theologe lehrte. Ob es wirklich so war oder ob er seine Schrift engen Freunden und Erzbischof Albrecht zukommen ließ, ist unerheblich. Entscheidend ist, dass diese Thesen in Europa, insbesondere jedoch in Deutschland, enorme Sprengkraft entfalteten. Innerhalb weniger Wochen gab es mehrfache Nachdrucke und sie waren in ganz Deutschland gelesen worden. Im März 1518 erhielt sogar Thomas Morus in England eine Abschrift.[61]

Mit der Veröffentlichung seiner Thesen stellte Martin Luther sich in den Mittelpunkt einer wachsenden Bewegung für die Reformierung der Kirche. Er wurde zur Ikone des Widerstands gegen die kirchliche Obrigkeit und den Kaiser. Peter Stanford, einer seiner neueren Biografen, schreibt:

> Mit seiner Sprache der Straße, dem Anprangern kirchlicher Korruption und Inkompetenz und seinen eigenen, recht bescheidenen Anfängen entfaltete Luther starke Anziehungskraft auf die unteren Schichten. […] Indem er sich gegen den Papst und den Kaiser, die beiden großen Mächte der Zeit, stellte, weckte er die Erwartung auf mehr, denn sein Reformprogramm wurde bald […] mit der Aussicht auf Linderung der alltäglichen wirtschaftlichen Not verbunden und mit der Hoffnung, dass das weit verbreitete Gefühl des Ausgeschlossenseins endlich angegangen würde. In den Köpfen seiner Zuhörer waren das Religiöse und das Politische eins.[62]

Luther war nicht der Einzige, der Kritik an der Kirche übte, und er beschränkte sich nicht auf den Ablasshandel. Nachdem er die Debatte eröffnet hatte, griffen Dutzende weitere Theologen, Geistliche

---

61 Roper (2016: 129). Thomas Morus war von 1529 bis 1532 Lordkanzler König Heinrichs VIII. und ein scharfer Gegner der Reformation.
62 Stanford (2017: 312).

und Denker zur Schreibfeder. Anfangs herrschte auch große Einigkeit unter den Kirchenkritikern, alle stimmten mit Luthers Grundgedanken überein.

Mit dem Fortschreiten der Reformation zeigten sich jedoch Risse in Luthers Lager, meist zwischen den konservativer gesinnten Theologen (deren Hauptvertreter schon bald Luther selbst sein sollte) und radikaleren Denkern. Es kam zu heftigen Debatten und endlosen Polemiken. Hunderte Broschüren und Flugschriften wurden veröffentlicht. Diese Diskussionen drehten sich in erster Linie um theologische Fragen, die wir hier nicht in aller Gründlichkeit behandeln können. Wir sollten jedoch daran denken, dass Luthers theologischer Streit mit der Kirche sich zunächst gegen deren Auftreten wendete – zum Beispiel den Verkauf von Ablassbriefen –, dann jedoch eine völlig neue Richtung nahm. Insbesondere vertrat Luther die Auffassung, Sünder könnten nur von Gott erlöst werden. Das unterschied sich erheblich von dem vorherrschenden Verständnis seiner Zeit, wonach Erlösung durch das Handeln Gottes wie des Menschen zu erreichen war. Das Verrichten „guter Werke" oder der Kauf von Ablassbriefen sollte beispielsweise das Seelenheil eines Menschen bestimmen können. Luther wies diese Auffassung strikt zurück, denn nur Gott könnte das Heil bringen und es käme allein auf den individuellen Glauben an. Das war ein unmittelbarer Angriff auf die Behauptung der Kirche, sie habe „als Dienerin der Erlösung" die Macht, gemäß Katechismus „den Schatz der Genugtuungen Christi" an die Gläubigen umzuverteilen und die Strafe zu erlassen.

Luther verwarf diese Vorstellung und sagte damit faktisch, dass der Kirche keine besondere Aufgabe zukam. Ihre Amtskirche, vom Gemeindepriester bis zum Papst, hatte nach Luthers Auffassung im Prinzip keine Bedeutung, sie konnte dem Gläubigen lediglich dabei helfen, die Evangelien besser zu verstehen. Deshalb versuchte die Kirche, die Verbreitung von Luthers Schriften durch Exkommunikation, Ausschluss aus der Kirche und die Anordnung zur Vernichtung seiner Werke zu verhindern.

Luthers Gedanken waren für viele anziehend, nicht zuletzt für jene, die den Zehnten für den Unterhalt des Priesters nicht mehr leisten wollten, oder die Pacht für ihr Land an kirchliche Einrichtungen zahlen mussten. Diese reformatorischen Ansätze machten den Weg frei für eine umfassendere Kritik an der Funktionsweise der Gesellschaft. Wenn die Autorität der Kirche angefochten wurde, war es folgerichtig, als nächstes auch die Obrigkeit infrage zu stellen, die aufs Engste mit der Kirche verflochten war. Während Luther und fast alle anderen Schlüsselpersonen der Reformation konservativ waren, gegen den Aufstand predigten und Gehorsam vor der Obrigkeit einforderten, eröffnete die Reformation selbst Spielraum für die darüber hinausgehende Unzufriedenheit. In Deutschland wurde die Reformation die Sache unzähliger Leute, die anfangs auf Luther schauten, dann aber die Bewegung vorantrieben: Sie protestierten gegen Priester, die ihre alten Praktiken nicht aufgeben wollten, sie zerstörten Idole und Statuen von Heiligen, die sie als lästerlich ansahen, und sie forderten Veränderungen. Solche Handlungen brachten sie, und auch Luther selbst, in Konflikt mit der Obrigkeit, und sie trugen zur Stärkung einer religiösen Bewegung bei, die Städte und Städtchen im ganzen Reich für protestantische Ideen gewann.[63]

Luthers Antisemitismus

Es gibt einen weiteren Aspekt bei Luthers Gedankenwelt, der hier angesprochen werden muss: seine Einstellung zu den Juden. Das hat für unsere Diskussion über die deutsche Gesellschaft des 16. Jahrhunderts Bedeutung, weil sich antisemitisches Gedankengut gelegentlich auch bei den Aufständen und Protesten findet. Wie wir noch sehen werden, beinhaltete eine geringe Zahl an Forderungen der städtischen Rebellen von 1524 und 1525 Angriffe auf jüdische Menschen. Einige hatten ihren Ursprung in den vorhandenen antisemitischen Vorurteilen. Aber Luthers eigene Überzeugungen

---

63 Dies ist nicht der Ort, um die gesamte Geschichte der deutschen Reformation oder gar der Reformation außerhalb des Reichs zu erzählen. Ausgezeichnete Einführungen bieten MacCulloch (2010) und Kaufmann (2017).

bedürfen der Diskussion. Luthers Haltung zu den Juden veränderte sich im Laufe der Zeit. Vor der Reformation gab er die „geläufigen antijüdischen Ansichten" wieder.[64] In der Anfangszeit der Reformation glaubte er, Juden könnten mit seinen Reformen und dem Angriff auf den Papst zum christlichen Glauben bekehrt werden. Seine Schriften aus dieser Zeit, wie das Traktat „Das Jhesus Christus ain geborner Jude sey", spiegeln diese Auffassung wider und zeugen von einer gewissen Sympathie für die verfolgten Juden, was seinerzeit eher ungewöhnlich war. Allerdings wird am Ende seiner Schrift deutlich, „dass seine Tolerierung von Juden letztlich von seiner Annahme bestimmt war, das Judentum werde sich durch Assimilation auflösen", schreibt Roper.[65]

Es gibt viele Beispiele von Antisemitismus in seinen Schriften, allerdings verhärtete sich seine Haltung nach dem Bauernkrieg. Im Jahr 1543 schrieb er ein langes Traktat mit dem Titel „Von den Juden und ihren Lügen". Darin greift er den jüdischen Glauben und die religiöse Praxis an. Nun ruft Luther auf, ihre Synagogen und Wohnhäuser zu zerstören, ihre religiösen Schriften zu verbrennen und ihnen den Geldverleih zu verbieten. Lyndal Roper beschreibt dies als ein „Programm für die vollständige Auslöschung einer Kultur".[66] Roper kommt zu dem Ergebnis:

> Luthers Antisemitismus war keine Übernahme mittelalterlicher Relikte, sondern deren Weiterentwicklung. Noch bestürzender ist, dass sein Judenhass kein beiläufiges oder zufälliges Element seiner Theologie war, kein bedauerlicherweise aufgenommenes Vorurteil, das aus zeitgenössischen Haltungen resultierte. Vielmehr war Antisemitismus ein wesentlicher Bestandteil seines Denkens: Seine unerschütterliche

---

64 Gluckstein/Stone (2023: 23).
65 Roper (2016: 496).
66 Roper (2016: 500, 504). Roper stellt detailliert Luthers Antisemitismus dar (495–505), seine üble Sprache und schlimmen Schmähungen. Er glaubte sogar, er habe sich eine Krankheit eingefangen, weil er durch einen Ort mit jüdischer Gemeinde gereist war. Nach Roper verwarfen etliche Zeitgenossen Luthers Ansichten, aber sie wurden auch von vielen seiner Anhänger verbreitet. Sie erwähnt das Beispiel eines Kursächsischen Mandats, das gestützt auf Luthers Argumente die Einziehung jüdischen Eigentums „jedem Sachsen befahl, wenn er Juden treffe" (500).

Überzeugung, dass die wahren Christen – womit er die evangelischen Christen meinte – das auserwählte Volk seien und die Juden in dieser Hinsicht abgelöst hätten, wurde ein fundamentaler Inhalt protestantischer Identität. Auf dieser zentralen Überzeugung fußte das Verständnis der Lutheraner von der Rolle, die in der Geschichte für sie vorgesehen war, und um sie zu sichern, mussten die Juden beiseitegeschoben, verächtlich gemacht und, wenn nötig, aus dem Weg geräumt werden.[67]

Luther und der Bauernkrieg

Die Geschichte der Reformation ist in ihren Anfängen von Luther nicht zu trennen. Für Karl Marx begann die Reformation im Hirn eines Mönchs.[68] Aufgrund der Stellung Luthers in der Reformation und der Verbindung der Reformation mit der allgemeinen Unzufriedenheit in der deutschen Gesellschaft können wir seine Person auch nicht von den Ereignissen des Bauernkriegs trennen. Luthers Reaktion auf den Bauernkrieg war für die Aufständischen eine erschütternde Erfahrung, hatten sie doch geglaubt, er stünde an ihrer Seite. Luther begriff zwar die Ursache ihrer Unzufriedenheit, stellte sich jedoch gegen den Aufstand und forderte schließlich die herrschende Klasse zur gewaltsamen Niederschlagung auf. „Denn hundert Tode

---

67 Roper (2016: 505) Den Nationalsozialisten diente Luthers scharfer Antisemitismus zur Rechtfertigung ihrer eigenen Angriffe auf jüdische Menschen. Die Reichspogromnacht („Kristallnacht"), in der Nazis jüdische Geschäfte in Deutschland in der Nacht vom 9. auf den 10. November 1938 angriffen, wurde von den Beteiligten als „Geburtstagsgeschenk für Luther" bezeichnet, der am 10. November 1483 geboren worden war. Bei dem Nürnberger Prozess von 1946 zog Julius Streicher, der Herausgeber der bösartig antisemitischen Zeitung Der Stürmer, Luthers Schrift zur Verteidigung heran. Er erklärte, dass er „der ursprünglichen Botschaft Luthers" nichts hinzugefügt habe, und würde Luther noch leben, säße dieser an seiner Stelle auf der Anklagebank. Siehe: Austin (2020: pxii–xiii).
68 Boer (2013: 145). Boer meint, Marx habe eine „kleine Schwäche" für Luther gehabt, den er für einen Vorläufer späterer Revolutionäre hielt. Siehe zum Beispiel: Boer (2013: 31–32). (Das vollständige Zitat von Marx lautet: „Wie damals der Mönch, so ist es jetzt der Philosoph, in dessen Hirn die Revolution beginnt." MEW 1: 385; RN)

soll ein frommer Christ leiden, ehe er auch nur ein Haarbreit in der Sache der Bauern nachgebe", schrieb Luther.[69] Luthers Polemik „Wider die räuberischen und mörderischen Rotten der Bauern" ist mit dem Aufruf an die Herren zur Anwendung von Gewalt auch heute noch eine schockierende Schrift. Luther ermutigte die „lieben Herren": „Steche, schlage, würge", und er erklärte, „bleibst du darüber tot, wohl dir, einen seligeren Tod kannst du nicht bekommen". Jene Herren, die die Rebellen nicht töteten, machten sich in den Augen Luthers „schuldig an allem Mord und Übel". Wer jedoch die Bauern als Christ nach „Göttlichem Wort und Gehorsam" bekämpfte und dabei zu Tode kam, sei ein „rechter Märtyrer für Gott". Die jedoch rebellierten, würden zu Recht verdammt zu „einem ewigen Höllenbrand". Luther verurteilte jene, die sich auf die Seite der Bauern stellten: „Denn wer ihnen zu Willen ist, der fährt auch mit ihnen zum Teufel und ist schuldig aller Übeltat, die sie begehen."[70]

Nur wenige Jahre zuvor hatte Luther mit seinen Thesen für die Armen gesprochen und die Kirche verurteilt, weil sie die Spenden und Ablässe für die Finanzierung ihres pompösen Lebensstils missbraucht hatte, statt den einfachen Leuten zu helfen. In These 86 (siehe oben) wütete Luther gegen den obszönen Reichtum des Papstes, der den Neubau des Petersdoms aus eigener Tasche hätte finanzieren können und nicht auf die Pfennige der ärmsten Angehörigen der Kirche angewiesen war.

Peter Stanford weist darauf hin, dass das „Luthertum für all jene in Deutschland, die sich geknechtet, misshandelt und nicht gehört fühlten, eher wie ein auf ihre irdische Lage zugeschnittenes Glaubensbekenntnis geklungen haben muss, als für ihre Bestimmung nach dem Tod".[71] Um diesen offenbaren Widerspruch zwischen Luthers Kritik am Papst und dem Reichtum der Kirche und seiner Forderung nach Niederschlagung der aufständischen Bauernschaft zu verstehen, müssen wir einen genaueren Blick auf Luther und die

---

69 Luther (1888: 357–361). Im Original: „Denn hundert tödte sollt eyn frumer Christ leyden, ehe er eyn harbreyt ynn der bawren sache bewilliget." „[…] steche, schlahe, würge, […] bleybstu drüber tod, wol dyr, seliglichern tod kanstu nymer mehr uberkomen." „Denn wer mit yhn bewilliget, der fert auch mit yhn zum teuffel und ist schuldig aller ubelthat, die sie begehen."
70 Luther (1888: 357–361).
71 Stanford (2017: 311).

Reformation werfen.Martin Luther war in dreifacher Hinsicht für den Bauernkrieg bedeutsam: Erstens gab die Reformation der unzufriedenen Bauernschaft und den städtischen Massen ideologischen Rückhalt. Die katholische Kirche war der bedeutendste ideologische Flügel der europäischen herrschenden Klasse. Luthers Kampfansage an die Kirche musste zwangsläufig mit jeder Kritik an den herrschenden Verhältnissen in Verbindung gebracht werden. Zweitens führte der Verlauf der Rebellion dazu, dass Luther eng mit dem Aufstand in Zusammenhang gebracht wurde. Bei seiner wütenden Polemik gegen die aufständische Bauernschaft ging es zwar darum, sich davon abzusetzen, vor allem aber wollte er sein Festhalten an der Ständegesellschaft unterstreichen. Und drittens war die Reformation selbst eine Reaktion auf die sich vollziehenden Umbrüche in der europäischen Gesellschaft, und diese Veränderungen verschärften die ökonomischen und gesellschaftlichen Spannungen. Luther schürte unabsichtlich selbst mit seinem ideologischen Angriff auf den kirchlichen Ablasshandel die wachsende Verdrossenheit. Nehmen wir als Beispiel die folgende Stellungnahme Luthers in seiner Schrift „Acta Augustana", verfasst 1518, etwa ein Jahr nach dem Druck seiner 95 Thesen, in der er gegen die Abschöpfung von Geldern für den Neubau des Petersdoms polemisiert:

Die Einkünfte der ganzen Christenheit sind von dieser unersättlichen Basilika verschlungen. Die Deutschen lachen, wenn man dies den Gemeinbesitz der Christenheit nennt. Bald werden alle Kirchen, Paläste, Mauern und Brücken Roms von unserem Geld gebaut werden. Zu allererst sollten wir lebendige Tempel unterhalten, dann die Ortskirchen, zu allerletzt St. Peter, das für uns unnötig ist. Wir Deutschen können nicht St. Peter besuchen. Besser, es würde nie gebaut, als daß unsere Pfarrkirchen verfallen. […] Warum baut der Papst die Basilika von St. Peter nicht mit seinem eigenen Geld? Er ist reicher als der reichste Krösus. Er würde besser St. Peter verkaufen und das Geld den Armen geben, die von den Ablaßkrämern geschoren werden. Kennte der Papst die

unverschämten Forderungen dieser Händler, er würde lieber
wollen, St. Peter läge in Asche, als daß es mit dem Blut und
dem Fell seiner Schafe gebaut würde.[72]

Diese Polemik sprach ohne Zweifel die armutsgeplagte Mehrheit
der deutschen Bevölkerung an, die unter dem Zehnten und den
Steuern litt. Sie sprach aber auch eine völlig andere Gruppierung
an: die Wohlhabenden, die selbst über die Verwendung ihres Reichtums entscheiden wollten und deshalb gegen die Kirche wüteten.
Der marxistische Historiker Chris Harman schrieb dazu: „Die feudale Wirtschaft und Gesellschaft brachten etwas Neues hervor, und
der Protestantismus war ein erster Schrei der anbrechenden neuen
Zeit."[73]

<hr>

72 Zit. n. Bainton (1983: 58–59).
73 Harman (2016: 275).

3. Der Aufstand beginnt

Die in der Bauernschaft und den niederen Schichten in den Städten weit verbreitete Unzufriedenheit in Deutschland im Jahr 1524 hatte unterschiedliche Ursachen. Die Klammer dessen jedoch war eine zunehmend zersplitterte und gespaltene Gesellschaft. Das Heilige Römische Reich wurde im Jahr 800 mit der Krönung Karls des Großen von Papst Leo III. gegründet. Als Karl V. im Jahr 1519 zum Kaiser gekrönt wurde, hatte es bereits seit über 700 Jahren bestanden. Seine Gesamtfläche stellte eine Mischung aus oft verwirrend organisierten Gebieten und Ländern dar. Es umfasste Landstriche, die heute zu Deutschland, der Schweiz, Österreich, der Slowakei, Slowenien, der Tschechischen Republik und Teilen von Frankreich, Italien und Polen gehören. Zur Zeit des Aufstands wurde dieses riesige Territorium von Karl V. regiert, aber die direkte Herrschaft lag bei einer unübersichtlichen Vielzahl von Herzögen, Fürsten, Adligen und Erzbischöfen, die über 300 verschiedenartige Territorien herrschten. Häufig lagen diese weit voneinander entfernt, sodass ein Herrscher unter Umständen große Strecken zurücklegen musste, um die ihm unterstellten Gebiete zu besuchen.

Karl V. sprach zum Beispiel kein Deutsch und hatte die Region vor seiner Erwählung als Kaiser nie besucht. Er verfügte über „Stammlande am Knie des Oberrheins [...], die Landgrafschaft im Elsaß [...], die Herrschaften im Umkreis der erstarkenden Schweizer Eidgenossenschaft, die Grafschaften im Breisgau und in Schwaben, in Vorarlberg und in Tirol, wo das allen vorderösterreichischen Ländern übergeordnete Regiment in Innsbruck saß; endlich Österreich, Steiermark, Kärnten, Krain und die Windische Mark [...]."[74]

Der Kaiser erwählte sieben Kurfürsten, vier Erzbischöfe und drei Fürsten. Einer dieser Fürsten war Friedrich III., Kurfürst von Sachsen, in dessen Land die kleine Stadt Wittenberg lag. Friedrich hatte dort die Universität gegründet und Luther wie Philipp Melanchthon dorthin berufen. Diese Universität sollte zum Zentrum der

---

74 Brandi (1964: 79).

Reformation werden. Die Macht Einzelner, wie die Friedrichs, war so groß, dass er sich weigern konnte, die päpstliche Bulle (einen Erlass) zur Exkommunikation Luthers zu befolgen. Stattdessen wurde er Schutzherr Luthers.

Karl V. führte ein Luxusleben. Die Fürsten, Herzöge, Adligen und Erzbischöfe, die über die Lande des Reiches herrschten, waren zwar nicht ganz so wohlhabend, aber immer noch unglaublich reich im Vergleich zur großen Mehrheit der Bevölkerung. Die Herren bezogen ihren Wohlstand aus der Ausbeutung der verarmten Bauern, die lange Tage auf den Feldern schufteten. Einige Bauern waren immer noch leibeigen. Sie mussten ihren Herren einen Anteil an der Ernte abgeben. Viele Bauern waren Pächter, die ihre Erzeugnisse auf dem Markt verkauften und Pacht und Steuern zahlten.

Die Ökonomie befand sich in langsamem Wandel: Obwohl die bäuerliche Wirtschaft immer noch hauptsächlich auf die Versorgung des Haushalts ausgerichtet war, wurden doch zunehmend auch Nutzpflanzen wie Flachs, Baumwolle und Weinreben angebaut. Doch zum großen Unbehagen der Bauern wurden ihnen nach wie vor viele feudale Verpflichtungen, Pachten, Steuern und Abgaben auferlegt. Die Empörung darüber stand im Mittelpunkt des Aufstands und der Forderungen der Rebellen, als sie losschlugen.

Es entstanden neue Industrien, die auf eine neue Gesellschaft hindeuteten. In diesen Industrien waren Arbeiter wie die Bergknappen als Lohnarbeiter organisiert und einige von ihnen sollten eine bedeutende Rolle in dem Aufstand spielen. Zwar gibt es gewisse Ähnlichkeiten zwischen diesen Bergleuten und den heutigen Proletariern, aber auch deutliche Unterschiede. So hielten zum Beispiel Arbeiter Anteile an den Bergwerken, aber auch einige Grundherren, deren Knappen ähnlich den Fronarbeit leistenden Bauern unentgeltlich arbeiten mussten. Die Historiker Tom Scott und Robert Scribner weisen darauf hin, dass wegen der unterschiedlichen Interessen der Lohnarbeiter und der arbeitenden Anteilseigner mindestens ein lokaler Aufstand im Jahr 1525 unterlaufen wurde.[75]

---

75 Scott/Scribner (1991: 221). In den Artikeln der aufständischen Bergarbeiter von Joachimsthal (heute Tschechische Republik) von Mai 1524 findet sich zum Beispiel nichts zur Lohnhöhe, stattdessen zu Zöllen und dem Zehnten sowie Beschwerden, die ähnlich auch städ-

Die sich allmählich wandelnde Wirtschaft setzte auch die Grundbesitzer unter Druck, die mit schwankenden Preisen, Pachteinnahmen und sinkenden Bodenwerten zu kämpfen hatten. Die bäuerliche Wirtschaft litt darunter, dass die Ernte so anfällig für äußere Faktoren wie das Wetter war, aber auch marodierende Heere in Kriegszeiten richteten Schaden an. Während die Wohlhabenden die durch eine reiche Ernte (niedrige Preise) oder eine weniger erfolgreiche Ernte (hohe Preise und Knappheit) verursachten Preisschwankungen verkraften konnten, litten die Bauern darunter, dass ihre Pachtzahlung gleich hoch blieb. Das Geld war nicht das einzige Problem. Das Land wurde regelmäßig von Hungersnöten heimgesucht, gleich vier „Krisenzeiten" hatte es in den Jahren 1480–1483, 1490–1492, 1500–1503 und 1516–1519 gegeben.[76]

Die Wohlhabenden reagierten auf die ungewisse Lage, indem sie die Bauern stärker auszubeuten versuchten und alte Rechte (altes Herkommen) aufkündigten, die die bäuerliche Wirtschaft vor den Wohlhabenden geschützt hatten. Die Grundbesitzer erhöhten die Steuern, erhoben Bußgelder und teilten das Land in kleinere Parzellen auf, um die Pachteinnahmen zu erhöhen. Gemeindeland, das zur gemeinschaftlichen Nutzung gedacht war – zum Weiden, zum Sammeln von Brennholz usw. –, wurde umzäunt und verpachtet, wodurch die Bauernschaft um Einkommen und wichtige Naturgüter gebracht wurde. Unter diesen Vorgängen litten insbesondere die Bauern, sie veränderten aber auch unmerklich die Landwirtschaft, was Unzufriedenheit erzeugte und den Widerstand förderte. Der Historiker Adolphus Ward erläutert, was dies bedeutete:

Im Südwesten, im Tal von Tauber und Neckar, im Mosel- und Mittelrheingebiet, war die Praxis der Landteilung so weit fortgeschritten, dass der gewöhnliche Besitz eines

---

tische Rebellen an anderen Orten vorbrachten. Wir sollten uns Bergarbeiter des 16. Jahrhunderts besser als selbstständige Gewerbetreibende vorstellen, denn als Arbeiter im heutigen Sinne. Dank an Andrew Drummond für seinen Hinweis zu dieser Frage.

76 Rapp (1979: 58, 59). Francis Rapp nennt ein Beispiel für schwankende Preise: „In der ersten Hälfte des 15. Jahrhunderts schwankte der Preis für ein Viertel Getreide zwischen 40 und 90 Pfennig. In der zweiten Hälfte […] sank er auf 26 Pfennig und stieg wieder auf 160 Pfennig."

Bauern auf ein Viertel des Ackerlands geschrumpft war; und die Bemühungen, diese ruinöse Entwicklung aufzuhalten, führten lediglich zur Schaffung eines landlosen Proletariats. Der andere Prozess, der sich nicht auf Deutschland beschränkte, war die Umwandlung von Grund und Boden in ein Spekulationsobjekt für den Markt gegen Geld. Die finanziellen Schwierigkeiten machten den Bauern zu einer leichten Beute für den kapitalistischen Stadtbürger, der ihm Geld gegen die Verpfändung seines Besitzes lieh, wobei er die Zinsen bei einem Ernteausfall, oder wenn sein Vieh von einer Seuche befallen wurde, oft nicht zahlen konnte. Dieser Pachthandel, der den Pächter unweigerlich hart traf, war eines der zahlreichen Übel, die Luther das ein oder andere Mal zum Verderben der deutschen Nation erklärte.[77]

Aufgrund dieser Landteilung entstand in Deutschland eine riesige, nahezu besitzlose Klasse. Nehmen wir zum Beispiel den fränkischen Raum, der zu einem Schwerpunkt des Aufstands werden sollte. Hier überwogen die „aufgeteilten kleinen Höfe, bis hin zu Achtel- und Sechzehntelhöfen". Neben der Realteilung, der Verteilung des Lands an die erbenden Söhne, waren auch das Bevölkerungswachstum und das Vorgehen der Grundbesitzer für diesen Zustand verantwortlich. „Dies alles bedingte schließlich eine breite unterbäuerische Schicht von Kleinstpächtern, Häuslern ohne Feldbesitz, Tagelöhnern, Hausgenossen und Dienstboten, von den verschiedensten Dorfhandwerkern und landwirtschaftlichen Arbeitern." Anfang 1525 „gab es etwa 1.000 Tagelöhner auf den Weingütern von Kitzingen, einer Stadt mit 500 Haushalten". In Sachsen machte laut einer Studie „diese unterbäuerische Schicht" etwa 25–30 %, strichweise sogar bis zu 50 % der gesamten ländlichen Bevölkerung" aus. In Thüringen war „die Hälfte aller ländlichen Steuerpflichtigen vermögenslos, in ungünstig gelegenen Dörfern sogar bis zu 2/3". Etwa „30–40 % der Anbauprodukte mußten im Durchschnitt als grundherrliche Abgaben bezahlt werden".[78]

---

77 Ward et al. (1903: 176).
78 Endres (1974: 155), und Endres (1979 : 63–65). Die englische Fassung wurde von Endres

Es überrascht nicht, dass sich unter diesem Druck erheblicher Unmut aufgestaut hatte. Wie wir gesehen haben, gab es bereits in den Jahren vor dem Bauernkrieg unzählige kleinere Aufstände in Deutschland.

Noch ehe die großen Aufstände ausbrachen, hatte sich diese Erbitterung im Juli 1524 am Oberrhein entladen. Die Ereignisse zeigen die Verschränkung örtlicher wirtschaftlicher Probleme und übergreifender politischer und religiöser Veränderungen. Nach einem schweren Sturm in Neunkirch im Klettgau waren Häuser und Weinberge verwüstet und die Ernte war vernichtet. Einige machten die Anhänger Luthers dafür verantwortlich, andere sahen darin die Strafe Gottes für all jene, die an den alten religiösen Vorstellungen festhielten. Der Stadtschreiber Jörg Vögeli berichtet, wie die religiöse Unzufriedenheit die Empörung anfachte:

> Am 24. Juni erklärte der (Jakob Windner) Pfarrer von Sankt Johann in Konstanz von der Kanzel, die heutigen Fürsten seien noch größere Tyrannen als die Kaiser Nero, Decius und Diocletian, denn sie suchten nach Wegen, Luther zu vertreiben, dazu hätten sie weder das Recht noch Grund oder Rechtfertigung. Ritter und Edelleute müssten heute den Glauben schützen! – denn es gebe wütende Bluthunde, die das einfache Volk verhafteten und in den Turm werfen ließen, wider alle Gerechtigkeit: sie fürchten nicht Gott, den Glauben, das Recht oder das Jüngste Gericht.[79]

Dieser zeitgenössische Bericht bietet einen bemerkenswerten Einblick in das von gesellschaftlichen, religiösen und selbst Umweltfragen beeinflusste gesellschaftliche Brodeln am Vorabend zur Revolte. Hier zeigt sich auch die Wut auf die herrschende Klasse, nicht nur wegen der Behandlung der unteren Schichten, sondern auch weil diese in ihren Augen so offensichtlich versagten, die Gesellschaft zu schützen und den christlichen Glauben zu leben.

überarbeitet und weicht von der deutschen ab; RN.
79 Scott/Scribner (1991: 121–122).

Oberschwaben

Der Aufstand begann in Oberschwaben, einem Gebiet zwischen der Donau, der heutigen österreichischen Grenze, der deutschen Seite des Bodensees und dem Lech, etwa 50 Kilometer westlich von München.[80] Er brach in drei Gebieten aus und es sammelten sich drei Bauernheere, wegen ihrer losen Formation „Haufen" genannt, die sich im weiteren Verlauf zur Christlichen Vereinigung zusammenschlossen. Dieser riesige Haufen umfasste Zehntausende Aufständische und von ihm gingen die Zwölf Artikel aus, die berühmteste und einflussreichste Sammlung revolutionärer Forderungen.

Wie alle Rebellionen begann es mit einem kleinen lokalen Aufstand, der Empörung von Stühlingen, nordwestlich von Schaffhausen an der heutigen Grenze zwischen Deutschland und der Schweiz. Der Überlieferung nach hatte die Gräfin Clementia von Lupfen, deren Familie die Ländereien gehörten, am 23. Juni 1524 von den Bauern gefordert, die Ernte zu unterbrechen und Schneckenhäuser zu sammeln, die sie als Spulen für ihr Garn benötigte. Ob diese Geschichte wahr ist, wissen wir nicht, aber sie ist bezeichnend für die Denkweise der lokalen Herren, wie die Forderungen der Stühlinger Bauern zeigen.

Die Klagen und Forderungen der Stühlinger wurden in 62 Artikeln niedergelegt[81], die im gesamten Aufstandsgebiet aufgegriffen wurden. Diese Artikel sind ein Beleg für die Vielfalt an Beschwerden. Die meisten beschäftigten sich jedoch mit der Beziehung zu den Grundherren, deren Macht über die Bauernschaft sich in verschiedenen Rechten widerspiegelte, denn sie konnten Eigentum, Arbeit und Hab und Gut der Bauern nach Belieben für sich einfordern. Zum Beispiel mussten die Bauern Erlaubnis einholen, außerhalb

---

80 Die Ereignisse des Bauernkriegs werde ich einfachheitshalber als Aufstand, Erhebung, Aufruhr, Rebellion bezeichnen. Ich werde später darauf eingehen, ob der Begriff „Revolution" angemessen ist. Außerdem werde ich „Bauern" als Sammelbegriff verwenden, womit alle an dem Aufstand Beteiligten gemeint sind – auch, wie bereits geschrieben, Angehörige anderer Schichten.

81 Hier nach Barge in modernisierter Fassung (1914: 56–73). Baumann in Urfassung (1877: 188–207).

der Dorfgemeinschaft zu heiraten; die Herren ritten über ihre Felder und verwüsteten dabei die Feldfrucht, ohne dafür zur Rechenschaft gezogen zu werden, und sie durften das Eigentum des Bauern nach seinem Tod einfordern (Todfall).

Die Macht der Herren, die Bauernschaft ihrer traditionellen Rechte zu berauben, rief große Empörung hervor. Den Ärmsten wurden wesentliche Nahrungsquellen und andere Mittel entzogen. In Stühlingen beschwerten sich die Bauern darüber, dass selbst Gewässer, die durch ihre Wiesen flossen, an Fischer verpachtet wurden. Andere Forderungen betrafen rechtliche Ansprüche. Die Bauern beschwerten sich darüber, dass Amtsleute nicht von der Gemeinde gewählt werden konnten und Gerichtspersonen nicht frei urteilen durften, sondern bestraft wurden, wenn den Grundherren der Urteilsspruch nicht gefiel.

Die 62 Artikel von Stühlingen bieten einen faszinierenden Einblick in die ländlichen Klassenverhältnisse am Vorabend des Aufstands. Insgesamt stellen sie die Ablehnung der noch aus früheren feudalen Zeiten herrührenden sozialen und wirtschaftlichen Beziehungen dar. Diese Beziehungen erlegten der Bauernschaft die Pflicht auf, für ihren Grundherrn zu schuften. So klagten die Stühlinger Bauern in Artikel 24:

> Item (ebenfalls) darüber hinaus werden wir durch unsere Herrschaften und ihre Amtsleute mit mancherlei unleidlichen Frondiensten beschwert und dadurch verhindert, da wir in einer rauhen Gegend gelegen sind, unsere Güter zu bestellen; und wissen nicht, wie wir unsere Weiber und Kinder ernähren sollen, können auch bisweilen das unseren Herrschaften nicht leisten, was wir ihnen sonst zu leisten schuldig sind.

Und weiter:

> Item, wir müssen einen Tag Hafer, den anderen Hanf zu Garben binden, Erde aufhäufeln, dann wieder ackern und säen, item brachen [pflügen], felgen [zum zweiten Mal

pflügen], Ödland ackern, säen und eggen, schneiden und in
die Scheuer fahren, und wenn die Frucht gedroschen ist, sie
aus der Scheuer in das Schloß fahren, item die Matten mä-
hen, Heu machen und ihnen das Heu in die Scheuer fahren,
item hagen [mit Zäunen einhegen], jagen, die Wildseile führen [zum Fangen von Wild], und wenn Wildbret gefangen
wird, es in das Schloß bringen [...].[82]

Zu der Liste ihrer Frondienste gehörte laut Artikel 24 auch, den
Wein und das Korn für den Herrn zu fahren, das Land zu bewirtschaften, die Bäche zu pflegen, Jagdhunde aufzuziehen, die Felder
zu düngen, Geld und Ernte abzuliefern. An diesen Artikeln lässt sich
ablesen, wie Straßen und Brücken und die übrige Infrastruktur der
ländlichen Wirtschaft durch die bäuerliche Arbeit geschaffen wurden, die wahren Nutznießer aber die Grundherren waren, die dann
noch Steuern für die Nutzung erhoben.

Aus Artikel 23 geht hervor, dass die Stühlinger Bauern über diese
Regelungen besonders erbost waren, weil sie nicht wussten, aus wel-
chem Grund die Pacht erhoben, wie die Höhe festgelegt wurde und
was sie als Gegenleistung bekommen sollten:

> Item, wir geben jährlich, was uns sehr beschwerlich fällt,
> unserer Herrschaft Zins, Renten und Pachtgeld von unse-
> ren Gütern, nicht zu reden von all dem Kriegsdienst und
> anderem, was wir unseren Herren geben und leisten, aber
> wir wissen von alledem die Herkunft nicht, aus welchen
> Ursachen solche Abgaben entrichtet werden, noch auch, was
> unsere Herrschaften dagegen uns zu leisten verpflichtet und
> schuldig sind.

Mit der Erhebung dieser Beschwerden griffen die Bauern offen
die bestehenden Verhältnisse an, hinterfragten die Grundlagen ihrer
Ausbeutung und forderten neue soziale Beziehungen. In Artikel 59
heißt es deshalb: „Wir bitten darum, dahin zu erkennen, daß sie

---

82 Barge (1814: 66–67, 73).

verpflichtet seien, uns der Leibeigenschaft ledig zu lassen und keinen mehr zu derselben zu dringen." Die Stühlinger Artikel sind noch aus einem anderen Grund bemerkenswert: Im Gegensatz zu späteren Forderungen von Aufständischen wird an keiner Stelle auf religiöse Fragen, auf Martin Luther oder die Reformation Bezug genommen.

Aus dem zeitgenössischen Bericht des Chronisten Johannes Kessler können wir einen Eindruck davon gewinnen, wie die Stühlinger Bauern sich zu Beginn des Aufstands im Februar 1525 organisierten:

> Als die Stunde gekommen war, da dieses Feuer sollte entzündet werden, hat es sich begeben in der Fastnacht (wie man's heißt), der Zeit, zu welcher man Zusammenkünfte zu halten pflegt, daß ihrer bei sechs oder sieben Bauern in einem Dorfe bei Ulm, Baltringen genannt, zusammengekommen sind und ausführlich über die schwebenden Läufte miteinander gesprochen haben. Und wie es nun damals bei den Bauern Brauch war, sind sie von einem Dorfe zum andern, zu den Bauern der Nachbargemeinde, gezogen und haben dort in geselliger Runde miteinander gegessen und getrunken: dann sind dieselbigen Bauern im Dorfe auch mit ihnen weiter gezogen. Wer sie dann fragte, wohin sie wollten, was sie täten, dem antworteten sie: „Wir holen miteinander den Fastnachtskuchen!" So sind sie in Gemeinschaft alle Dienstage umhergezogen und haben täglich an Zahl zugenommen, bis sie auf gegen 400 Mann anwuchsen.[83]

Nachdem sie sich etwa eine Woche lang auf diese Weise organisiert hatten, kehrten sie nach Baltringen zurück und besprachen auf einer Versammlung ihre Beschwerden und ihr weiteres Vorgehen, denn sie fürchteten, die Herren könnten sie nicht ernst nehmen. Sie klagten sich gegenseitig, wo ihnen „am meisten der Schuh drücke", dann berieten sie, „unverzüglich gegen ihre Herren und Oberen wegen ihrer Lasten entschieden Klage zu führen und danach um

---

83 Barge (1914: 102). Gœtzinger (1870: 321–322). Siehe auch: Kissling (2000: 260).
Die Ortschaft Baltringen sollte sich zum Zentrum des Aufstands entwickeln und nach ihr wurde der bewaffnete Baltringer Haufen benannt.

Entgegenkommen und Milderung nachzusuchen". Sie erkannten aber schnell, dass es niemanden gab, der ihre Beschwerden der Herrschaft vortragen konnte.

Sie entschieden sich für Ulrich (Huldrich) Schmid, „ein frommer, gutherziger, redlicher, erfahrener Mann". Ulrich Schmid stammte aus einem nahegelegenen Dorf. Er war sogar bereit, sie zu vertreten, allerdings unter dem Vorbehalt, „daß männiglich (jedermann) wissen solle, daß er seiner Person und Beschwernis halber keinesfalls Klage gegen seine Herren führen wolle". Zweifellos erklärte Schmid dies sicherheitshalber öffentlich, um nicht selbst von den Herren, bei denen er vorsprechen würde, bestraft zu werden. In jeder Ortschaft verlief die Frühphase des Aufstands nach einem ähnlichen Muster: Kleine Gruppen trafen sich im Geheimen und schickten dann einzelne Vertreter und Abordnungen in andere Gebiete, um die Botschaft zu verbreiten.[84] In Stühlingen wählten die Bauern Hans Müller zu ihrem Anführer, der die Verhandlungen mit den Herren führte. Laut Berichten erhoben die Bauern eine Fahne mit den Farben Österreichs, auf dessen Schutz sie hofften.[85] Erzherzog Ferdinand von Österreich (ab Jahr 1556 Kaiser des Heiligen Römischen Reichs) spielte den Vermittler, aber einige Städtchen im Umkreis von Stühlingen lagen mit ihm im Streit. Offenbar hatte Ferdinand auf Zeit gespielt. In einem Brief an Graf Waldburg schlug er vor, „gütlich mit den Bauern zu verhandeln, bis er sein Kriegsvolk zur Hand habe".[86] Müller führte eine Abordnung von Hunderten Bauern zu der nahegelegenen Stadt Waldshut in der Hoffnung auf Beistand der dortigen unzufriedenen Bevölkerung. Laut dem zeitgenössischen Chronisten Heinrich Hug waren die Bauern faktisch in den Streik getreten. Sie verweigerten ihre Arbeitsleistung und die Steuern.[87] Angesichts des Ausmaßes des Aufstands war die Obrigkeit zu Verhandlungen mit den Rebellen gezwungen. Die Herren waren jedoch nicht bereit nachzugeben. Graf Siegmund von Lupfen unterlief einen mit den Bauern geschlossenen Kompromiss vom

---

84 Barge (1914: 102–103).
85 Scott/Scribner (1991: 20).
86 Bax (1899: 44).
87 Zimmermann (1980: 204–205). Roder (1883: 98).

September 1524 und forderte sie auf, ihre Fahne auszuhändigen, niederzuknien und zu bekennen, dass sie Unrecht getan hätten. Die Bauern weigerten sich. Stattdessen sammelten sie sich „von Tag zů Tag" und stellten Wachen auf. Niemand wusste sie zu beschwichtigen oder ihnen zu helfen, und sie „waren fůchswild".[88] Am 10. Oktober waren 3.500 Bauern in drei Haufen organisiert. Kolonnen von Bauern marschierten zu Dörfern und Städten und riefen zum Aufstand auf. Hugs Darstellung der Rebellion gibt uns einen Eindruck von der Dynamik des Aufstands. Er berichtet genauestens über die Orte, zu denen die Haufen marschierten, um Versammlungen abzuhalten, ihre Beschwerden zu erörtern und die weiteren Schritte zu planen. Wir erfahren auch, dass die Bauern Hauptleute wählten, um mit der Obrigkeit zu verhandeln. Sein Bericht veranschaulicht den Prozess der Organisierung des Aufstands:

> Wo die Bauern hinkamen, da ließen sie ihre Beschwerden lesen und hören, und sie erklärten, niemandem etwas zu tun, und zahlten, was sie tranken und aßen, und ermahnten alle Bauern, ihnen zu ihrem Recht zu verhelfen.[89]

Einige schlossen sich ihnen an, andere weigerten sich:

> Auch zogen sie nach Tuningen und hielten eine Versammlung ab und fragten, was ihre Meinung sei, und Hans Miller von den Bauern von Wutach war auch bei ihnen, der war ihr Redner, dann er konnte wohl schwätzen, desgleichen Oswald Meder von Riehtheim. Also zogen sie nach Trossingen und hielten auch dort eine Versammlung ab; die wollten auch nicht mit ihnen und sie blieben dort über Nacht auf Mittwoch vor dem Sankt-Nikolaus-Tag [30. Nov.], und als die Bauern zu den 25 Bauern aus dem Brigachtal gestoßen waren, waren sie bis zum Dienstag vor Sankt Nikolaus [1. Dez.] etwa 150.

---

88 Roder (1883: 99).
89 Roder (1883: 100). Übertragung RN.

Dann zogen sie wieder nach Bräunlingen [...] und waren
schon zweihundert. Die blieben über Nacht in Bräunlingen,
und die von Bräunlingen gaben ihnen zu essen und zu trinken gegen Geld, und belästigten sie sonst gar nicht, aber 15
Mann aus Hüfingen fielen von ihrem Herrn ab und gingen
zu den Bauern [...].[90]

Dieser Abschnitt des Aufstands scheint Mitte Dezember nach
einem Zusammenstoß zwischen zweihundert Rebellen unter Führung von Oswald Meder und einem Aufgebot von fünfhundert
Soldaten mit Kavallerie und fünf Geschützen geendet zu haben. In
dieser Schlacht bauten die Bauern eine Wagenburg aus Karren und
Pferdewagen, um sich zu verteidigen, eine Taktik, der wir im Verlauf
des Aufstands immer wieder begegnen werden.[91] Anfang Oktober
erhoben sich die Dörfer im Hegau, einem Gebiet östlich von Schaffhausen, das sich bis zum Bodensee erstreckt, dann folgten Dörfer im
Klettgau westlich von Schaffhausen. Anfang November traten Hunderte Bauern der Abtei St. Blasien in Hauenstein in den Aufstand.
Sie besetzten die Abtei mehrere Tage lang.[92]

Der Aufstand weitete sich im Oktober und November 1524 aus.
Albert F. Pollard fasst die Ereignisse wie folgt zusammen:

Überall am Bodensee fanden Bauernerhebungen statt, im
Allgäu, im Klettgau, im Hegau, im Thurgau und nordwestlich von Stühlingen in Villingen. Zum Osten hin an der Il-
ler in Oberschwaben erhoben sich die Pächter der Abtei von
Kempten, die schon lange über ihre Herren geklagt hatten,
und im Februar 1525 versammelten sie sich in Sonthofen; sie
erklärten, sie wollten keine Herren mehr haben, eine revolutionäre Forderung, die vermuten lässt, dass sie von den Äbten
noch schlimmer behandelt wurden als die Lupfener Pächter.
Die Bauern des Donaurieds nordwestlich von Augsburg waren den ganzen Winter über in Aufruhr, und in der ersten

---

90   Roder (1883: 105). Übertragung RN.
91   Roder (1883: 107).
92   Scott/Sribner (1991: 21). Siehe auch: Zimmermann (1980: 468).

Februarwoche versammelten sich viertausend in Baltringen, einige Meilen nördlich von Biberach; zum Ende des Monats war ihr Haufen auf 30.000 angeschwollen. Ihnen schloss sich auch der Seehaufen vom Nordufer des Bodensees an, während Hans Müller in den Breisgau einfiel und die Bauern des Schwarzwalds aufrüttelte.[93]

Im neuen Jahr trat der Aufstand in eine „offener revolutionäre Phase ein [...] und wurde zu einer religiös legitimierten Revolte".[94] Nun begannen drei Hauptkräfte aus Oberschwaben die Ereignisse zu prägen. Wir haben bereits von den Baltringern gehört, die Ulrich Schmid als Anführer wählten und einen Haufen aufständischer Bauern bildeten. Zwei weitere Kräfte schlossen sich ihnen an: der Seehaufen mit 12.000 Aufständischen unter Führung des Gutsbesitzers Dietrich Hurlewagen, und der Allgäuer Haufen, der aus dem Kemptener Aufstand hervorging und Ende Februar ebenfalls der Christlichen Vereinigung (auch Oberschwäbische Eidgenossenschaft) beigetreten war.[95]

---

93 Ward et al. (1903: 179).
94 Scott/Sribner (1991: 25).
95 Scott/Sribner (1991: 25–26). Dass ein Grundbesitzer eine Bauernrevolte anführt, mag widersprüchlich erscheinen. In diesem Fall übernahm Hurlewagen vermutlich die Führung, um ihr die Spitze zu brechen. Dieses Phänomen und insgesamt die widersprüchliche Rolle von Personen der Elite bei Bauernaufständen im englischen Kontext habe ich diskutiert in: Empson (2018).

4. Die Zwölf Artikel

Im März 1525 sendeten die Aufständischen der drei oberschwäbischen Haufen fünfzig Vertreter nach Memmingen. Dort einigten sie sich auf die wohl berühmtesten Forderungen des gesamten
Aufstands, die Zwölf Artikel. Diese Artikel verbinden religiöse und
wirtschaftliche Beschwerden miteinander und verweisen auf eine radikale Neugestaltung der ländlichen feudalen Welt. Der Historiker
Henry J. Cohn sieht in den Zwölf Artikeln „einen Entwurf für die
Umgestaltung der Agrargesellschaft", deren „Umsetzung letztendlich eine grundlegende Verschiebung der wirtschaftlichen Macht
und des sozialen Status zugunsten der niederen Stände und auf Kosten der Grundherren bedeutet hätte".[96]
Die Zwölf Artikel selbst wiederum waren beeinflusst von den rund
300 Forderungen, die die aufständischen Baltringer Bauern erhoben
hatten, die mit ihrem Haufen ebenfalls in Memmingen vertreten
waren. Die Zwölf Artikel wurden gedruckt, in Umlauf gebracht
und von neu dem Aufstand beigetretenen Rebellenhaufen erweitert.
Cohn weist darauf hin, dass die Zwölf Artikel zwar auf früheren Forderungen beruhten, aber nicht nur die Beschränkung der Dienste
für die Herren forderten, sondern „alle das Verhältnis von Herren
und Bauern betreffenden Fragen auf den Prüfstein von Gottes Wort,
wie es in der Schrift verkündet wurde, stellen wollten".[97]
Die aufständischen Bauern, die die Zwölf Artikel verfasst hatten,
wollten der lesenden Öffentlichkeit versichern, dass sie gute Christen waren. Deshalb leiteten sie ihre Forderungen aus der Bibel ab,
die für sie Gottes Wort war. Das zeigt sich besonders deutlich an
dem zwölften, dem abschließenden Artikel. Hier heißt es: „Wenn
einer oder mehrere Artikel hier aufgestellt sein sollten, die dem Wort
Gottes nicht gemäß wären, [...] so wollen wir von ihnen Abstand

---

96 Cohn (2014: 11). Die Zwölf Artikel sind eine lesenswerte Lektüre. Wegen ihrer Bedeutung
und Berühmtheit wurden allerdings ebenfalls im Jahr 1524 verfasste und nicht selten ausführli-
chere Beschwerdesammlungen, Forderungen und Artikel häufig vernachlässigt. Wir sind schon
den 62 Artikeln der aufständischen Stühlinger Bauern begegnet. Hunderte ähnlicher Beispiele
sind uns überliefert.
97 Cohn (2014: 11).

nehmen, wenn man uns das mit der Schrift begründet.“[98] Weiterhin nahmen die Rebellen die Forderung mit auf, ihre Herren sollten sich derselben Prüfung unterziehen, und alle von ihnen beanspruchten Rechte, die sich nicht von der Heiligen Schrift herleiten ließen, sollten aufgegeben werden.

Die Zwölf Artikel beginnen mit einer für die Ideologie der Reformation wesentlichen Forderung, die im Mittelpunkt der Anliegen der Bauern stand: „Zum Ersten: Es ist unsere demütige Bitt□ und unser Begehr’ [...], dass wir fortan Gewalt und Macht haben wollen, damit eine ganze Gemeinde einen Pfarrer selbst aussuchen und wählen kann. [...] Auch soll sie Vollmacht haben, denselben wieder abzusetzen, wenn er sich nicht dem Evangelium gemäß verhält.“ Dies war nicht nur eine Forderung nach demokratischer Kontrolle über den Pfarrer, sondern zugleich eine Kampfansage an die feudale Ordnung.

Pfarrer sollten sich darauf beschränken, Gottes Wort zu predigen, nicht es zu interpretieren. Das war aus zwei Gründen wichtig: Erstens war den Bauern bewusst, dass von den Herren und der Kirche gewählte Pfarrer ihrer Obrigkeit Loyalität schuldeten und sie deshalb selbst Teil des Systems der Unterdrückung und Ausbeutung der Bauern waren. Zweitens hofften die Bauern bei ihrer Forderung nach Wiedergabe der Schrift ohne eigene Auslegung darauf, nicht von den Herren beeinflusst zu werden und eigene Schlüsse ziehen zu können. Die Bauern glaubten, wie sie im ersten Artikel schrieben, dass „wir nur durch den wahren Glauben zu Gott kommen können“. Dabei zu helfen war die Aufgabe des Pfarrers, nicht aber, die Schrift als Instrument der Unterdrückung zu missbrauchen.

Der zweite Artikel ist der längste mit seinen Forderungen und betrifft den Zehnten, der den Bauern auferlegt wurde. Diese Einnahmen sollten an den von ihnen gewählten Dorfpfarrer gehen, damit er seine Dienste erfüllen konnte. Die Aufständischen schlugen vor, einen von der Gemeinde eingesetzten Kirchenprobst die Verteilung des Zehnten zur Versorgung des Pfarrers überwachen zu lassen, und alles über den Lebensbedarf des Pfarrers hinaus sollte den „armen

---

98 Die Wiedergabe diese Artikel folgt der modernisierten Fassung von Ruszat-Ewig
(2018: 67–74). In Urfassung siehe: Materialien zur Memminger Stadtgeschichte (2000: 21–31).

Bedürftigen, falls sie im selben Dorf vorhanden sind", gegeben werden. Der Rest sollte im Notfall bei einer Landesbedrohung für den Kriegsdienst verwendet werden. Im letzten Teil des Artikels geht es vor allem um die Frage, was mit den Dörfern geschehen sollte, die ihren Zehnten selbst verkauft hatten. Der letzte Satz bezieht sich dann auf den „kleinen Zehnten". Der „große Zehnt" belief sich auf etwa 10 Prozent des von den Bauern geernteten Getreides und wurde unter Berufung auf die Bibel eingefordert. Der kleine Zehnt jedoch war eine weitere Abgabe auf andere Erzeugnisse und auf Vieh. Dieser Zehnt war, erklärten die Bauern, „unrechtmäßig, ihn haben die Menschen erfunden". Darum, sagten sie, „wollen wir ihn nicht weiter geben". Der dritte war von den zwölf der radikalste Artikel. Hier wurde die Abschaffung der Leibeigenschaft und der Knechtschaft gefordert. Die Aufständischen machten zugleich deutlich, dass sie nicht jede Obrigkeit ablehnten, denn die Bibel fordere von ihnen, „wir sollen nach Geboten leben, nicht nach unserem freien fleischlichen Eigensinn". Sie erklärten, „nicht allein der Obrigkeit, sondern jedermann gegenüber sollen wir demütig sein". Der Artikel endet mit dem hoffnungsvollen Satz, „ihr (die Obrigkeit) werdet uns in der Eigenschaft als wahre und rechte Christen gern aus der Leibeigenschaft entlassen" oder aber sie sollte anhand des Evangeliums nachweisen, „dass wir Eigenleute seien". In dem vierten und fünften Artikel geht es um den Zugang zum Wildbestand und anderen Naturgütern wie Holz. An dieser Stelle beklagen sie, dass sie nicht jagen, fischen oder Holz schlagen dürfen, weil die Herren sich all dies angeeignet haben. Holz war beispielsweise notwendig als Brennstoff und Baumaterial, zur Werkzeugherstellung und Errichtung von Zäunen. Deshalb forderten die Bauern freien Zugang für alle, die darauf angewiesen waren. Im sechsten Artikel geht es um den Frondienst der Bauern für ihren Grundherrn. Die Bauern beschweren sich über die steigende Arbeitslast und begehren die Herabsetzung auf das Maß, das die Elterngeneration leistete. Vor allem aber müsse die Bemessung „nach dem Wort Gottes" erfolgen.

Verbunden damit wird im siebten Artikel gefordert, die Arbeitslast nicht weiter zu erhöhen und die Vereinbarung zwischen Herr und Bauer einzuhalten. Weiterhin sollten die Beziehungen zwischen

Bauer und Grundherr besser geregelt werden. Ein Bauer sollte dem Herrn dienen, wenn es nötig war, aber nur zu einem angemessenen Lohn und wenn es dem Bauern nicht zum Nachteil gereichte. In dem achten Artikel werden die hohen und steigenden Pachtzinsen beklagt und es wird eine gerechte Pachtzahlung gefordert. Im neunten Artikel geht es darum, dass die Herren die Bauernschaft nicht mehr willkürlich bestrafen dürfen. Der zehnte Artikel befasst sich mit dem ihnen zur Nutzung entzogenen Gemeindeland. Dies war während des Großteils des Mittelalters und der Frühen Neuzeit eins der Hauptanliegen der aufständischen Bauern in ganz Europa. Im Jahr 1525 forderten die Aufständischen die Rückgabe dieser Ländereien in Gemeindehand. Der elfte Artikel behandelte die verhassten Todfallabgaben. Das war eine Steuer zur Entschädigung des Grundherrn für den Tod eines Untertanen. Sie stammte aus der alten feudalen Beziehung zwischen einem Grundherren und den Hörigen, der sie ursprünglich auch mit Waffen für den Kriegsdienst ausgestattet hatte. Im 16. Jahrhundert war sie zu einer Abgabe auf den Boden des gestorbenen Bauern geworden und konnte zu einer hohen Belastung führen, wie dieses Beispiel eines Bauernaufstands gegen den Abt von Kempten zeigt:

> Item Konrad Fraydinng, leibeigener Mann, hat eine Frau gehabt, die ihm gestorben ist, da mußte er mit dem Abte teilen und gab ihm 50 rheinische Gulden. Item, danach nahm er eine andere Frau, die war eine freie Zinserin. Die starb ihm auch. Da hat mein Herr wiederum die Hälfte haben wollen. Da mußte er ihm 30 Gulden geben. Da nahm er die dritte Frau, die starb ihm auch. Da nahm jener wiederum die Hälfte, da gab er ihm 20 Gulden. Zuletzt ist er selber gestorben. Da hat man wieder die Hälfte haben wollen, und die Kinder fanden, daß das Geld zuvor ausgezahlt war, und es war nicht mehr übrig geblieben als 18 Pfund Heller. Davon hat der Abt auch die Hälfte haben wollen. [...] Da hat er ihnen alles genommen, und ein Teil der Kinder hat nach Almosen gehen (betteln) müssen.[99]

---

99 Barge (1914: 75–76).

In Artikel elf wurde nun gefordert, die Todfallabgabe ganz abzuschaffen. Der letzte Artikel stellt keine Forderung dar, sondern eine Erklärung. Hier wird noch einmal betont, dass die Artikel auf der Heiligen Schrift und dem Wort Gottes beruhten, eine Anfechtung der Artikel müsse auf derselben Grundlage geschehen. Sollten sich „aufgrund der Wahrheit der Schrift" weitere Artikel finden, die „eine Beschwernis für den Nächsten" wären, so gälten sie schon als aufgenommen und beschlossen. Diese Erklärung bewies das Vertrauen der Aufständischen in ihre eigenen Forderungen.

Die Herstellung dieser Beziehung zwischen den Forderungen und der Heiligen Schrift findet sich auch in den Artikeln aus Mühlhausen, die im September 1524 veröffentlicht wurden. Sie waren von den radikalen Reformatoren Thomas Müntzer und Heinrich Pfeiffer „aus Gotts Wort beschlossen" worden, wie sie betonten, und stünden sie „Gotts Worte" entgegen, so sollten sie verbessert und geändert werden.[100] In den Mühlhäuser Artikeln finden sich wie in den Zwölf Artikeln und vielen weiteren Manifesten Verweise auf biblische Passagen und Verse zur Untermauerung der Forderungen. Das beweist die Wechselbeziehung zwischen dem religiösen und ökonomischen Hintergrund des Aufstands, in dem die Bauern keineswegs nur der Kirche ihre wirtschaftliche Unterdrückung anlasteten.

Die Zwölf Artikel bleiben bis heute begeisternd und anregend. Sie geben einen Einblick in die Gedankenwelt der Gemeinden, die sich gegen ihre Herren erhoben. Wären sie umgesetzt worden, hätte sich die Agrargesellschaft Deutschlands erheblich gewandelt, weshalb die Bewegung von der herrschenden Klasse mit allen Mitteln bekämpft wurde. Der Bauernkrieg wurde somit zu einer Schlacht für die Umsetzung dieser und ähnlicher Forderungen. Das setzte allerdings eine der Bauernschaft wohlgesinnte einsichtige herrschende Klasse voraus. Hier zeigt sich aber auch die Hauptschwäche der Taktik der Bauern. Obwohl die Zwölf Artikel und ähnliche Schriften nach Beginn des Aufstands verfasst wurden, äußerte sich in ihnen indirekt die Hoffnung, dass die Herren der Bibel gemäß zu Veränderungen bereit waren. Als die Herren stattdessen gegen sie vorgingen, waren

---

100　Lenk (1983: 137–139).

sie entwaffnet. Die einzige Alternative der Aufständischen war militärisches Vorgehen, wofür der Adel sehr viel besser gerüstet war.

Es ist überraschend, wie wenig Gewalt von den Rebellen ausging. Die Aufständischen begingen während des gesamten Aufstands nur eine einzige bedeutende „Bluttat", die von Weinsberg im April 1525. Ohne Zweifel hofften viele zumindest zu Beginn des Aufstands, die Bewegung könne die Herrschenden überzeugen, weshalb sie zu Zurückhaltung neigten. Friedrich Engels stellte fest, dass diese Haufen „einen merkwürdigen Mangel an Entschiedenheit zur Schau tragen. Die Entschiedenheit, wo sie kam, kam erst im Laufe des Kriegs, nachdem die Bauern Erfahrungen über die Handlungsweise ihrer Feinde gemacht hatten."[101]

Der Glaube, dass die Zwölf Artikel von der Obrigkeit angenommen werden würden, war jedoch nicht völlig unbegründet. Den größten Erfolg in dieser Hinsicht konnten die Bauern in Mainz verzeichnen. Hier hatte der erzbischöfliche Statthalter sich bereit erklärt, den Artikelforderungen nachzukommen, weil es ihm nicht gelungen war, genügend Söldner zu sammeln, um die Bauern zu schlagen. Gleichzeitig zeigt dies auch die Schwäche der Bauern, denn dieser Erfolg beruhte nicht darauf, dass der Statthalter für die Sache der Bauern gewonnen worden wäre, sondern allein auf der Furcht vor der Bauernarmee nach der Bluttat von Weinsberg.

Letztendlich nutzte der Adel die Artikel jedoch geschickt, um die Rebellion aufzuhalten. Sie bildeten die Grundlage der Verhandlungen zwischen den Aufständischen und den Vertretern der schwäbischen herrschenden Klasse, die sich im Schwäbischen Bund vereinigt hatten. An anderen Orten, wie in Österreich, gelang es den Herrschern, den Aufstand durch Einrichtung von Kommissionen zur Erörterung der Forderungen zu ermatten. Die Debatten liefen vorhersehbar ins Leere, verschafften den Machthabern jedoch eine Atempause, um ihre Kräfte zu sammeln.

---

101 Engels (MEW 7: 380). Darauf weist auch Harman (2016: 288) hin.

5. Furcht und Abscheu vor der Bauernrevolution

„Ich meyn das keyn teuffel mehr ynn der helle sey, sondern allzumal ynn die bawrn sind gefaren."[102]

Mit den Zwölf Artikeln hatten die Bauern ihre Forderungen erhoben. Was die herrschende Klasse jedoch am meisten in Schrecken versetzte, war die neue demokratische Struktur, die sich die aufständischen Bauern für die Organisation ihrer Heere und zur Verwaltung der eroberten Orte schufen. Mit der Ausweitung des Aufstands in Süddeutschland machten sich die Obrigkeiten und die örtlichen Herrscher zunehmend Sorgen über die weitere Entwicklung. Es erreichten sie Berichte von weiteren Rebellionen und ihre Burgen waren kaum geschützt, weil ihre Landsknechte in anderen Konflikten eingesetzt waren. In ihren Briefen wurde der Ruf nach militärischem Beistand immer drängender.

Einerseits fürchteten sie, Opfer gewalttätiger Ausschreitungen zu werden, was durchaus berechtigt war, wie die Ereignisse von Weinsberg, einer kleinen Stadt nahe Heilbronn, 50 Kilometer nördlich von Stuttgart gelegen, im April 1525 bewiesen.

Graf Ludwig von Helfenstein hatte die Verteidigung Stuttgarts gegen Herzog Ulrich geleitet und war bekannt für sein hartes Vorgehen gegen die Rebellen. Nachdem er eine kleine Gruppe von Aufständischen getötet hatte, kam es zu einer gewalttätigen Auseinandersetzung. Die vor der Stadt lagernden Bauern hatten von einem Fuhrmann, der Salz in das Schloss brachte, Bericht erhalten, dass die Adligen und ihre Soldaten das Schloss verlassen hätten. Also entschieden die Bauern, das Schloss zu erobern, bevor der Graf mit der Gräfin und den Kindern wieder zurückkehrte. Dabei erhielten sie Hilfe von den Städtern. Dann kam es zu Gewalttaten, wie der Pfarrer Johann Herolt berichtete:

---

102 Luther (1888: 357–361). Übertragung gestützt auf: Wehr (1989: 186): „Ich meine, dass kein Teufel mehr in der Hölle ist, sondern sie sind allesamt in die Bauern gefahren."

"

Da ward Lucifer mit allen seinen Englen ledig, dopten und wüteten nit anders, dan ob sie alle unsinnig weren und vollen Teufel sessen. Fiengen erstlich den Graven, darnach die Edelleut mit den Reutern, etlich wurden an der Wehr erstochen. Dietterich von Weiller flohe in die Kirchen uf den Turn, und als er mit den Baurn herabredt, begert Gnad, wolt inen vil Gelt geben, da schuß einer hinauf, traff ine, stigen hernach uf den Turn und wurfen ine zum Laden heraus, furten nachvolgendt den edlen und wolgebornen Herrn Ludwigen Graven zue Helffenstein [...] und mit ime dreizehn vom Adel, under welchen waren zwen [der Adligen] Sturmfeder, Rudolf von Eltershoven und Pleickhart von Ruchzingen, uf einem Ackher gegen Heilprunen. Da machten sie einen Creis und jagten die wolgebornen und Edlen durch die Spies mit iren Knechten, uf vierundzwainzig Person. Der Graff entpott, er wolt inen ein Tunen [Tonne] Gelt geben, sie solten ine leben lassen, aber da half nichts dann sterben. Da dis der Graff sahe, stund er stockstill, bis sie ine erstachen. Ruodolf von Elterßhoven ist creuzweis in Ring gangen und sich williglich in Todt ergeben. Also haben sie dise wider alle Kriegsordnung durch die Spies gejagt, darnach nackhendt ausgezogen und ligen lassen. Gott der Allmechtig wölle innen und uns gnedig sein. Nach disem allem haben sie das Schloß angezint und verprent, sein darnach uf Wurtzburg zu zogen.[103]

Es war ein heftiger Gewaltausbruch in Weinsberg, der aber seine Ursache in dem Vorgehen des Grafen hatte und für den Bauernaufstand nicht typisch war. Entgegen den Beschreibungen der Bauern als blutdürstig und gewalttätig ging der Aufstand tatsächlich nur selten und dann mit geringem Blutvergießen vonstatten. Mord und Massaker waren das Vorrecht des Adels und der Konterrevolution.

Die „Bluttat von Weinsberg" hatte die Angst der herrschenden Klasse vor dem Aufstand verstärkt, noch mehr aber fürchtete sie den möglichen Sturz der gegebenen Ordnung. Unzählige Artikel und

---

Forderungen wurden veröffentlicht, in denen nach Abschaffung von Gesetzen gerufen wurde, die die Unterdrückung festschrieben, das Eigentum sollte der Gemeinde gehören und die überkommenen Verpflichtungen sollten abgeschafft werden. Angehörige der Obrigkeit in den Ortschaften und Städten Süddeutschlands sahen sich vor der echten Gefahr eines Umsturzes ihrer Herrschaft. Aus diesem Grund riefen sie, manchmal vergeblich, zu dringendem Handeln auf.

Am 23. April 1525 schrieb Philipp von Hessen an den Herzog von Sachsen, die Bauern hätten sich in seinem Gebiet

> […] in großer Anzahl ganz unvorhergesehen zusammengeschlossen, viele unserer Flecken erobert und eingenommen, um sich aller Dinge zu entledigen, keiner Obrigkeit mehr zu dienen oder verpflichtet zu sein. Wenn wir jetzt nicht mit Ernst und Tapferkeit solchen mutwilligen Leuten begegnen, werden E. L. (Euer Liebden) und alle Obrigkeit den nächsten Backenschlag erhalten.

Der Brief trug den Vermerk „cito, cito" (eilt, eilt).[104]

Einige Monate zuvor hatte der bayrische Kanzler Leonhard von Eck in Ulm an Herzog Ludwig von Bayern mehrere Berichte gesandt, die das Entsetzen der örtlichen Obrigkeit und ihre Angst vor dem radikalen Eingreifen der Bauern in die Gesellschaftsordnung verraten:

> Ich weiß E. f. G. (Euer fürstliche Gnaden) nichts anderes zu schreiben, als dass sich die Bauern vermehren und man rechnet damit, dass am Pfingsttag 10.000 Bauern mit ihren Waffen zusammenkommen werden. Die Adligen, denen diese Bauern gehören, sind alte Weiber und schon tot. […] Ich fürchte, dass diese Bauern wegen der großen Kleinmütigkeit ihrer Obrigkeit handeln werden. […] Und darum wollen E. f. G. nicht zögern, mit den Reitern zu kommen. Ich hoffe, es wird nicht lange dauern. […] Das Vorhaben der Bauern ist

---

104 Gess (1917: 115–116). Übertragung RN.

es, weder Pacht noch Zins zu zahlen, und alle Fischgewässer, das Wildbret und das Holz sollen gemeinfrei sein und ähnliche beschwerliche Artikel.

Von Eck glaubte offenbar, dass die Revolution und die radikalen Ideen der Bauernschaft auf die Lehren Luthers zurückgingen, was Martin Luther sicherlich empört hätte. Von Eck schrieb am 15. Februar:

> Ich erkenne, dass dieses Handeln zur Unterdrückung der Fürsten und des Adels vorgenommen wird, und das hat seinen Ursprung in den lutherischen Lehren, denn die Bauern begründen mehrheitlich ihr Begehren mit dem Gotteswort, dem Evangelium und der brüderlichen Liebe.

Anfang März machte von Eck eine interessante Bemerkung über den Klassencharakter des Kampfs und die städtische Unterstützung für den Aufstand:

> Die Bauern vermehren sich von Tag zu Tag und haben an etliche Städte geschrieben, darunter auch Ulm, und sie begehren Unterstützung. Nun zeigt sich eine große Spaltung in den Städten. Die Lutherischen, so sie arm sind, geben den Bauern recht. Die nicht lutherischen wie die lutherischen Reichen aber geben den Bauern nicht recht.[105]

Von Eck war wie viele andere der Auffassung, dass die Obrigkeit nicht energisch genug vorging, wäre den Bauern mit ausreichend Waffengewalt begegnet worden, hätten diese sich schon zerstreut. Von Eck klagte, wie auch andere seinerzeit, über den Mangel an Entschlusskraft und Reaktion seitens der Obrigkeit; der kleinste Gegenschlag hätte die Bauern schon zu Beginn aufhalten können.

Wie wir gesehen haben, hätte die Umsetzung der Forderungen

---

105 Franz (1963: 151–152). Übertragung RN.

der Aufständischen, wie sie zum Beispiel in den Zwölf Artikeln niedergelegt waren, das Ende des feudalen Systems bedeutet und die
Schaffung einer völlig neuen Gesellschaft auf der Grundlage der
dörflichen Erzeugung. Viele Historikerinnen und Historiker stim-
men dem zu. Peter Blickle zum Beispiel meint, dass der Bauernkrieg
revolutionär war, weil es Leute gab, die mittels der Bauernarmee eine
neue Ordnung auf dem Land errichten wollten:

> *Göttliches Recht und Evangelium* (von den Prädikanten aus
> der Stadt auf das Land transportiert) *machen aus dem Bauern-
> krieg eine Revolution des gemeinen Mannes.* Die beschränkten
> Interessenkongruenzen zwischen Bürgern und Bauern in
> Form ähnlicher agrarwirtschaftlicher Probleme [...], steuer-
> licher Belastungen [...] oder landesherrlicher Eingriffe in
> Bereiche kommunaler Autonomie [...] werden nun durch
> die gemeinsame Sehnsucht nach einer gerechteren, christli-
> cheren Welt verstärkt.[106]

Die revolutionären Ideen eines Teils der Bauernschaft lassen sich
am besten anhand einer Schrift mit dem Titel „An die Versammlung
gemeiner Bauernschaft" nachvollziehen, verfasst in Oberschwaben
und gedruckt in Nürnberg Ende April/Anfang Mai 1525.[107]

Wir wissen wenig über den Ursprung und den Verfasser dieser
Schrift, sie ist jedoch laut Siegfried Hoyer die einzige, die sich der
„brennenden Frage revolutionärer politischer Ziele und ihrer militärischen Durchsetzung annahm". Hoyer fasst diese Ziele zusammen
als „Eidgenossenschaft der Stadt- und Landgemeinden" nach dem
Vorbild der Schweiz, die den Feudalherren strikt begrenzte Dienste leisteten. Gleichzeitig jedoch werde in dieser Schrift gegen den
vollständigen Sturz des Feudaleigentums polemisiert.[108] Mit anderen
Worten wurde hier zur Umgestaltung der Gesellschaft auf

---

106 Blickle (1975: 129–130). (Hervorhebung im Original.)
107 Die folgenden Zitate in eigener Übertragung. Im Original auch online, zum Beispiel:
Materialien zur Memminger Stadtgeschichte (2000: 36–66). In etwas modernisierter Fassung:
Lenk (1983: 169–197). Mehr über diese Schrift und die geringfügig editierte Ursprungsfassung
findet sich in: Hoyer/Rüdiger (1975); RN.
108 Hoyer/Rüdiger (1975: 44).

wohlwollenderer und gerechterer Grundlage aufgerufen. Wie wir noch sehen werden, ging ein Michael Gaismair mit seinen Vorstellungen deutlich weiter.

„An die Versammlung gemeiner Bauernschaft" ist eine bemerkenswerte revolutionäre Schrift, die nähere Untersuchung verdient. Wir können nicht behaupten, dass hierin die revolutionären Bestrebungen der gesamten Bauernschaft artikuliert werden, aber wir können Gedanken erkennen, die wohl bei den meisten revolutionären Elementen der aufständischen Kräfte vorhanden waren.

Die Schrift beginnt mit der Frage nach der Obrigkeit. Hier klingen in den Eingangsätzen Argumente an, die Luther gegen die Bauernschaft vorgebracht hatte. Rein rhetorisch fordert der Verfasser seine Anhängerschaft auf: „Gebt dem Kaiser, das des Kaisers ist", denn auch Jesus Christus gab „den Zinsgroschen" dem römischen Kaiser. Der Knecht solle sich nicht über seinen Herrn erheben (und hier beruft er sich auf Paulus), denn wer sich der „Gewalt widersetzt, der widerstrebt Gottes Ordnung". Es sei ein „schrecklicher Frevel", nicht zu gehorchen. Der Verfasser erinnert die Lesenden: „Führwahr, Ungehorsam ist bei Gott zum höchsten verhasst."

Für ein revolutionäres Traktat ist das keine ermutigende Einleitung. Der Verfasser schlägt dann jedoch eine völlig andere Richtung ein. Die „schriftgelehrten Ploderatores" (Schwätzer), die Unterordnung fordern, „strecken den Gehorsam zu weit, machen ein bemaltes Männlein (Idol) daraus". „Der wahre christliche Glaube will keine menschliche Obrigkeit haben", heißt es weiter. Allein „die unchristliche Art" erheische menschliche Obrigkeit. Der Verfasser zitiert erneut Paulus: „Ich weiß, dass den Frommen kein Gesetz gegeben ist, sondern nur den Bösen." Gott schere sich nicht darum, wer die fromme Person sei, „es gilt gleich für Hirte, Papst, Kaiser oder Bader". Diese theologischen Ausführungen dienen allein der Rechtfertigung des Hauptanliegens des Verfassers, wonach nämlich der Obrigkeit in der menschlichen Gesellschaft lediglich die Aufgabe zukommt, die christlichen Gläubigen zu stärken, nicht die einfachen Menschen zu unterwerfen. Im Gegensatz zu Luther, der einen Aufstand grundsätzlich ablehnte, sagt der Verfasser der Schrift in Kapitel drei, die Obrigkeit habe nicht das Recht auf Ausübung von

Herrschaft. Sie dürfe Abgaben erheben, damit Land oder Stadt „Weg und Steg" bauen könnten, und kein Christ würde sich dagegenstellen. Aber diese Abgaben sollten aus brüderlicher Liebe erhoben und gezahlt werden. Im nächsten Kapitel wird gegen jene gewettert, die Herren sein wollen und sich für besser halten als ihre Untertanen. Ämter sollten eine „schwere Bürde" sein, und die ein Amt für sich selbst annähmen, seien „alle falsch, nicht des geringsten Amtes unter den Christen würdig". An dieser Stelle werden die Ungerechtigkeiten dieser falschen Herren aufgezählt: die Abgaben, der Frondienst, die Armut und das „gräuliche babylonische Gefängnis", in das die Armen gezwungen sind, um für die Herren zu arbeiten. Die Herren trieben Missbrauch mit der ihnen von Gott verliehenen Gewalt und hätten sich von Gott so weit entfernt, dass sie „des Teufels Söldner seien und Satan ist ihr Hauptmann". Das eben rechtfertige den Aufstand gegen solche Herren als Pflicht, nicht als ein Verbrechen.

An dieser Stelle verweist der Verfasser auf die Schweizer, die, wie er sagt, einst unter der „tyrannischen Gewalt" gelitten hätten. Diese Herrschaft musste „durch großen Krieg, Blutvergießen und Schwertschlag" abgeschüttelt und ausgerottet werden. Was sollte an die Stelle dieser Obrigkeit treten? Ausgehend von dem Leben römischer Kaiser zieht der Verfasser im fünften Kapitel die Verbindung zwischen deren jeweiligen Schicksal und ihrer verkommenen Herrschaft, der Korruption und Schwächen. Von der gemeinsamen Regierung seien sie abgewichen und zum Kaisertum übergegangen, was zu Unheil und Zerstörung geführt habe. Die Einführung der erblichen Herrschaft habe Leibeigenschaft und Unrecht mit sich gebracht. „Nun wohlan", kommt der Verfasser schließlich im siebten Kapitel zum Kern seines Anliegens:

All die Herren, die nach Herzens Lust und wie es ihnen in den Kopf kommt eigennützige Gebote erlassen, ganz zu schweigen von ihren Gewalttaten, die sich Steuern, Zoll, Ungeld (Verbrauchssteuern) aneignen, und was dergleichen dem allgemeinen Säckel zum Schutz und zur Pflege der Landschaft dienen soll, die sind die wahren Räuber und Feinde ihres eigenen Lands![109]

---

109 Die biblischen Verweise wurden hier ausgelassen.

Was sollte mit ihnen geschehen? In der Bibel finden sich eindeutige Hinweise:

> [Diese göttliche Lehre beweist], dass weder Recht noch Gewalt der Gottesordnung, die ein wahres Heiligtum ist, den bösen Menschen anbefohlen werden soll, die Christus hier als Hunde und Schweine schilt. Sie aus den Stühlen zu werfen ist Gott zum höchsten Gefallen! Der faule Baum mag keine guten Früchte bringen, darum soll man ihn abhauen und in das Feuer werfen.

Der Verfasser erkennt eindeutige revolutionäre Anweisungen in der Bibel, denen die Bauern folgen sollten, denn „der vierte göttliche Jurist, Sankt Marcus, schreibt uns [...]: Wenn dein Auge, deine Hand oder dein Fuß dich ärgert, so hau sie ab. Hiermit werden beide Gewalten angezeigt, die geistliche bei dem Auge, die weltliche bei der Hand. Und obwohl etliche sagen, es habe einen geistlichen Sinn [...], so sage ich aber nein." Dann findet sich in Kapitel acht die außergewöhnlichste Ermutigung zu einem gewaltsamen Umsturz, wenn die Herren sich nicht beugten:

> Wollen aber eure Herren weiterhin Herren sein und großen Mutwillen mit euch Armen treiben, wider die oben beschriebene göttliche Rechtslehre, so folgt dem Salomon und springt tapfer zusammen, bewaffnet euch mit dem Mut der kühnen Ochsen und Stiere, die sich so treulich in einem Ring zusammenschließen, und die Hörner zeigen, nicht um sich zu empören, sondern allein, um sich zu schützen vor den einfallenden Wölfen. Fürwahr, rauscht ein Wolf unter sie, kommt er nicht ohne Rippenstoß davon, ja kaum mit dem Leben. Also, ihr lieben Brüder, erhebt euch nicht, um mit anderer Leute Güter reich zu werden, dann werdet ihr falsch in euren Herzen. Des Siegs werdet ihr euch nicht erfreuen. Wie der Teufel das Kreuz, so sollt ihr hassen den Geiz.

Springt einzig zusammen um des gemeinen Landfriedens wegen, und um die christliche Freiheit zu wahren. Seid inbrünstig! Eure Feinde schreien und rufen kläglich nach Recht, bietet euch als unparteiische Richter und Liebhaber Gottes an, als Erstes für die evangelischen Prediger. Will dann euer Widerpart Krieg haben und das Evangelium mit Spieß, Hellebarden, Büchsen und schwerem Harnisch disputieren, so walte es Gott; lasst sie anrücken, wenn sie nicht anders wollen! Ihre frevelhaften Anschläge sind vor Gott verhasst. Ihr aber vertraut in Gott, seid fest im Glauben, seid nicht für euch selbst, sondern Gottes Krieger, um das Evangelium zu verteidigen und die babylonische Gefangenschaft zu zerreißen. Befleißigt euch, dem andern in aller Treue und Liebe zuvorzukommen, seid einig untereinander, seid barmherzig gegeneinander, duldet einander in aller Ordnung und Güte, seid gottesfürchtig; ertragt keinswegs die Zusaufer, lasst auch keineswegs die Gottslästerer mit ihren verfluchten Zungen unter euch! So wird Gott gewisslich euer Heerführer sein.

Und was geschieht, wenn die Lesenden sich der Rebellion nicht anschließen? Dann, so mahnt der Verfasser, wird die Leibeigenschaft Sklaverei werden, die Unterdrückung noch schwerer, bis die Bauern für immer versklavt wären, denn sie hätten ihre Herren bereits gegen sich aufgebracht. Nach dem Aufruf zum gewaltsamen Umsturz befasst sich der Schreiber im elften Kapitel mit der Organisation des Aufstands. Er schlägt die Wahl der Anführer „aus euren eigenen Reihen“ vor, um Verrat vorzubeugen, und während „ein jeder seiner (selbstgewählten) Obrigkeit fleißig und willig sei“, sollen sie oft Versammlungen abhalten, um den Zusammenhalt des Haufens zu festigen.

Wie soll dann die Zukunft aussehen? An dieser Stelle kehrt der Verfasser zu dem Aufstand der Schweizer zurück, die ihre Herren und die königliche Herrschaft abgeschüttelt haben. Er drängt die Leser, es ihnen nachzumachen und eine Eidgenossenschaft zu bilden.[110]

---

110 Die Schweizer Eidgenossenschaft wird gelegentlich als Vorbild einer gemeindlichen Organisation für deutsche Bauern hochgehalten. Sie gründete auf einem politischen System, wo die

Hoyer weist allerdings daraufhin, dass diese „Stadtgemeinden" den Feudalherren immer noch klar umgrenzte Dienste leisteten.[111]

An allen Orten verbreitete sich der Aufstand, ganze Armeen revolutionärer Bauern forderten eine neue gesellschaftliche Ordnung, und in einigen Fällen setzten sie diese um. Das einfache Volk sollte gestärkt werden, zum Beispiel indem es das Recht erhielt, die Pfarrer und andere Amtspersonen wie Richter zu wählen. In Salzburg veröffentlichte die „gemeine Landschaft" 24 Artikel, die umrissen, „wie die politische Ordnung" gedacht war, und in der Stadt sollte ein neuer Rat aus Adel, Bürgern und Bauern die Regierung übernehmen. In die Zuständigkeit des Rats fiele „die Verwaltung der Klöster, die Besetzung der Ämter und die Finanzverwaltung". Der Erzbischof sollte im Amt bleiben, aber viele seiner Rechte verlieren und ein festes Einkommen erhalten. Die Geschehnisse in Salzburg sind ein gutes Beispiel dafür, wie die Aufständischen dachten: Sie wollten die Gesellschaft auf andere Weise regieren, in diesem Fall durch „Übernahme der Herrschaft durch die gemeine Landschaft der Aufständischen".[112] Salzburg war zwar besonders fortgeschritten, aber überall, wo sich die Revolution ausbreitete, wurden ähnliche Versuche unternommen, wie aus unzähligen lokalen Proklamationen und Erklärungen hervorgeht.

örtlichen republikanischen Gemeinden (Kantone) bei gemeinsamen Interessen (zum Beispiel der Verteidigung) zusammentraten, sich gleichzeitig aber ihre Unabhängigkeit und Selbstorganisation bewahrten. Die Eidgenossenschaft war nach einer Reihe von Aufständen gegen die feudale Herrschaft geschaffen worden. Sie beinhaltete aber auch einige Widersprüche: Freie Gemeinden bestanden neben solchen, die den Herren unterworfen waren, und über allen stand der Kaiser. Es blieb ein feudales System.

111 Hoyer/Rüdiger (1975: 44).

112 Blickle (1981: 161, 163). „Landschaft" war die „Gesamtrepräsentation des Territoriums", so Blickle (131). Salzburg behielt eine feudale Ordnung bei, von der „die meisten deutschen Städte befreit waren". Ward et al. (1903: 183).

6. Die Ausbreitung des Aufstands

Die Bewegung breitete sich schnell über Oberschwaben hinaus aus. Pollard schreibt:

> Noch vor Ende April befand sich Deutschland in Aufruhr, abgesehen vom Norden, Osten und Bayern im Süden. Von Oberschwaben aus sprang die Bewegung im März auf die Unterbezirke des Kreises über. Um Leipheim an der Donau nordöstlich von Ulm erhoben sich die Bauern unter einem Prediger namens Jacob Wehe. Sie griffen Leipheim und Weißenhorn an und stürmten das Kloster Roggenburg.[113]

Pollard berichtet, dass Abteilungen der Armee des Schwäbischen Bunds und der Feldherr Georg Truchsess von Waldburg (bekannt als Bauernjörg), der mit seinen Truppen gegen Ulrich zog, meuterten, weil sie mit den Bauern sympathisierten. Doch blieb der Bund stark genug, um der Bauernschaft die erste große Niederlage zu bereiten. Ein Haufen aus 3.000 Bauern unter der Führung von Jakob Wehe versuchte, auf die Stadt Ulm, eine Hauptbastion des Schwäbischen Bunds, zu marschieren und sie zu erobern. Sie kamen nicht so weit und zogen sich nach Leipheim zurück, rund tausend wurden von den Kräften des Schwäbischen Bunds getötet oder sie ertranken, als sie über die Donau zu entkommen versuchten. Die Schlacht bei Leipheim war der erste militärische Zusammenstoß im Bauernkrieg und ein entscheidender Sieg der konterrevolutionären Kräfte des Schwäbischen Bunds. Wehe wurde geköpft. Seine letzten Worte an die Mitgefangenen lauteten: „Seit getröstet, denn heute wollen wir beieinander sein im Paradies. Unsere Augen scheinen sich zu schließen, in Wahrheit jedoch werden sie sich öffnen."[114] Die Zerschlagung des Leipheimer Haufens verschaffte dem Adel jedoch nur eine kurze Atempause. Andere erhoben sich, Bauern sammelten sich unter ihren Fahnen, in der gesamten Region wurden Burgen

---

113 Ward et al. (1903: 181).
114 Zit. n. Bax (1899: 105).

in Brand gesetzt und Städte erobert. Zu diesem Zeitpunkt zählte das Bauernheer möglicherweise 300.000 Aufständische. Truchsess Waldburg verfügte zwar über starke Kräfte, aber mit dieser riesigen Zahl Aufständischer konnte er es nicht aufnehmen. Außerdem drohten die Landsknechte wenige Tage nach der Schlacht bei Leipheim mit Meuterei, wenn sie ihren Sold nicht erhielten.[115] Der Sold wurde ausgezahlt und Georg vernichtete ein 7.000 Aufständische zählendes Bauernheer bei Wurzach.[116] Dennoch musste er sich Zeit verschaffen, um mehr Truppen und Geldmittel zu sammeln, um die sich ausweitende Rebellion niederschlagen zu können. Deshalb entschied er sich zu Verhandlungen mit Teilen der Bauernschaft. Pollard erklärt, dass die Kräfte des Schwäbischen Bunds

> […] nun zurückkehrten, um die Truppen des Seehaufens, des Hegauer und des Baltringer Haufens zu schlagen, die inzwischen Waldsee erobert hatten und nun seine (Georgs) eigene Burg in Waldburg bedrohten. Er schlug die Baltringer am 13. April bei Wurzach, war aber weniger erfolgreich mit dem Hegauer Haufen, der sich nahe Weingarten verschanzt hatte. Sie waren doppelt so stark wie des Truchsessen Truppen, und als aus der Ferne Kanonendonner erscholl, willigte der schwäbische Feldherr in Verhandlungen ein; die angesichts des Schicksals ihrer Verbündeten beunruhigten Bauernhaufen wurden dazu bewegt, sich gegen Zugeständnisse aufzulösen, sie erhielten auch das Versprechen, dass die übrigen Beschwerden untersucht würden.[117]

An einem zeitgenössischen Bericht eines Landschreibers an den oberschwäbischen Landvogt vom 5. Mai 1525 lässt sich die Panik ablesen, die den Adel erfasst hatte:

---

115 Die Landsknechte waren Söldner und die konterrevolutionären Kräfte waren von ihnen abhängig. Ich komme später auf ihre Organisationsform und die Bedeutung für den Aufstand zurück.
116 Miller (2009: 21).
117 Ward et al. (1903: 182).

Die Bauern im Württembergischen haben einen starken Bund geschlossen und als Erstes nahmen sie Weinsberg ein, wo sich viele Adlige aufhielten. Sie erstachen sie und haben Graf Ludwig von Helfenstein durch die Spieße gejagt und sind dort tyrannisch vorgegangen. Anschließend eroberten sie Stuttgart, Heilbronn, Göppingen, Kirchheim unter Teck und andere Städte, plünderten Schlösser und brannten etliche nieder. Es heißt, sie wollen nach Balingen ziehen. Dort werden sie auf Herrn Jörg Truchsess stoßen. Gott gebe, dass es gut ausgeht, denn wenn der Schwäbische Bund geschlagen wird, dann fällt das ganze Land und die Bauern werden Herren sein. Möge Gott das verhindern![118]

In dem Bericht wird weiterhin beschrieben, wie der Schwäbische Bund verzweifelt Gelder aufzutreiben versuchte, um ein Heer aufzustellen und die Bauernschaft zu schlagen. Denn sollte der Bund eine Niederlage erleiden, würde „spot, schand, nachteil vnd gantzem verderben" über ihn kommen. Der Bericht zeigt aber auch, wie sehr dem Adel bewusst war, dass mehr auf dem Spiel stand als nur sein Untergang, nämlich der Untergang ihrer Welt. Der Landschreiber fährt fort mit der Beschreibung von Niederlagen in Bayern und Südtirol und kommt zu dem Schluss, sollte sich der Aufstand ausweiten, wäre „niemand in diesen Landen der Bauern Meister". Nicht alle waren mit Georgs Entscheidung einverstanden, einen Vertrag mit den Bauern auszuhandeln, weil sie darin ein zu großes Zugeständnis sahen und einen Nachteil für die Gegner der Bauernschaft. Laut dem Verfasser des Berichts war der Truchsess jedoch darauf eingegangen, weil

[…] die Bauern 16.000 Mann stark gewesen und weil der Bund nicht mehr hatte als das Heer. Hätten die Bauern, sollten sie gesiegt und das Heer geschlagen haben, ihren Willen bekommen und man konnte ihnen keinen Widerstand leisten, dann wäre, sobald dies geschehen, der größere Teil der Städte an die Bauern gefallen.[119]

118 Baumann (1877: 263, 264). Übertragung RN.
119 Baumann (1877: 265, 266). Übertragung RN.

Der Landschreiber beendet seinen Bericht mit der Bemerkung, dass die Bauern geschwächt, aber noch nicht unterworfen seien. Laut Vertrag hatten sie sich verpflichtet, acht Geschütze zurückzugeben. Andernorts hatten die Bauern nicht nachgegeben und in Württemberg sammelten sie sich trotz des Vertrags, weshalb der Schreiber den Ausbruch eines weiteren Aufstands befürchtete. Auch wenn einige über den Vertrag Georgs mit den Aufständischen empört waren, war es ihm möglich, mit seinen Kräften anderen belagerten Schlössern und Städten zu helfen. Das Ausmaß des Aufstands bleibt nahezu unbegreiflich. Haufen von Zehntausenden aufrührerischen Bauern zogen über das Land, griffen Schlösser an und verbreiteten den Aufstand. Pollards Zusammenfassung bleibt nichts hinzufügen:

Der Kardinal und Erzbischof von Salzburg [...] war schon bald in seinem Schloss von seinen städtischen Untertanen eingeschlossen [...], während Erzherzog Ferdinand sich nicht traute, sich außerhalb der Stadtmauer von Innsbruck aufzuhalten. Vierzigtausend Bauern hatten sich in Vorarlberg erhoben; Tirol war von einem Ende zum anderen in Aufruhr und in der Steiermark konnten die böhmischen Truppen [Siegmund] Dietrichsteins ihn nicht vor der Niederlage durch die Hand der Bauern retten. Im Südwesten zog Hans Müller, der Hauptmann der Stühlinger Kräfte, durch den Schwarzwald und stand vor Freiburg, nachdem die Breisgauer Bauern seinen Haufen verstärkt hatten. Die Besatzung der Burg auf dem nahe gelegenen Schlossberg konnte die Stadt nicht schützen und ließ die Bauern am 24. Mai hinein. Auf der anderen Rheinseite, im Elsass, eroberten am 13. Mai zwanzigtausend Aufständische Zabern und erklärten sich zu den Herren von Weißenburg und vieler anderer Städte der Provinz; allein Colmar widerstand ihrem Vordringen. Weiter nördlich, in den westrheinischen Bezirken der Pfalz, fielen Lauterburg, Landau und Neustadt in die Hand der Rebellen, und auf der Ostseite des Flusses nahmen sie alles ein, was vor ihnen lag. Im Odenwald hatte der Gastwirt Georg Metzler die Fahne des Aufstands noch vor Ende März erhoben, und Jäcklein Rohrbach folgte seinem Beispiel im Neckartal am 1. April. Florian Geyer führte die fränkischen Rebellen an, die sich im Taubertal sammelten, und die österreichische Regierung in Württemberg wurde, kaum war sie Ulrich losgeworden, von einem noch gefährlicheren Feind, den Bauern unter Matern Feuerbacher, bedroht. Noch weiter im Norden erhob sich das thüringische Landvolk unter der Führung Thomas Müntzers.[120]

Schauen wir uns nun die Ereignisse in anderen Gegenden Deutschlands etwas genauer an.

Württemberg

Noch während der sich ausweitenden Erhebung der Bauern unternahm der in Ungnade gefallene Adlige Ulrich von Württemberg Schritte, seine Ländereien zurückzugewinnen. Der Herzog war eine bedeutende Persönlichkeit in der Geschichte des schwäbischen Aufstands. Wie schon gesagt, war im Jahr 1514 der Aufstand vom Armen Konrad gegen seine Herrschaft ausgebrochen. Wegen Ulrichs aufwendigen Lebensstils und seines unersättlichen Bedarfs an Mitteln für Feldzüge gegen seine Konkurrenten hatte er die von seinen Pächtern und Bauern zu leistenden Abgaben erhöht. Ulrichs Beziehung mit dem Schwäbischen Bund war auch dadurch belastet, dass er den Ehemann seiner Geliebten, einen Ritter, erschlug. Infolgedessen verlor Ulrich seine Ländereien. Nachdem er sich eine Weile als Landsknecht verdingt hatte, schwor Ulrich, seine gesellschaftliche Stellung wiederzuerlangen. Er gab sich als Freund der Geknechteten aus und nannte sich „Bauer Ulrich". Im Februar 1525 fiel er in der Hochphase des Bauernkriegs in Württemberg ein. Seine Kräfte zählten an die Zehntausend, überwiegend Schweizer Söldner. Anfangs hießen die Bauern ihn willkommen und vergaßen sein

---

120 Ward et al. (1903: 182).

Schreckensregiment. Es gelang ihm jedoch nicht, Stuttgart, die bedeutendste Stadt in Württemberg, einzunehmen.

Ulrichs Kräfte lösten sich auf, noch bevor er der Stadt auch nur nahe gekommen war, denn sie wurden in die Schweiz zurückbeordert, nachdem das Habsburger Reich in Italien in der Schlacht bei Pavia einen entscheidenden Sieg über Frankreich errungen hatte. Ulrich floh erneut aus Württemberg, und der Schwäbische Bund konnte seine Heere wieder gegen die Bauernschaft ziehen lassen.[121]

Trotz Ulrichs ruhmlosen Vorstoßes erhoben sich jetzt die Bauern Württembergs, angeregt von den Aufständen in anderen Gegenden. Am 15. April begann der Aufstand, als zweihundert Bauern von Bottwar sich auf einem Berg bei Wunnenstein versammelten und die Bewohner der umliegenden Dörfer aufforderten, sich ihnen anzuschließen. Ihr Anführer, ein Gastwirt namens Matern Feuerbacher, führte seinen Haufen mit dem von Zabergäu unter Hans Wunderer zusammen. Vereint zogen sie durch die Region wie zuvor die Haufen von Oberschwaben, sammelten Kräfte und schlossen sich mit anderen Aufständischen zusammen, bis sie auf ein zwölftausendköpfiges Bauernheer angewachsen waren. Ihr Einfluss war groß, sie konnten viele Gebiete für sich gewinnen, und Bürgermeister traten ihrem leitenden Ausschuss bei. Schließlich gelang ihnen, was Herzog Ulrich versagt geblieben war, am 25. April nahmen sie Stuttgart ein.[122]

Die Geschichte des Württemberger Aufstands ist auch wegen seines Anführers Matern Feuerbacher interessant und sagt uns viel über die Rebellion an sich. Der Gastwirt war kein natürlicher Verbündeter der Bauern. Er war sogar Gegner des Aufstands vom Armen Konrad im Jahr 1514 gewesen. Er scheint sich dann jedoch an die Spitze des Württemberger Aufstands gestellt zu haben, um mäßigend darauf einzuwirken. Im Jahr 1527 wurde Feuerbacher wegen seiner führenden Funktion bei dem Aufstand vor Gericht gestellt. Aus den

---

121 Ward et al. (1903: 181). Ulrich wurde im Jahr 1534 wieder als Herzog von Württemberg eingesetzt, was für den Verlauf der Reformation von hoher Bedeutung war, denn er ging gegen die Klöster vor und trat für die lutherischen Ideen ein. Diese faszinierende Geschichte beleuchtet die Komplexität feudaler Bündnisse in dieser Zeit, würde aber den Rahmen dieses Buches sprengen.
122 Scott/Scribner (1991: 28). Die Landkarte auf Seite 92 vermittelt einen Eindruck von der Strecke, die die Württemberger Aufständischen marschiert waren.

© Oisín McGann 2024

Protokollen dieses außergewöhnlichen Prozesses, in dem über 70 Zeugen angehört wurden, erfahren wir, wie die Bauern sich nicht mit dem Angebot des Adels, einen Landtag zur Anhörung einzuberufen, ködern ließen. Besonders interessant ist jedoch der Bericht, wie die Bauern im Mai 1525 während des Aufstands auf Gerüchte reagierten, Feuerbacher stünde nicht auf ihrer Seite. Die Bauern bildeten einen Ring, in den Feuerbacher hineinritt, und reitend trug er seine Version der Geschichte vor.[123] Es scheint, als habe Feuerbacher eher auf der Gegenseite gestanden, doch die Bauern befanden ihn in dem Ring für nicht schuldig. Zwei Jahre später, im Jahr 1527, wurde er von dem Vorwurf des Aufwiegelns freigesprochen. Truchsess Georg zog nun Richtung Württemberg, und am 2. Mai lagerte er bei Rottenburg. Der Württemberger Haufen zog ihm entgegen und eroberte am 10. Mai die Stadt Herrenberg. Die Bauern verschanzten sich sodann zwischen den nahe gelegenen Orten Böblingen und Sindelfingen. Hier errichteten sie eine Wagenburg und stellten ihre Geschütze auf dem Böblinger Galgenberg auf. Doch die Verteidigungsanlagen auf dem Hügel und die Verschanzung in der Wagenburg konnten die feindliche Kavallerie nicht aufhalten.

Die Schlacht bei Böblingen am 12. Mai 1525 war eine der größten militärischen Niederlagen des Bauernaufstands. Sie beweist das ungleiche Kräfteverhältnis in dieser Auseinandersetzung, bei der 6.000 Bauern getötet wurden, während der Schwäbische Bund nur eine Handvoll Soldaten verlor. Truchsess Georg bewies auch seine taktische Überlegenheit. Er vermied den Frontalangriff auf die Bauernverschanzung und fiel stattdessen mit seinen Fußsoldaten in Böblingen ein, ließ dort Feuer legen und nahm dann den Galgenberg ein. Danach befahl er der Reiterei, beide Flanken der Bauern anzugreifen. Nicht überraschend brach der Widerstand zusammen und die Bauern flüchteten, die Kavallerie jagte ihnen noch zehn Kilometer hinterher.[124]

---

123 Bossert (1925/26: 13–14).
124 Einzelheiten zur Schlacht bei Böblingen finden sich in: Miller (2009: 33, 34).

Franken

In Franken konzentrierte sich der Aufstand ursprünglich auf die bedeutende Reichsstadt Rothenburg ob der Tauber. Die Erhebung begann später als in anderen Gebieten, wahrscheinlich wurde sie ausgelöst durch die Ereignisse in Oberschwaben. Im April 1525 kam es in Rothenburg zu religiösen Unruhen und zu einer Verbindung mit unzufriedenen Bauern aus dem Umland der Stadt. Von Rothenburg aus verbreitete sich die Erhebung entlang der Tauber. Der Tauberhaufen umfasste etwa 4.000 Mitglieder. Ein anderer Haufen formierte sich im Odenwald und im Neckartal, angeführt von Georg Metzler, einem Gastwirt aus Ballenberg. In dem zeitgenössischen Bericht des Heidelberger Sekretärs Peter Haarer (auch Harer) wird beschrieben, wie dieser „erbarn Mans" (ehrbare Mann) die Bauern aufwiegelte:

> Besonders erhob sich eine Zusammenrottung und ein Zusammenlaufen (der Bauern) aus allen umliegenden Orten; sie stürmten zu Haufen wie die Bienen [...]. Nahmen die oben genannten Artikel an; und unter dem Schein, das Wort Gottes dadurch zu beschirmen und gleichsam anzuwenden, wollten sie alles göttliche, menschliche und althergebrachte Gesetz, Regierung, Ordnung, Friedwesen und Einigkeit umstoßen.

Der Verfasser beschreibt die Aufstellung des Tauberhaufens, über den Metzler die Führung übernimmt:

> [...] denen ward der genannte Georg Metzler zum Obersten Hauptmann verordnet, obwohl sie noch viele Nebenhauptleute und gute Ordnung hatten, sodass fast jeder sich das Kommando anmaßte, [...] dann fingen sie an, um sich zu greifen, nahmen, was sie fanden, zwangen die anderen, die nicht mit ihnen ziehen wollten, ihrem Tun zu folgen, mit der

Drohung, diejenigen, die sich weigerten, aufzusuchen und mit ihnen zu hausen. Damit haben sie sich gehäuft und in kurzer Zeit schrecklich vermehrt.[125]

Metzler marschierte unter bewusster Anspielung auf die früheren Bundschuhaufstände unter einem an eine Stange gebundenen Bauernschuh als Standarte. Die Erhebung in Franken wurde zu einer der erfolgreichsten. Ein Grund dafür war, dass sie eine beachtliche Anzahl von Adligen für die Bewegung gewann, die führende Aufgaben übernahmen. Einer dieser Adligen war Florian Geyer. Der Zeitgenosse Lorenz Fries berichtet,

> [...] dass der Bund dem Bischof von Würzburg keine Hilfe leisten konnte, und die Bauern der Umgebung waren fast alle in Bewegung: auch ein fränkischer Edelmann, Florian Geyer genannt, der sich zu derselben Zeit den Bauern verpflichtet hat und in ihren Räten saß, hat öffentlich gesagt: „Er und seine Brüder, die Bauern, hätten die Sache dergestalt angefangen, dass ein jeder Fürst diesen Tanz (womit er den Aufruhr meinte) vor seiner Türe habe und keiner dem andern zu Hilfe kommen könne." Das hat manch einen ins Wanken gebracht, der sonst fest geblieben wäre, weil er wusste, dass die Obrigkeit hilft und ihm Rettung bringt.[126]

Auch Geyer ist eine beeindruckende Persönlichkeit. Noch vor Beginn des Aufstands war er zum Protestantismus übergetreten. Während des Bauernkriegs führte er den berühmten Schwarzen Haufen an, der viele Schlösser stürmte.

Eine weniger ehrenhafte Rolle spielte ein anderer Adliger, der sich auf die Seite der Bauern schlug: Götz von Berlichingen. Anders als Geyer, der nach der Niederlage seines Schwarzen Haufens getötet wurde, verriet Götz die Bauern in dem Moment, als die Bewegung im Niedergang war, und er verfasste zum Ende seines Lebens einen

---

125 Haarer (1625:10–11). Die Fassung von 1625 war die erste deutsche der auf Latein verfassten Chronik. Übertragung RN.
126 Fries (1883: 119). Übertragung RN.

Bericht, mit dem er sein Handeln zu rechtfertigen suchte. Letztendlich sahen sich die Vertreter der fränkischen Obrigkeit jedoch nicht wegen der Beteiligung einzelner Adliger an dem Aufstand zu Verhandlungen gezwungen, sondern wegen der Macht der bäuerlichen Heere. Fränkische Haufen eroberten etliche Städte und Schlösser, häufig ergaben diese sich ohne Kampf, nachdem sie die Nachricht von der Bluttat von Weinsberg gehört hatten. Nach diesen Erfolgen bedrohten sie das Erzbistum Mainz, das sie aufforderten, die Zwölf Artikel anzuerkennen. Das führte zu einem bemerkenswerten Moment in dem Aufstand, denn der Vertreter des Erzbischofs (der woanders lebte) hatte keine Kräfte zur Verfügung, um die Region zu schützen. Der Statthalter ergab sich den Aufständischen am 7. Mai in Miltenberg und verpflichtete sich auf die Zwölf Artikel als Grundlage für eine Einigung.[127] Das war eine bedeutende, wenn auch vorübergehende Niederlage der feudalen Herrscher, die hier vor einem Massenaufstand kapituliert hatten. Die Annahme der radikalsten Forderungen der Aufständischen diente der Bewegung als Ermutigung, den Aufstand noch weiterzutragen. Nun zogen sie jeden in der Region mit sich:

> Er erfasste jetzt sogar die benachbarte freie Reichsstadt Frankfurt am Main, wo die Führung des Stadtproletariats dem Stadtrat eine Urkunde über Rechte und Privilegien abgerungen hatte, die 46 „Artikel" umfasste. Ein überwiegend aus kleinen Handwerkern zusammengesetztes Aufstandskomitee unter der Führung eines Schusters war in der Stadt gebildet worden und tagte ununterbrochen. Es stand in Kontakt mit den Bauern der Umgebung und den Kleinstädten in der Nachbarschaft.[128]

---

127 Scott/Scribner (1991: 32–33).
128 Bax (1899: 146–157). Bax' Verwendung des Begriffs „Stadtproletariat" ist unhistorisch. Wie viele Sozialisten seiner Zeit wollte er den Bauernkrieg als Vorläufer der modernen Arbeiterrevolution zeichnen. Zwar hatte es Lohnarbeiter und Tagelöhner bereits seit Jahrhunderten gegeben, aber sie bildeten im 16. Jahrhundert in Deutschland noch kein „Proletariat" als Klasse in Marx' Sinn.

Von hier aus marschierten der Odenwälder und der Tauberhaufen auf Würzburg. Nach Mainz war dies das nächste bedeutende Erzbistum der Region. Ein dritter Bauernhaufen, der bald auf 7.000 Aufständische angeschwollen war, formierte sich um Bildhausen, nördlich von Würzburg und nahe Thüringen. Dieser Haufen war weniger radikal und weniger entschlossen als andere Heere. Trotz seiner Größe scheiterte ein vereintes Vorgehen mit anderen Haufen und stattdessen zog er nordwärts nach Thüringen gegen Landgraf Philipp von Hessen. Als Philipp jedoch mit seinen Soldaten abzog, um gegen Thomas Müntzers Kräfte vorzugehen, kehrten die Bildhäuser um und zogen gen Würzburg, dann änderten sie wieder ihre Richtung und schickten den Großteil ihrer Kräfte nach Norden, als sie hörten, dass Philipp in Mühlhausen angekommen war. Danach zogen sie sich in die Stadt Meiningen zurück und wurden dort belagert, bis sie am 5. Juni kapitulierten.[129]

Würzburg war die zweitbedeutende Stadt der Region, und auch hier zeigen uns die Ereignisse die Stärke der Bauernbewegung und ihren weitreichenden Einfluss. Der Bischof von Würzburg berief angesichts der Bedrohung einen Landtag ein und bot Reformen an. Jedoch sandten die Aufständischen eigene Vertreter, nicht die erwarteten Adeligen. Der Bischof gab auf und floh. Würzburg fiel nach kurzer Belagerung in die Hände der Rebellen, die Festung Marienberg ergab sich nicht und konnte nicht eingenommen werden.[130] Bei dem vergeblichen Versuch, die Festung zu stürmen, wurden viele Angreifer getötet. Sie waren schlecht ausgerüstet gewesen, schlecht organisiert und unerfahren. In der Festung selbst waren viele zur Aufgabe bereit, was ihre Hauptleute verhinderten. Den Belagerern war es zwar nicht gelungen, die Festung einzunehmen, aber sie hatten die mächtigsten Herrscher Frankens zur Aufgabe oder zur Flucht bewegt. Indem sie sich Mainz und Würzburg unterwarfen, hatten sie ihre Stärke bewiesen und radikale Ideen umgesetzt. Ab jetzt jedoch wendete sich das Blatt.

---

129 Scott/Scribner (1991: 34–35).
130 Scott/Scribner (1991: 35).

Das Elsass

Heute gehört das Elsass zu Frankreich. Im 16. Jahrhundert war es noch Teil des Heiligen Römischen Reichs.[131] Der Bauernaufstand verlief hier ähnlich wie an anderen Orten. Etliche Bauern stammten aus den dortigen Weinanbaugebieten. Viele erzeugten Güter für den Markt, insbesondere für Straßburg, die Hauptstadt der Region. Es war ein wohlhabendes Gebiet, aber Ende des 15. Jahrhunderts und im Vorfeld des Bauernkriegs war es zu krisenhaften wirtschaftlichen Erscheinungen mit Ernteausfällen gekommen, insbesondere in den Jahren 1480–1483, 1490–1492 und 1500–1503. Anhand von Archivaufzeichnungen lässt sich nachvollziehen, wie die Pächter in diesen Krisenjahren sich in der Hoffnung auf bessere Zeiten immer mehr verschuldeten, oder sie flohen ihre Pacht und ihre Schulden.[132]

Die Verschuldung wurde zum Hauptproblem der Mehrheit der Acker- und Weinbauern. Regelmäßig forderten ihre Gläubiger ihr Geld zurück und trieben die Menschen noch tiefer ins Elend. Die Kirche als großer Geldverleiher hatte das Recht, die Zahlungsunfähigen aus der Kirche auszuschließen, was nicht selten auch geschah. Es gab noch andere Bestrafungsarten. So heißt es, das „Kloster St. Marx hatte die Pferde zweier Dörfer als Pfand für die ausstehende Pachtzahlung in Höhe vieler Gulden genommen". Gläubiger heuerten auch sogenannte Blutsauger an, um Dörfer mit unbeglichenen Schulden zu plündern.[133] In den Jahren unmittelbar vor Ausbruch des Bauernkriegs waren die Einwohner des Elsass arm und fürchteten sich vor der Zukunft.

Das Elsass konnte auf eine lange Geschichte der Rebellion zurückblicken, einschließlich der Bundschuhaufstände von 1493, 1502 und 1513 sowie des gescheiterten Aufstands unter Führung von Joß Fritz von 1517. Im Jahr 1525 brach sich die Unzufriedenheit wieder Bahn mit dem gegen die Kirche gerichteten Aufstand in Zabern

---

131 Eine ausgezeichnete Zusammenfassung des wirtschaftlichen Hintergrunds der Revolte im Elsass findet sich in Rapp (1979).
132 Rapp (1979: 59).
133 Rapp (1979: 60).

(dem heutigen Saverne). Auch aus den umliegenden Ortschaften gab es Petitionen zur Einsetzung evangelischer Pfarrer. So auch am 2. April 1525, als bewaffnete Bauern die Freilassung von Clemens Ziegler forderten. Ziegler war Mitglied der Gärtnerzunft und ein radikaler Prediger.[134] Ziegler wurde freigelassen, aber die Protestbewegung weitete sich aus, und am 14. April hatte sich ein Haufen gebildet, der zwei Tage später das Kloster Altdorf besetzte. Ein Ausschuss wurde gewählt, an dessen Spitze Erasmus Gerber stand, der radikale Prediger aus Straßburg einlud. Gerade diese religiösen Radikalen forderten jedoch die Bauern auf, sich zu zerstreuen und auf die Obrigkeit zu vertrauen, sich ihrer Beschwerden anzunehmen.[135]

Offenbar waren die Bauern diesem Rat nicht gefolgt, denn sie besetzten nur wenige Tage danach Zabern und die Abtei von Ebersmünster, die zum „zweiten Hauptlager der Bauern“ wurde. Der Aufstand weitete sich im Elsass nach Norden und Süden aus. Die Aufständischen verfügten zwar über die Zwölf Artikel, die Historiker Tom Scott und Robert Scribner betonen jedoch die starke religiöse Prägung der elsässischen Revolte:

> An vielen Stellen in dem elsässischen Aufstand zeigte sich die Bedeutung des Evangeliums und des Wortes Gottes [...]. Neben der Einladung an die Straßburger Prediger gab es Fahnen mit religiös-evangelischen Symbolen: Im Sundgau [im Süden] trugen sie die einfache Inschrift „Jesus Christus“, in Ebersmünster jedoch trugen sie das Motto „VDMIE“, Verbum die manet in eternum (Das Wort Gottes bleibt in Ewigkeit). Es gab auch an den Bundschuh erinnernde Fahnen mit einem Kreuz, dem die Jungfrau Maria und der Heilige Johannes beigeordnet waren, als Emblem trugen sie den Reichsadler. Das war möglicherweise eine Anspielung auf das alte Bundschuhprogramm, wonach es keine Herren außer Gott und Kaiser gab.[136]

---

134 Scott/Scribner (1991: 44, 189).
135 Einzelheiten zu früheren elsässischen Aufständen finden sich in Laube (2015: 50–51).
136 Scott/Scribner (1991: 45).

Scott und Scribner berichten auch von Antisemitismus, der sich gegen „jüdische Geldverleiher auf dem Land richtete, nachdem die Juden aus mehreren größeren elsässischen Städten vertrieben worden waren".[137]

Der Aufstand im Elsass erstreckte sich bald über ein riesiges Gebiet. Sein Mittelpunkt lag um Straßburg und Ebersmünster, aber er hatte auch die Gegenden am nördlichen und südlichen Rheinufer erfasst. Im Norden reichte er bis nach Worms, im Süden bis nach Mülhausen (heute Mulhouse in Frankreich) und fast bis Basel in der Schweiz, eine Strecke von 300 Kilometern. Scott und Scribner registrieren zwölf verschiedene Bauernhaufen in dem Gebiet, die höchst organisiert vorgingen. Der Altorfer Haufen war die treibende Kraft des Aufstands. Es gab einen 25-köpfigen Ausschuss, an dessen Spitze Gerber stand. Scott und Scribner beschreiben ihn als einen Mann mit „organisatorischem und strategischem Sinn", Müller und Müntzer ebenbürtig.[138] Gerber wurde auf einer Versammlung aller Haufen in Molsheim am 11. Mai, wo auch die Molsheimer Artikel angenommen wurden, zu ihrem Hauptmann gewählt. Zehntausende Aufständische sammelten sich in diesem beeindruckenden Heer.

In Zabern waren Erasmus Gerber und die Bauernschaft sehr bemüht, der Obrigkeit zu versichern, dass es ihnen nicht um grundlegende Veränderungen ging. Gerber verkündete am 13. Mai sogar, sie wollten nur die „Güter der Kirchenleute" einziehen. Gerber sagte weiterhin, der Haufen wolle

> [...] weder Edelleute, Bürger oder andere Untertanen m. g. H. (meines gnädigen Herrn) beleidigen; wollen das Barfüßerkloster, ebenso das Stift und die Pfarrkirche mit allem, was dazugehört, unbehelligt lassen und auf Bitten der Gemeinde nicht beschädigen. Wollen sie m. g. H. von Straßburg an seinem Schloss und dem zugehörigen Garten und

---

137 Der jüdische marxistische Historiker Abraham Leon schrieb: „In einigen Städten, vor allem in Deutschland und Italien, beschäftigen sich die Juden hauptsächlich damit, dem Volk, vor allem Bauern und Handwerkern, Kredite zu geben. Zu kleinen Wucherern abgesunken, die das Volk ausbeuten, werden die Juden oft zu Opfern blutiger Aufstände." Leon (1971: 10).
138 Scott/Scribner (1991: 45). Siehe dort auch die Landkarte auf S. 46–47, um einen Eindruck von dem Ausmaß der Revolte im Elsass zu gewinnen.

den Gebäuden [...] keinen Schaden anrichten. Wollen sie
weder den Adligen, Bürgern oder m g. H. Untertanen schaden, sondern vergüten, was man ihnen gibt. Es begehrt der
Haufen, mit 1.000 Männern eingelassen zu werden.[139]

Einige Rebellen waren der Gewalt weniger abgeneigt oder zumindest bekannten sie dies nach ihrer Gefangennahme. In dem Geständnis von Wolf Gerstenwell aus Zabern findet sich auch seine
Überzeugung: „Alle Zins und Gülten (Pacht) müßten ab sin, und
die Richen arm werden, und die Armen rich." Gerstenwell bekannte, dass die Edelfrauen, „die so jetzund gute Schleier tragen, müssen
hinfürter wiße tragen". Sodann wollte er helfen, „den Pfaffen" ihren
Besitz zu nehmen. Sobald die Bauern in die Stadt kämen, sollte das
Eigentum der Reichen verteilt werden. Sie würden nichts „wider die
Buren thun", denn sie wollten der Gerechtigkeit nicht im Wege stehen. Sie hätten sich entschlossen, „Oberschultheißen und Rat in der
Ratstube zu überfallen, mit ihnen zu Morgen zu essen und in Summa sie alle todt zu schlagen", weil diese dem gnädigen Herrn wegen
ihrer Wald- und Fischereirechte den Hof machten.[140]

Gerstenwell beschreibt sodann, wie sie sich geweigert hätten, am
Johannistag den Eid abzulegen und die Reiter der Herren in die
Stadt zu lassen.[141] An diesen Bekenntnissen, die sehr wahrscheinlich
im Gefängnis und unter Folter abgelegt wurden, lassen sich den-
noch die Tapferkeit und die Vorstellungen der Stadtbevölkerung zur
Unterstützung des Bauernaufstands ablesen.

Gerber dagegen betonte, er begehre nur gegen die Geistlichkeit
auf, und er versprach, weder Personen noch Eigentum anzugreifen.
Das hinderte die Feinde der Bauern nicht, ihren Gegenschlag einzu-
leiten.[142] Ihnen stellte sich Herzog Anton von Lothringen entgegen,

---

139 Franz (1972: 209). Übertragung RN.
Die Franziskaner waren ein Mönchsorden, im 13. Jahrhundert gegründet von Franz von Assisi,
der sich einem Leben in Armut verschrieb, um den Aposteln nahe zu sein.
140 Schreiber (1864: 195). Der weiße Schleier war ein Zeichen der Trauer, oder wie Scott
und Scribner meinen, auch ein Todesschleier. Gerstenwells Äußerung wäre somit eine Drohung
gewesen, Gewalt anzuwenden.
141 Schreiber (1864: 196).
142 Diese Zusammenfassung stützt sich auf Scott/Scribner (1991: 48–49).

der Zabern am 12. Mai belagerte. Herzog Anton konnte in kurzer Zeit zwei Bauernhaufen besiegen, die den Zabernern zu Hilfe kommen wollten, und ein dritter Haufen zog sich zurück. Am 16. Mai gaben die Rebellen Zabern auf und ließen ihre Waffen in der Stadt. In dem folgenden Chaos griffen Antons Soldaten die unbewaffneten Bauern an und töteten bis zu 8.000 von ihnen.[143] Gerber wurde gefangen genommen und am folgenden Tag hingerichtet. Wenige Tage später konnte der Herzog ein weiteres Bauernheer bei Scherweiler (heute Scherwiller) besiegen, womit der Aufstand in dieser Gegend weitgehend niedergeschlagen war.

Die Nachrichten aus Zabern verbreiteten sich rasch. In einem „Verfassungsentwurf", der Thomas Müntzer zugeschrieben wird, heißt es zum Beispiel, die Herren „tuen mit den armen Leuten wie Herodes mit den unschuldigen Kindelein. Also hab der mörderisch Lothringisch Herzog zu Elsass-Zabern und anderswo Seiner Fürstlicher Durchleuchtickeit erste Prob getan. Domit aber solchs abgestalt, mus man zusammenkomen und Ordnung machen nach dem Wort Gottes."[144]

Die Kräfte des Herzogs gingen unterschiedslos gegen die Bevölkerung vor. Der Gerichtsvollzieher der Burg Herrenstein beschwerte sich am 16. Mai 1525 bei dem Straßburger Rat:

Heute haben die lothringische Reiterei und die Fußtruppen Dossenheim angegriffen, wo sie die Tore des Kirchhofs zertrümmert, alle Truhen in der Kirche und den Pulverturm aufgebrochen, das darin befindliche Pulver abgebrannt und viel Unheil im Dorf angerichtet haben, auf die Frauen losgegangen sind und einige von ihnen erschlagen haben, sodass jeder Mann, jede Frau und jedes Kind, das entkommen konnte […] jetzt bei mir im Schloss untergebracht ist. Die Lage ist wirklich erbärmlich in dieser Gegend.

---

143 Drummond (2024: 215).
144 Scott/Scribner (1991: 265). Franz (1963: 232). Indirekt wiedergegeben von Johann Faber (Fabri) in einem Sendschreiben an Herzog Georg von Sachsen im März 1528; RN.

Die Truppen „zogen mit fünfzehnhundert Waggonladungen Beute nach Lothringen zurück".[145] Im Süden stimmten die Sundgauer Aufständischen einem Waffenstillstand zu, den die österreichische Regierung brach. Zwei Monate lang gab es Scharmützel und Kämpfe in der Region, bis der Aufstand am 23. November endgültig niedergeworfen war, aber noch bis ins Jahr 1526 Vergeltung geübt wurde.

Nördlich von Straßburg, in der Pfalz (einem der Gebiete, das einem Fürsten des Heiligen Römischen Reichs unterstand), begann die Erhebung im April in der Gegend von Speyer. Der aufständische Haufen von Bruchsal nahm den Bischof von Speyer gefangen und versuchte, ihm die Zustimmung zu den Zwölf Artikeln abzuringen und die Höhe der Pachten und Steuern einzufrieren. Der Bischof stimmte lediglich „der freien Verkündung von Gottes Wort und der Wahl der Pfarrer" zu.[146] Dieser Erfolg und weitere Vereinbarungen mit dem Markgrafen und dem Kurfürsten waren dem Bruchsaler Haufen genug und er löste sich wieder auf.[147] Andere Haufen scheinen radikaler gewesen zu sein, zum Beispiel der Kraichgauer, der die Abschaffung von Pfaffen und Herren, Pachten und Abgaben und eine Bauernregierung forderte! Auch dieser Haufen löste sich nach einem symbolischen Zugeständnis des Pfälzer Kurfürsten Ludwig V. auf.[148]

Südlich von Speyer versuchten die Haufen, die wichtigen Städte Weißenburg (heute Wissembourg) und Neustadt einzunehmen. Neustadt war Sitz des Kurfürsten, der sich mit Bauernführern in der nahe gelegenen Ortschaft Forst traf. Es muss ein außergewöhnlicher Moment für die Bauern gewesen sein, dass sie ein führendes Mitglied der örtlichen herrschenden Klasse zu Verhandlungen gezwungen hatten. Der Kurfürst versprach ihnen, einen Landtag einzuberufen, um ihre Beschwerden zu hören, und er zog sogar führende Reformatoren wie Philipp Melanchthon als Berater zu den Beschwerden und den Zwölf Artikeln hinzu. Melanchthon unterstützte Luthers Ansatz und forderte die Unterdrückung der Bauern. Der ebenfalls

---

145 Scott/Scribner (1991: 308).
146 Scott/Scribner (1991: 49).
147 Markgraf war ein Titel für einige Fürsten des Heiligen Römischen Reichs, die zugleich Heerführer waren.
148 Scott/Scribner (1991: 49).

als Berater hinzugezogene Reformator Johannes Brenz dagegen trat versöhnlicher auf. Am Ende spielte das keine Rolle. Am 23. März griff der Kurfürst die Bauern an und setzte danach seinen Feldzug gegen den Aufstand in Franken fort. Er kehrte im Sommer zurück und schlug das restliche, 7.000 Bauern zählende Aufständischenheer am 26. Juni in der Schlacht bei Pfeddersheim. Dies war das tragische Ende des kurzlebigen Elsässer Aufstands.

Die Ereignisse im Elsass beleuchten einen wichtigen Aspekt des Bauernkriegs: die Bindung zwischen Stadt und Land. Peter Blickle schreibt, „offensichtlich ging im Elsaß die Kooperation zwischen den Bauern und Bürgern der Reichsstädte noch weiter als in Oberschwaben". Wo es enge Verbindungen zwischen den unteren Schichten der Stadt und der ländlichen Rebellion gab, war es für die Städte schwierig, bei der Unterdrückung der Bauernschaft Hilfe zu leisten. Blickle weist darauf hin, dass zum Beispiel die Stadt Weißenburg nur „durch die Säkularisation der Klöster den Anschluß an die Bauern" verhindern konnte, obwohl die Stadt den Bauern sogar Geschütz zur Verfügung gestellt hatte. Diese mögliche Einheit zwischen Stadtleuten und den Bauern kann nicht überraschen, denn viele in den Städten waren Ackerbürger mit engen Beziehungen zu den Landgemeinden. Diese Bindung zu brechen, war keine einfache Sache. Die Stadtoberen versuchten es mit ein paar Zugeständnissen an die Stadtbevölkerung (wie die Säkularisierung der Klöster) und hofften, das Bündnis auf diese Weise zu schwächen.[149]

---

149 Blickle (1981: 176, 178). Mein Dank gilt Andrew Drummond für die Klärung dieses Aspekts.

7. Der Bauernkrieg in den Städten

Die städtische Bevölkerung erhob während des Aufstands vielfach Forderungen, die Ausdruck ihres Strebens nach demokratischer Kontrolle über die Finanzen und Abgaben waren, ebenso verlangten sie die Beschränkung der Rechte und Privilegien der Wohlhabenden und des Klerus. Diese Forderungen stimmten häufig mit denen der Bauern überein, auch wenn die Ansichten der Bewegung innerhalb und außerhalb der Stadt nicht immer deckungsgleich waren. Naturgemäß hatten die Bewohner der deutschen Städte andere Interessen als die auf dem Land. Dennoch war der Bauernaufstand ein Anstoß für die Auseinandersetzung mit den neuen Ideen und Forderungen. In diesem Kapitel werde ich untersuchen, wie die städtische Bevölkerung ihre eigenen radikalen Forderungen im Kontext des Bauernaufstands entwickelte. Erinnert werden muss aber daran, dass die Erhebung außerhalb der Städte begann. Während die Reformation zumindest anfänglich eine städtische Erscheinung war, ging der Bauernkrieg vom Land aus und riss Städter mit sich. Als die Radikalisierung auf die Städte übergriff, nahm die Bewegung jedoch eine andere Färbung an.

Am 22. April wurden dem Frankfurter Stadtrat 46 Artikel vorgelegt, die dieser sofort akzeptierte. In einigen dieser Artikel fanden sich ähnliche Forderungen wie in den Zwölf Artikeln der Bauern. Zum Beispiel heißt es in Artikel 1 der Frankfurter Forderungen, dass ein „ehrsamer Rat und eine ehrsame Gemeinde" die Pfarrer einsetzen und absetzen dürfen sollte. Ein Priester sollte ausschließlich das „lautere Wort Gottes" predigen.

Weitere Artikel beinhalteten die Forderung nach Rückgabe der Güter, die die Geistlichkeit der Stadt „abgebettelt" habe, und es wird betont, dass die Angehörigen des geistlichen Stands sich am Stadtleben durch Zahlung von Steuern zu beteiligen und sich unter Umständen auch vor weltlichen Gerichten zu verantworten hätten.[150]

Auch die Frankfurter Artikel weisen den Einfluss der Reformation

---

150 Grotefend (1888: 184); alle Artikel S. 184–190, auch digitalisiert. Übertragung RN.

auf. Zum Beispiel sollten keine jungen Mönche und Nonnen mehr in Klöster aufgenommen werden und die religiöse Gemeinschaft der Beginen sollte in ein oder zwei Häuser „getrieben" werden, bis ihr Orden ausgestorben wäre. Die meisten Artikel zielten jedoch auf die Verbesserung der Lage und der Rechte der Ärmsten ab. Zum Beispiel heißt es in Artikel sieben, dass das „Korn und alle andere Frucht auf einen freien Markt geführt, einem jeden ein Achtel, zwei, drei, so viel einer bezahlen kann, zu kaufen gegeben werden soll". Dieser Schutz wurde von den Armen gefordert, denn bisher hatten die Reichen ihr eigenes Kornmaß und konnten von Bauern „vor den Pforten" kaufen, bevor das Erzeugte den Markt erreichte. Die Armen sollten das Korn zuerst kaufen dürfen, ehe die Vorkäufer die Marktpreise hochtrieben.

Sodann wird gefordert, die Steuern auf Grundnahrungsmittel wie Wein, Korn, Salz und Fisch um die Hälfte zu senken, ebenfalls die Beschränkungen und Abgaben für die Haltung eigenen Viehs oder den Anbau eigener Nahrungsmittel abzuschaffen. Die gesamten Artikel atmen den Geist des Überdrusses der einfachen Leute wegen all der Schikanen, und sie wollten nicht mehr um Naturgüter wie die Bucheckern im Wald für die Schweinemast betrogen werden. Zum Beispiel lautet der siebzehnte Artikel:

> [...] wenn uns Gott der Herr die Eckern im Wald beschert, so bereden die Förster das arme Volk, als ob es keine Eckern im Wald gebe, und sie vertreiben das Vieh; danach verkaufen sie es den umliegenden Orten; das geschieht alles zum Nachteil der Armen, und die wollen es nicht mehr dulden.[151]

---

151 Grotefend (1888: 187).
Dieses Vorgehen erinnert an die Kämpfe, die Edward P. Thompson in seinem klassischen Aufsatz „Die ‚moralische Ökonomie' der englischen Unterschichten im 18. Jahrhundert" beschrieb. Darin vertrat er die Auffassung, es habe einen „volkstümlichen Konsens" und soziale Normen gegeben hinsichtlich Nahrungsmittelerzeugung, Verkauf und Verteilung für die ländlichen und städtischen Armen. Ein Angriff auf diese Normen wie Preiserhöhungen oder die „gröbliche Verletzung dieser moralischen Grundannahmen war ebenso häufig wie tatsächliche Not der Anlaß zu direkter Aktion". Thompson schrieb vor allem über England im 18. Jahrhundert, aber es ist doch eine interessante Parallele zu den Aufständen und Forderungen der Bauern im 16. Jahrhundert in Deutschland. Thompson (1980: 69–70).

Weiterhin waren sie nicht mehr bereit, den Brückenzins zu zahlen, wenn sie eigene Waren über die Brücken von Frankfurt oder zur Frankfurter Messe brachten. Sie wollten keine Abgaben mehr für den Erwerb von Gütern auf dem Markt entrichten, in die Zunft sollte nur noch aufgenommen werden, wer ein Handwerk erlernt hatte.

Wie auch andernorts schwächte die Entziehung von Gemeindeland für die Viehhaltung der Wohlhabenden die Gemeinderechte. In den Artikeln wird die Beendigung eines Zustands gefordert, wo Vieh überall „die Weide an allen Enden" leerfresse und „Weide und Wald verderben". Deshalb verlangten sie, dass die Schafhaltung auf der Sachsenhausener Seite beendet und die Schafe außerhalb der Landwehr (dem Verteidigungsring Frankfurts) gehalten werden sollten, damit die Metzger und „alle Mitbürger" ihr Vieh, Kühe, Sauen und Schafe besser ernähren könnten.

In den Artikeln wurde weiterhin gefordert, dass es nach dem Tod eines Stadtratsmitglieds keine Ernennung mehr geben dürfe, sondern eine Wahl, und dass außerdem der Rat kein Recht hätte, die Zunftsatzung zu ändern. Die Tagelöhner auf den Feldern sollten in den drei landwirtschaftlichen Saisonzeiten zwei Heller mehr bekommen.

Diese Forderungen waren radikal, aber keineswegs revolutionär, was sich auch daran zeigt, dass der Frankfurter Stadtrat sie umgehend übernahm. Sie vermitteln einen Eindruck von einer Stadt, in der die Reichen und Mächtigen ihren Wohlstand und ihre gesellschaftliche Stellung benutzten, um sich selbst zu bereichern und die Armen auszubeuten, und die Lage verschlechterte sich täglich. Offenbar waren die Bürgerinnen und Bürger die schamlose Bestechlichkeit und Profitgier leid und sie empörten sich darüber. Die Verfasser der Artikel forderten eine Entschädigung in Form niedriger oder aufgehobener Steuern und Abgaben und eine bessere Vergütung in Form von Löhnen. Sie versuchten, ihre Rechte zu schützen, zum Beispiel sollte das Gemeindeland nicht durch das Vieh der Reichen überweidet werden, und sie wollten ihre demokratische Kontrolle über den Rat und ihre Zünfte stärken. Wären diese Artikel in die Praxis umgesetzt worden, hätten sie einen ernsthaften Schlag gegen die Reichen und Mächtigen bedeutet. Einige waren darauf ausgerichtet, die Interessen der neuen Klasse aus Kaufleuten, Händlern und Produzenten zu befördern. Diese Artikel repräsentierten also anders als die Zwölf Artikel nicht das Ziel des Umsturzes der Gesellschaft. Es gab aber auch rückständige Ansätze. Zwei der Frankfurter Artikel beziehen sich auf Juden. In Artikel 12 heißt es,

> [...] dass den Juden Wucher bei Kauf und Verkauf, mit dem sie den armen Mann belasten, auf keine Weise erlaubt werden soll; und wo ein Bürger etwas verloren hat und dies später gefunden wird, sollen sie dies dem Bürger ohne Entgelt zurückgeben; ansonsten mögen sie alte Kleider und ganze oder halbe Tücher verkaufen, aber nur am Stück, nicht mit der Elle gemessen.

Artikel 25 lautet:

> [Es] ist bekannt und wahr, dass manchem Mann sein verpfändetes Eigentum von den Juden verbrannt und zum Teil von den Juden einbehalten und woanders verkauft worden ist [...].

Der Schwerpunkt dieser Artikel sind die wirtschaftlichen Aktivitäten und es geht darum, die Tätigkeit der Juden (von denen es zu dieser Zeit eine bedeutende Anzahl in Frankfurt gab) als Kreditgeber und Pfandleiher zu beschränken. Bemerkenswert ist jedoch, dass sich im Gegensatz zu anderen Aufstandsorten in den Artikeln kein Aufruf findet, die jüdische Bevölkerung zu vertreiben. Im Elsass und im Schweizerischen Pruntrut ergänzten die Aufständischen die Zwölf Artikel mit der Forderung nach Vertreibung der Juden aus ihrem Gebiet. Der Pruntruter Haufen rief sogar den Kaiser an, ein Gebiet zu schaffen, in dem die Juden aus eigener Kraft „überleben" könnten.[152]

Die Juden wurden in dieser Zeit auf zweifache Weise verfolgt: zum einen wegen ihres Glaubens und zum anderen, weil sie in der

---

152 Austin (2020: 56–57). Zitate siehe: Grotefend (1888: 186, 188).

mittelalterlichen Gesellschaft auf bestimmte gesellschaftliche Aufgaben beschränkt waren. Jüdische Menschen waren in städtischen Gebieten konzentriert, häufig mussten sie in Ghettos leben und sie waren von vielen Berufen und Funktionen ausgeschlossen. Weil die Christen aufgrund des biblischen Zinsverbots keine Kredite vergaben, war der Geldverleih eine wirtschaftliche Nische und für Kaufleute und Adel war die Möglichkeit zur Kreditaufnahme unverzichtbar. Angesichts der ihnen auferlegten Beschränkungen sahen sich deshalb einige Juden in die Rolle als Geldverleiher gedrängt. Martin Luther selbst stellte dies fest:

> Was können wir Gutes an den Juden schaffen, wenn wir sie nur mit Gewalt behandeln, ihnen Übles nachsagen und sie für Hunde halten? Wenn man ihnen verbietet zu arbeiten und sie zum Wucher treibt – wie sollte sie das bessern? Man muß nicht des Papsts, sondern christlicher Liebe Gesetz an ihnen üben. Ob etliche halsstarrig sind, was liegt dran? Sind wir doch auch nicht alle gute Christen![153]

Deshalb liehen sich alle Klassen Geld bei Juden. Bedeutende Summen gingen jedoch vor allem an die herrschende Elite. Dafür waren Juden verhasst und sie wurden immer wieder zum Ziel von Volksempörungen, wenn auch nicht überall. In seiner Geschichte der Juden und der Reformation stellt Kenneth Austin fest, dass viele Artikellisten überhaupt keinen Bezug auf die Juden nehmen, möglicherweise, weil ihre Gemeinde nicht sehr groß war, aber vielleicht auch, weil „sie nicht allgemein als erhebliche Bedrohung oder Priorität wahrgenommen wurden".

Dennoch gehörte in der Reformation und der deutschen Gesellschaft jener Zeit auch Antisemitismus dazu. Antisemitische Ritualmordlegenden waren geläufig und führten gelegentlich zu antijüdischen Pogromen. An der Stadtkirche von Wittenberg, wo Luther heiratete und predigte, befindet sich immer noch das Relief einer „Judensau" aus dem 13. Jahrhundert, an deren Zitzen Juden saugen

---

153 Bainton (1983: 329).

und ein Rabbiner den Anus der Sau inspiziert. Luther selbst äußerte seine Bewunderung über dieses Relief in antisemitischen und beleidigenden Tönen.[154] Antisemitische Formulierungen in einigen Artikeln spiegeln somit bestehende Vorurteile in der Gesellschaft wider, die durch die Verfolgungspolitik der Obrigkeit meist noch bestärkt wurden.[155] In anderen Städten wurden Artikel nach den örtlichen Notwendigkeiten aufgestellt. Einige, wie die von Münnerstadt, gut 100 Kilometer östlich von Frankfurt, enthalten detaillierte Forderungen zu Form und Inhalt der geistlichen Predigt. In diesem Fall wurde interessanterweise sogar ausdrückliche verlangt, Mädchen wie Jungen zu unterrichten:

> Und ob solch Prediger und Lehrer mit der Zeit zu ehlichem Stand greifen mochten, ihr Weiber, so redlichs, ehrbars und christlichs Wandels weren, dohin richten, daß sie die Maidlein, dazu geschickt, auch lehren und in der Schrift unterrichten, damit beide mennlich und weiblich Geschlecht, von Gott zugleich beschaffen, des Gesatzs und Glaubens dester kundiger werden mochten.

Andere Artikel aus Münnerstadt bezogen sich auf Abgaben und Zölle, und es gab noch die besondere Forderung, Silvester von Schaumburg, ein örtlicher Adeliger und Anhänger Luthers, solle seinen Steuerrückstand ausgleichen. Erneut findet sich auch eine Forderung zum Gemeindeland. Das „Gehölz und etliche Wiesen" der Mark Münnerstadt, die einst Gemeingut waren, sollten zum Teil wieder zurückgegeben werden, denn die „gemeine Bürgerschaft" habe Mangel an Holz und gemeinsamer Weide.[156]

Artikel wie die von Münnerstadt lassen uns die komplexe

---

154 Es gab unzählige Bemühungen, diese beleidigende Skulptur zu beseitigen, die aber allesamt von deutschen Gerichten abgewiesen wurden, zuletzt im Jahr 2022. In den 1990er Jahren wurden ein paar Tafeln aufgestellt, um das Relief in einen geschichtlichen Zusammenhang zu stellen und eine Verbindung zum Holocaust zu ziehen. Meiner Meinung nach sollte diese Skulptur entfernt und in dem örtlichen Luthermusem ausgestellt werden.

155 Es sei darauf hingewiesen, dass zum Beispiel Thomas Müntzer kein Antisemit war. Er vertrat die für seine Zeit ungewöhnliche Auffassung, Juden wie Muslime könnten zu den Auserwählten gehören. Siehe: Drummond (2024: 168).

156 Siehe: Lenk (1983: 126–128).

Beziehung zwischen den wirtschaftlichen, den Klassenfragen und der allgemeinen religiösen Gärung erkennen. Das zeigt sich am deutlichsten an der Reaktion auf die von der Erfurter Bevölkerung erhobenen Forderungen.

Die Erfurter Artikel und Martin Luthers Antwort

Fast 200 Kilometer entfernt von Frankfurt am Main erhoben das rebellische Volk von Erfurt und die Bauernschaft Forderungen, die wiederum die spezifischen städtischen Belange widerspiegelten. Erfurt war und ist die Hauptstadt Thüringens, eines Staats, dessen Aufstand wir später genauer untersuchen werden, denn er ist von dem Revolutionär Thomas Müntzer nicht zu trennen. Die Erfurter Artikel sind bereits für sich interessant, zudem schickte der Erfurter Stadtrat sie an Luther und bat um dessen Gutachten. Luthers Anmerkungen geben uns einen Einblick in die Reaktion des Reformationsführers auf den Volksradikalismus.[157]

Wie die Frankfurter Artikel stellten auch die von Erfurt keine revolutionären Forderungen dar. Bei den in 28 Artikeln vorgeschlagenen radikalen Veränderungen ging es um die Besserung der Lage der Armen, den Schutz ihrer alten Rechte, die Stärkung der Demokratie und die Rechenschaftspflicht der städtischen Herren. Aus Luthers Anmerkungen spricht seine Empörung über jeden möglichen Ansatz der Volksherrschaft.

Nehmen wir den ersten Artikel: Hier wird wie schon in Frankfurt und an vielen anderen Orten, und von Luther durchaus begrüßt, die Forderung nach dem Recht der Gemeinden erhoben, ihre Pfarrer selbst wählen und absetzen zu dürfen. Luthers Kurznotiz lautet: „Der Rath soll aber die Uebermacht haben, zu wissen, was für Personen in der Stadt Aemter haben." Auch an vielen anderen Stellen seiner Erwiderung auf die Erfurter Artikel betont Luther die Obergewalt des Stadtrats.

---

157 Die Erfurter Artikel und Luthers Anmerkungen vom 19. September 1525 finden sich in etwas modernisierter Fassung in: Walch (1903: 783–789).

In der wohl radikalsten Forderung der Erfurter Opposition heißt es zu den „abgezogenen Gütern einer Gemeine, als Holz, Wasser und dergleichen":

> Soll einer Gemeine zu gebrauchen wiederum heimgestellet werden, doch dabei eine Ueberhand zu setzen, ohne dieselbige nichts zu thun.

Hier äußert sich eindeutig das Bestreben nach gemeindlicher Entscheidungsgewalt über Gemeindegut. Doch Luther bleibt unnachgiebig: „Das soll nicht sein, sondern die Obrigkeit soll's austhun oder verkaufen zu Nutz gemeiner Stadt." Und auch die Forderung, der Rat gebe „jährlich Rechenschaft [..] den Vormunden von wegen (Stadt-)Vierteln und Handwerken der Gemein", weist Luther zurück: „Wo man einem Rath nicht vertrauet, warum setzt man einen, und läßt nicht vielmehr keinen sein?"

Als treibende Kraft der protestantischen Reformation wurde Luther wegen seiner mutigen und prinzipienfesten Gegnerschaft zur katholischen Kirche von vielen als Radikaler angesehen. Wie schon festgestellt, trug Luthers Reformation dazu bei, die Revolution voranzutreiben und zu stärken. Doch angesichts der Radikalität der Bewegung und der revolutionären Forderungen vieler ihrer Anführer wendete er sich entsetzt ab und rief zur Niederschlagung der Aufstände auf. In seiner letzten Anmerkung zu dem Erfurter Dokument schrieb Luther:

> Item, Ein Artikel ist vergessen, daß ein ehrbarer Rath nichts thue, keine Macht habe, ihm nichts vertrauet werde, sondern sitze da wie ein Götze und Zifra (Null), und lasse ihm vorkauen von der Gemeine wie einem Kinde, und regiere also mit gebunden Händen und Füßen, und der Wagen die Pferde führe, und die Pferde den Fuhrmann zäumen und treiben. So wird's dann sein gehen, nach dem löblichen Vorbilde dieser Artikel.[158]

---

158 Walch (1903: 789). Siehe auch: Pettegree (2016: 260). Luther verfasste diese Artikel im September 1525, als die Bewegung bereits zerschlagen war. Das stimmte ihn aber keineswegs

Luther hasste die katholische Kirche, noch mehr aber hasste er die Vorstellung, dass das gemeine Volk, oder der „Pöbel", wie er schrieb, ein Mitspracherecht über die Gestaltung der Gesellschaft bekäme. Diesen Hass teilte er mit der deutschen herrschenden Klasse.

Die Ereignisse in den Städten während des Bauernkriegs weisen deutliche Unterschiede zwischen Reich und Arm auf. Im Allgemeinen unterstützten die Städte die ländliche Rebellion nicht aktiv, obwohl einige Kräfte die Gelegenheit nutzten, eigene Forderungen aufzustellen, die von der Radikalität der Bauern beeinflusst waren. In vielen Fällen gestatteten die Städte den Bauern den Zutritt, manchmal, weil sie hinter der Rebellion standen, manchmal auch nur deshalb, weil sie eine Belagerung oder eine gewaltsame Eroberung fürchteten.

---

milder in seiner Beurteilung.

8. Thomas Müntzer und der Aufstand von Thüringen

Die revolutionäre Bewegung in Thüringen ist unlösbar verbunden mit dem Mann, dessen radikale Gedanken für viele zum Sinnbild der ganzen Erhebung wurden: Thomas Müntzer. Einige Äußerungen Müntzers sind für heutige fortschrittliche Bewegungen immer noch eine Erleuchtung, so wie das Zitat am Anfang des Buchs. Friedrich Engels hielt Müntzer für einen Revolutionär, der seiner Zeit voraus war, einen Vorläufer des proletarischen Anführers, dem es jedoch angesichts der damaligen rückständigen, unterentwickelten deutschen Wirtschaft nicht gelingen konnte, seine radikale Vision von der Umgestaltung der Gesellschaft umzusetzen. Engels schrieb:

> Die Stellung Münzers an der Spitze des ewigen Rats von Mühlhausen war indes noch viel gewagter als die irgendeines modernen revolutionären Regenten. Nicht nur die damalige Bewegung, auch sein ganzes Jahrhundert war nicht reif für die Durchführung der Ideen, die er selbst erst dunkel zu ahnen begonnen hatte. Die Klasse, die er repräsentierte, weit entfernt, vollständig entwickelt und fähig zur Unterjochung und Umbildung der ganzen Gesellschaft zu sein, war eben erst im Entstehen begriffen. Der gesellschaftliche Umschwung, der seiner Phantasie vorschwebte, war noch so wenig in den vorliegenden materiellen Verhältnissen begründet, daß diese sogar eine Gesellschaftsordnung vorbereiteten, die das gerade Gegenteil seiner geträumten Gesellschaftsordnung war. Dabei aber blieb er an seine bisherigen Predigten von der christlichen Gleichheit und der evangelischen Gütergemeinschaft gebunden; er mußte wenigstens den Versuch ihrer Durchführung machen. Die Gemeinschaft aller Güter, die gleiche Verpflichtung aller zur Arbeit und die Abschaffung aller Obrigkeit wurde proklamiert.[159]

---

159 Engels (MEW 7: 401–402).

Ohne Zweifel war Müntzer ein beeindruckender Anführer. Seine Vorstellungen bildeten sich in den Anfangsjahren der Reformation heraus, doch brach er schließlich mit Luther und anderen führenden Reformatoren. Müntzer sah in Luther jemand, der die Möglichkeit einer radikalen religiösen Emanzipation behinderte. Bedauerlicherweise ist nur wenig von Müntzers Werk überliefert. Dennoch lässt sich sein Weg von einem relativ unbekannten protestantischen Prediger zum Revolutionsführer nachvollziehen, der die Bauern in die Schlacht bei Frankenhausen gegen die Fürsten führte, schließlich von seinen Feinden gefangen genommen, grausam gefoltert und enthauptet wurde.

Die Abfassung von Biografien über Thomas Müntzer ist wegen des beschränkten Wissens über sein frühes Leben erschwert.[160] Wahrscheinlich wurde er im Jahr 1489 in Stolberg im Harz geboren, und als er starb, war er wohl erst 35 Jahre alt.[161] Seine Ausbildung erhielt er vermutlich an der Universität Leipzig und Frankfurt am Main, er schloss sie etwa im Jahr 1516 ab. Sehr wahrscheinlich hatte Müntzer sich bereits in den Disput über die Kirche gestürzt, als Luther den Ablasshandel mit seinen 95 Thesen angriff und seine Kritik an der Kirche zu äußern begann. Wir wissen, dass ein Freund Müntzers, Heinrich Hanner, ihm in dieser Zeit einen Brief schrieb, um sich mit ihm über diese neuen Gedanken auszutauschen, wobei er erkennen ließ, dass er bereits in der Diskussion mit Müntzer stand und dieser schon „1517 Lehren vertrat, die denen Luthers recht nahe kamen“.[162] In den folgenden Jahren arbeitete Müntzer in geringen Ämtern für die Kirche, nahm jedoch engagiert an den Debatten teil, die durch die ideologische Gärung der Reformation aufgeworfen wurden. Es scheint, als habe er mindesten achtzehn Monate in Wittenberg verbracht, wo er ziemlich sicher von Luthers Lehren hörte, aber auch der „humanistischen Beschäftigung mit der antiken Philosophie und Rhetorik“ begegnete.[163]

---

160 Die beste Einführung in Müntzers Leben und seine Politik bietet Andrew Drummonds im Jahr 2024 veröffentlichte Biografie.

161 Zur Biografie Luthers im Folgenden nach Drummond (2024), Kapitel 2.

162 Drummond (2024: 37). Siehe den Brief in: Thomas-Müntzer-Ausgabe (im Weiteren abgekürzt als ThMA), Bd. 2 (17).

163 Scott (1989: 9).

Zu Ostern 1519 wurde Müntzer als Vertretungsprediger nach Jüterbog nahe Wittenberg geschickt. Jüterbog hatte den zweifelhaften Ruhm als die Stadt, wo der Ablasshändler Tetzel seinen Wohnsitz genommen und Luther damit provoziert hatte. In Jüterbog erwies Müntzer sich als fähiger Prediger, die neuen religiösen Ideen zu verkünden, was den Franziskaner Bernhard Dappen dazu veranlasste, sich in einem Bericht an den Bischof über Müntzer zu beschweren. Darin schrieb Dappen, Müntzer habe die Bischöfe als Tyrannen und Ehebrecher bezeichnet und „nicht nur einmal, sondern öfter" gesagt, „das heilige Evangelium habe mehr als vierhundert Jahre im Winkel gelegen".[164] Tom Scott meint in seiner Darstellung der Jüterbogzeit Müntzers, er sei deutlich über die übliche lutherische Kritik an der Kirche hinausgegangen und habe „das gesamte theologische Lehrgebäude als Weg zum Glauben" abgelehnt.[165] Ab jetzt begann Müntzer sein einzigartiges und radikales Verständnis von der christlichen Freiheit zu entwickeln, das den später ausbrechenden Aufstand prägen sollte. Die folgenden Jahre waren eine fruchtbare Zeit für Müntzer. Er las viel, studierte insbesondere die christliche Frühkirche und nahm an Disputen wichtiger reformatorischer Denker teil.[166]

Zwickau und Prag

In der Stadt Zwickau, wo Müntzer im Mai 1520 sein Amt in der Marienkirche antrat, zeigte er zum ersten Mal, wie weit sich sein Denken entwickelt hatte. Zwickau war eine wichtige, schnell wachsende Stadt, „ein Kerngebiet der frühkapitalistischen Ökonomie" Mitteldeutschlands, ein Zentrum des Eisen- und Silberbergbaus und einer alteingesessenen Textilindustrie.[167] In dieser Stadt verursachte der frühe deutsche Kapitalismus große Spannungen, und die neuen religiösen Ideen wurden begeistert aufgenommen. Neben den

---

164 ThMA, Bd. 3 (47). Der ganze Bericht Dappens über Müntzer auf S. 45–53); RN.
165 Scott (1989: 11).
166 Drummond (2024: 44–46).
167 Scott (1989: 17–18).

wohlhabenderen Einwohnern gab es eine neue Klasse aus Handwerkern und Arbeitern, Männern wie Frauen, deren Einkommen immer mehr von dem Lohn abhängig war, den sie von den Kaufleuten und den Manufakturbesitzern der Stadt erhielten. Damit wurde Zwickau zu einem Mikrokosmos der wirtschaftlichen, politischen und religiösen Verwerfungen im Herzen der deutschen Reformation. Drummond betont:

> Diese geschäftige Stadt und ihre ländliche Umgebung unterlagen demselben wirtschaftlichen und politischen Druck, der die Entwicklung der Reformation in ganz Deutschland prägte, vielleicht sogar noch mehr wegen des fortgeschrittenen ökonomischen Entwicklungsstadiums. Die Organisation der Industrie in Zwickau brachte es mit sich, dass drei gesellschaftliche Bereiche miteinander in Konflikt gerieten: Die Bürger begehrten die städtische Macht, die Patrizier und reichen Familien wollten ihr Monopol auf Macht und Reichtum behalten und ausbauen, und die kleineren Handwerker und Gewerbetreibenden, die durch den Zufluss des neuen Reichtums der Bergbaumagnaten oft in niedrigere Positionen gedrängt wurden, strebten nach allgemeiner Verbesserung ihrer Lage. Manchmal wurde dieser Konflikt in Form religiöser Dispute zwischen den Anhängern Roms und den Anhängern Wittenbergs ausgetragen, oder in Form eines Dreieckkampfs zwischen hussitenähnlichen Radikalen, den Römern und Wittenbergern; dann wieder brach er als gewaltsamer Aufstand auch mit politischen Untertönen aus.[168]

Wie können uns gut vorstellen, wie Müntzer sich, beeinflusst von den Ideen und den Auseinandersetzungen in seinem Umfeld, in all diese Debatten stürzte, zuhörte, Argumente vorbrachte. Obwohl wir wissen, wohin Müntzers Ideen geführt haben, dürfen wir ihn nicht einfach als einen Vertreter der Armen und Unterdrückten betrachten. Müntzer „trat in eine feste Beziehung zu den bescheidenen

---

168 Drummond (2024: 49). Mit „Römern" sind hier die Papstanhänger gemeint; RN.

Webern [...], aber seine Anhängerschaft beschränkte sich nicht auf diese Gruppe. [...] Er erhielt auch Unterstützung aus der begüterten Bourgeoisie, einschließlich einiger reicher Tuchhändler."[169] Denn Müntzer bettete die ökonomischen und politischen Fragen in sein religiöses Denken ein. In seiner Zeit in Zwickau griff er unnachgiebig die herrschende Religion an, er entwickelte seine eigenen Thesen und machte sich viele Feinde. Seine Gedanken fanden großen Widerhall in seinen Gemeinden und diese radikalen Reformationsansätze trieben die Massen zum Handeln. Das galt auch für Luthers Predigten, die von der Menge manchmal als Aufruf zum gewaltsamen Eingreifen in Kirchenangelegenheiten verstanden wurden. Im Gegensatz zu Luther scheint Müntzer jedoch nie versucht zu haben, sie davon abzuhalten. Am Stephanustag (26. Dezember) 1520 griff Müntzer den Pfarrer Niklas Hofer aus der benachbarten Marienthaler Gemeinde an, der gekommen war, um ihn, der nun in der Katharinenkirche amtierte, predigen zu hören. Müntzer beschuldigte ihn, ein Spion zu sein. Die Menge jagte Hofer aus der Kirche und bewarf ihn mit Dreck und Steinen. Bemerkenswerterweise ergriff der Rat der Stadt Partei für Müntzer und tadelte Hofer.[170] Zwar stellte sich der Rat hinter ihn, aber Müntzer machte sich auch einige Feinde in Zwickau. Vor allem verärgerte er seinen Vorgänger an der Marienkirche, den Prediger Johann Wildenauer, Egranus genannt (nach seinem Geburtsort Eger). Egranus gehörte der humanistischen Strömung an und war Anhänger Luthers. Luther hatte Müntzer Egranus als „bester Mann"[171] empfohlen, und als Egranus einen längeren Studienurlaub antrat, wurde Müntzer als Vertretung eingesetzt. Bei seiner Rückkehr im Oktober 1520 trat Egranus wieder seinen Posten in der Marienkirche an und Müntzer erhielt eine feste Stelle als Pfarrer der Katharinenkirche. Egranus begann sich auch von Luthers Positionen abzusetzen und ergriff später die Gelegenheit, eine Stelle an einem anderen Ort anzunehmen.

---

169   Scott (189: 22).
170   Drummond (2024: 6 64). ThMA, Bd. 3 (72–74).
171   ThMA, Bd. 3 (56).

Müntzer geriet inzwischen zunehmend in Streit mit Egranus und die Auseinandersetzung wurde sehr öffentlich ausgetragen. Egranus beschwerte sich in einem Brief an Müntzer, dieser habe ihn von der Kanzel „verteufelt". Laut Drummond sah Müntzer

> […] in Egranus nicht nur einen schwachen akademischen Geist und laienhaften Humanisten, sondern die schlimmste Verkörperung von Gottlosigkeit und Gotteslästerung, weil er die falsche Lehre vertrat. Seine Gegnerschaft zu Egranus stellte aber noch keine Ablehnung des Luthertums an sich dar. Auch wenn Müntzer in dieser Schlacht die Lehren Luthers nicht verteidigte, hatte er immer noch nicht bewusst mit ihnen gebrochen. Müntzer griff Egranus an, weil er befand, dass dessen Ansichten denen der Franziskaner und anderer reicher Stadtbürger gefährlich nahe kamen.[172]

Im Februar 1521 musste der Stadtrat eingreifen. Müntzer jedoch, der einer Auseinandersetzung niemals aus dem Weg ging, veröffentlichte einen Angriff auf seinen Pfarrerskollegen. Er stellte eine Liste mit 26 Aussagen zusammen, die Egranus angeblich getätigt hatte, und mit denen er nicht einverstanden war. Ihr Wert für uns liegt darin, dass sie Müntzers eigene Ansichten zu diesem Zeitpunkt beleuchten. Drummond fasst den Kern dessen zusammen: In der Geschichte „gibt es ‚auserwählte' Seelen, die große Schmerzen und Qualen erlitten haben, um ihren Glauben zu finden; Gottes Gesetz muss gefürchtet werden; der menschliche Verstand und das Buchwissen sind für das Erlangen von Klarheit im Glauben von zweitrangiger Bedeutung".[173]

Diese Elemente sollten für Müntzers Weltanschauung entscheidend werden. Logisch zu Ende gedacht mussten sie Müntzer und seine Anhänger zu der Auffassung führen, dass es keiner Kirche, keines Klerus, keiner Bücher oder Institutionen bedurfte, um in eine

---

172 Drummond (2024: 65). Siehe auch: ThMA, Bd. 2 (77–78).

173 Drummond (2024: 66). Die „Auserwählten" im christlichen Sinn sind jene, die von Gott auserwählt wurden, um bestimmte Aufgaben zu erfüllen oder zur Seelenrettung. Nach Müntzers Bild waren die Auserwählten jene Christen, die das „lebendige Evangelium" in sich selbst tragen und den Willen Gottes erfüllen". Drummond (2024: 53).

persönliche Beziehung mit Gott zu treten. Im Zusammenhang mit der Reformation war das ein revolutionärer Gedanke und für die Machthaber sehr gefährlich, selbst für jene, die sich von Luthers Kritik an der Papstkirche angezogen fühlten. Insbesondere ist interessant, dass Müntzer zu diesem Zeitpunkt, als er sich von Luther entfernte, immer noch nicht vollständig mit dem Reformator gebrochen hatte. Er ließ sich aber auch nicht von der Wittenberger Mahnung zur Vorsicht beeindrucken.[174] In Zwickau kam Müntzer auch mit dem Weber Nikolaus Storch in Kontakt. Storch war ein führender Radikaler, der eine Basis in der starken Gemeinschaft der Tuchknappen gefunden hatte, die um die Katharinenkirche wohnten. Storch war ein „Laienmeister der Schrift", der behauptete, in seinen Träumen göttliche Weisungen empfangen zu haben.[175] Später suchten Storch und einige seiner engsten Mitstreiter, von Luther „Zwickauer Propheten" genannt, Wittenberg auf, wo sie in Luthers Lager Unruhe stifteten und Luther selbst in Deckung ging.

Wie weit Storch Müntzer beeinflusste, ist umstritten. Zweifellos vertraten sie gleiche Ideen, zum Beispiel glaubte Storch an die bevorstehende Wiedergeburt Christi und er betonte den persönlichen Weg zu Gott, statt durch Vermittlung von Kirche und Geistlichkeit. Diese Vorstellungen vertrat Müntzer bereits ebenfalls. Wichtiger ist vielleicht der religiöse Mystizismus Storchs, insbesondere sein „Glaube an den göttlichen Ursprung der Träume".[176] Das sollte auch Müntzers Denken prägen.

---

174 Andrew Drummond beschreibt, wie Müntzers Auseinandersetzung mit Egranus zu Spannungen mit Luthers Anhang in Wittenberg führte, der zu dem Zeitpunkt noch an der Seite Müntzers stand. Drummond (2024: 67) und Scott (1989: 23) zitieren zum Beispiel Johannes Agricola, einen engen Verbündeten Luthers, der Müntzer warnt, dass „diejenigen, die Dein Bestes wollen", versichern, „dass Du auf nichts anderes sinnst als auf Mord und Blutvergießen", weshalb er sich mäßigen solle. Müntzer hörte nicht auf ihn. ThMA, Bd. 2 (74).
175 Scott (1989: 21).
176 Drummond (2024: 61). Drummond meint, Storch und Müntzer hätten sich gegenseitig stark beeinflusst, und er hebt die radikalen, von Strömungen wie den Hussiten- und Taboriten geprägten Ansichten Storchs hervor. Doch nachdem Müntzer Zwickau verlassen hatte, scheint es keinen weiteren Kontakt zwischen ihnen gegeben zu haben. Im Gegensatz dazu spielt Scott (1989: 26–27) die Verbindung zu Storch herunter und nennt ihn einen „Schüler" Müntzers. Ich neige eher zu Drummonds Position, dass Müntzer seine Ideen in der Auseinandersetzung mit dem damaligen Radikalismus entwickelte.

Inzwischen war es zu einem offenen Streit zwischen Egranus und Müntzer gekommen, und auf beiden Seiten bildeten sich Fraktionen, die sich gegenseitig befehdeten. Im April „verbündeten sich konservative Intellektuelle und Lutheraner gegen Müntzer und der Stadtrat schloss sich ihnen an, vermutlich mit Unterstützung aus Wittenberg".[177] Auf Müntzers Seite standen die unzufriedene Bevölkerung und die radikalsten Reformatoren. Schließlich beurlaubte der Rat Thomas Müntzer als Prediger. Er erhielt seinen ausstehenden Sold und zeichnete die Empfangsbestätigung provokativ mit: „Thomas Müntzer, der für die Wahrheit in der Welt streitet." Als er Zwickau verließ, gab es Unruhen und 55 Tuchknappen wurden vorübergehend festgesetzt.[178]

Von Zwickau aus kam Müntzer schließlich nach Prag in Böhmen. Böhmen blickte auf eine lange Geschichte der Opposition gegen die Papstkirche zurück und war Sitz der radikalen hussitischen Tradition. Die böhmische Reformation hatte Ende des 14. Jahrhunderts eingesetzt und wurde von dem radikalen Prediger Jan Hus angeführt. Schließlich gingen die Herrscher mit militärischen Mitteln gegen Hus und seine Lehren, die Ablehnung des Papsttums und die böhmische Reformation vor und es folgten fast fünfzehn Jahre kriegerischer Auseinandersetzungen. Müntzer hatte Prag möglicherweise deshalb gewählt, weil es dort unter dem Einfluss der deutschen Reformation zu einer Wiederbelebung der Bewegung gekommen war. Müntzer predigte sogar in einer Kapelle, in der auch Hus gepredigt hatte.[179]

Sicherlich wurde er begeistert empfangen, aber diese Freude verflog schnell, als deutlich wurde, dass Müntzer kein Vertreter von Luthers Ideen war, was viele erwartet hatten. Die sich vertiefende Kluft zwischen den Prager Gemeinden und Müntzers Ansichten waren der Anlass für die Abfassung der wichtigsten Schrift Müntzers, des „Prager Sendbriefs" (oder auch „Prager Manifest"). Drummond hält sie für so bedeutend, dass er meint, wir könnten Müntzers Leben

---

177 Drummond (2024: 68).
178 ThMA, Bd. 2 (165). ThMA, Bd. 3 (92–95). Drummond (2024: 69).
179 ThMA, Bd. 3 (105–108). Dank an Rosemarie Nünning für diese Information.

nicht ohne sie begreifen.[180] Der Prager Sendbrief ist ein apokalyptisches, eindringliches Dokument, das uns einen tiefen Einblick in Müntzers Zorn und Empörung vermittelt. Es ist vielleicht auch Ausdruck seiner Demütigung in Zwickau und seines Unvermögens, in Prag Anerkennung zu finden. In der Einleitung greift Müntzer die Amtskirche und den Klerus an, die niemals „den Glauben im Geist der Furcht Gottes" besaßen. Die Auserwählten dagegen sind von diesem Geist „übergossen, überflossen und getränkt".[181] Weiter geht es in dem Sendbrief mit einer scharfen Kritik an der Kirche und ihrer Geistlichkeit, „diejenigen verdammte Pfaffen, die den rechten Schlüssel wegnehmen". Dagegen stellt er das einfache Volk, das ohne geistliche Führung verloren sei:

> Aber am Volk zweifle ich nicht. Ach du rechtes armes, erbarmungswürdiges Häuflein, wie durstig bist du nach dem Wort Gottes! Denn es ist am Tage, daß niemand oder sehr wenige wissen, was sie tun sollen oder welchem Haufen sie sich (anschließen) sollen. Sie wollen gern das allerbeste tun und können es doch nicht wissen. Denn sie wissen sich nicht in die Zeugnisse zu schicken und zu fügen, die der Heilige Geist in ihren (eigenen) Herzen redet. Darum sie (wegen) des Geists der Furcht Gottes so sehr geängstet hat, daß die Weissagung des Jeremia wahr geworden ist: „Die Kinder haben um das Brot gebeten; es ist aber niemand da gewesen, der es ihnen gebrochen hätte!"[182]

Die Kirche mit ihrem versammelten Personal, den gelehrten Disputen, Büchern und Einrichtungen habe versagt, weil sie sich Gottes Botschaft verweigere. Die Auserwählten jedoch könnten Wissen aus der lebendigen Erfahrung vermitteln. Vorsicht ist hier geboten: Für

---

180 Drummond (2024: 78).
181 ThMA, Bd. 1 (419). Dort findet sich eine deutsche Kurz- und eine Langfassung des Briefs, hier der Bezug auf die erweiterte Fassung B (außerdem eine lateinische und eine tschechische Fassung). In Fassung B heißt es, dass die „ausserwelten", in einem solchen Geist „vber gosse […], vberflossenn vnde getrenckt seyn". Die modernisierte Fassung der Zitate hier nach: Wehr (1989: 21–32).
182 Wehr (1989: 27–28). ThMA, Bd. 1 im Original (422).

Müntzer sind die Auserwählten keine religiöse Avantgarde, die den Massen die Wahrheit predigt. Sie sind „Hirten", deren Amt es ist, die Schafe zu den „Offenbarungen" zu führen, damit sie „von der lebendigen Stimme erquickt werden, denn die Kunst Gottes lehrt ein Meister".[183] Das Volk müsse sich allerdings dem Wort Gottes ohne Vermittlung durch die Geistlichkeit öffnen. Drummond weist auf die Bedeutung dieser Erklärung Müntzers hin:

[…] all die anerkannten Lehren, all die Bücher der Schriftgelehrten, das kanonische Recht und die [päpstlichen] Bullen galten nichts vor der lebendigen und fortwährenden Erfahrung des Glaubens. Müntzer hatte wie Luther die Laienpriesterschaft vor Augen, ging aber darüber hinaus – zur Priesterschaft des unausgebildeten Laien, der Meinungsfreiheit für alle. Und jedes Versäumnis, mit der alten Weise aufzuräumen, betonte er, würde sie in einer Sintflut vernichten.[184]

Aber die Auserwählten hatten die Aufgabe zu kämpfen. „Es muss der Auserwählte mit dem Verdammten zusammenstoßen und ihm müssen seine Kräfte vergehen. Ihr möget anders nicht hören, was Gott sagt." Wer den „heiligen Geist" nicht empfangen hatte, wozu natürlich der Klerus gehörte, hinderte das Volk an der göttlichen Erkenntnis.[185]

Der Prager Sendbrief endet dennoch hoffnungsvoll. Müntzer glaubte, die Wiederkehr Christi stehe bevor und die Auserwählten könnten dann für eine neue Welt kämpfen:

Denn zu unserer Zeit will Gott den Weizen vom Unkraut absondern, damit man (gleichsam) am hellen Mittag ergreifen kann, wer die Kirche so lange verführt hat. Es mußte die

---

183 Wehr (1989: 29).
184 Drummond (2024: 83).
185 ThMA, Bd. 1 (424). Original: „Es muß der auserwelthe mit dem vorthümmetenn erkrachenn vnnd ym seynn kreffte vor ym entsinckenn mussennn, yr muget anders nicht horen was got sey." (Hier in eigener Übertragung, da Wehr an einer Stelle irrt; RN).

Büberei mit aller Deutlichkeit an den Tag kommen. – O ho, wie reif sind die faulen Äpfel! Oho, wie mürb sind die Auserwählten geworden! Die Zeit der Ernte ist da. Darum hat mich Gott selber angemietet in seine Ernte. Ich habe meine Sichel scharf gemacht, denn meine Gedanken sind heftig auf die Wahrheit gerichtet und meine Lippen, Haut, Hände, Haar, Seele, Leib, Leben verfluchen die Ungläubigen.[186]

Diese Hoffnung sollte sich nicht erfüllen. Sein Aufruf an die Bevölkerung in Böhmen blieb ungehört. Erneut musste Müntzer weiterziehen und er verließ Prag, um nach Deutschland zurückzukehren.

Von Prag nach Allstedt

Nach Prag befand Müntzer sich nun auf der Wanderschaft und er verbrachte seine Zeit in Städten, in denen sich die Unzufriedenheit merklich steigerte. Die Reformation selbst trat in eine Zeit der Erneuerung und weiteren Verbreitung ein. Luther hatte sich auf der Wartburg versteckt und genoss die Schirmherrschaft von Erzherzog Friedrich III. von Sachsen (auch Friedrich der Weise genannt), denn Kaiser und Papst wollten ihn festsetzen. Er begann nun die Praktiken der Kirche anzugreifen und verkündete, keine private Messe mehr abzuhalten. Gleichzeitig gab es einen Feldzug gegen die traditionelle Messzeremomie in der Kirche, und in Wittenberg wurde den Laien nun neben Brot auch Wein als Heilige Kommunion gereicht. Diese Praxis wurde unter dem Begriff Utraquismus bekannt, sie hatte ihren Ursprung in der böhmischen Reformation und war ein Grundprinzip der Prager Hussiten. In Deutschland empfing die Laienschaft in der Kommunion nur Brot, während der Geistlichkeit auch der Kelch mit Wein gereicht wurde. Einer der Hauptverantwortlichen für diese radikale Neuerung war der Reformator

---

186 Wehr (1989: 31).

Andreas Bodenstein, genannt Karlstadt. Karlstadt war ein Verbündeter und enger Gefährte Luthers. Im Jahr 1521 überschritt Karlstadt die Grenzen der Reformation: Er hielt zu Weihnachten eine Messe auf Deutsch und verteilte Brot und Wein an die Gläubigen. In Wittenberg kam es daraufhin zum Zusammenstoß zwischen konkurrierenden Fraktionen, die für die eine oder andere Version der Kommunion eintraten. Traditionell abgehaltene Messen wurden gestört, „Priester wurden verspottet, bedroht und mit Steinen beworfen, Altäre umgestürzt".[187]

Karlstadt heiratete Anfang 1522 und schockierte damit die Kirche, weil Priestern die Eheschließung untersagt war. Er ergriff einige radikale Maßnahmen und forderte zur Zerstörung von Ikonen und Bildnissen in den Wittenberger Kapellen auf. Hier erkennen wir die enge Verbindung zwischen den radikalen Ideen der Reformation und dem gesellschaftlichen Umfeld. Der Stadtrat setzte verschiedene Maßnahmen um, er schloss Bordelle, verbot das Betteln und führte die Armenfürsorge ein. Darin spiegelte sich Karlstadts Denken wider. Im Lauf der folgenden Jahre sollte Luther mit Karlstadt brechen, weil er in ihm eine Art müntzerschen Revolutionär sah. Karlstadt vertrat ohne Zweifel radikalere Ansichten als Luther, aber keine revolutionären. In der stürmischen Auseinandersetzung und den Debatten in Wittenberg zu Beginn der Reformation ging er allerdings weit über Luthers Vorstellungen hinaus.

Die Ankunft von Storch und zwei weiteren Männern aus Zwickau in Wittenberg verursachte eine Krise. Sie brachten ihre radikalen Visionen, Erfahrungen und Glaubenssätze nach Wittenberg mit, wo sie in Luthers Abwesenheit ursprünglich freundlich empfangen wurden. Sie begannen in der Öffentlichkeit zu predigen, was als „Winkelpredigt" bezeichnet wurde, und bald schon waren Luthers engste Verbündete recht besorgt. Die Einzelheiten der Debatte interessieren an dieser Stelle nicht, aber allein die Anwesenheit der „Propheten" schwächte Luthers Anhänger und war eine Ermutigung für die Radikalen. Luther verließ sein Versteck und kehrte nach Wittenberg

---

187 Drummond (2024: 87). Utraquismus leitet sich von dem lateinischen Wort uterque, „jeder von beiden" ab; die Reichung von Wein an Laien wurde auch Laienkelch genannt; RN.

zurück. Er schloss sich Friedrichs Haltung an und nahm eine Reihe Reformen wieder zurück, die erst im Januar 1522 eingeführt worden waren. Die vom Wittenberger Rat erlassene Verordnung schwächte die Autorität des Landesfürsten und wurde unter Mitwirkung Luthers wieder aufgehoben. Luther wandte sich nun ab von Positionen, die er und seine Anhänger nur wenige Monate zuvor vertreten hatten:

> Unter Luthers Aufsicht wurden Bilder wieder aufgehängt, utraquistische Praktiken aufgegeben und Gottesdienste wieder mit den entsprechenden Gewändern und auf Latein auf herkömmliche Weise abgehalten. Damit vollzog Luther eine rasche Kehrtwende von eben den Positionen, die er nur zwei Monate zuvor vertreten hatte.[188]

Hier zeigt sich zum ersten Mal Luthers Konservativismus angesichts von Volksbewegungen, die die Reformation vorantrieben. Seiner Abneigung gegen die „Propheten von Zwickau" lag die Sorge zugrunde, dass ihm der Prozess der Reformation entgleiten könnte. Luther schlug sich auf die Seite der mächtigen Herrscher der deutschen Länder. Müntzer nahm den entgegengesetzten Weg.

Müntzer verbrachte die Hauptzeit des Jahres 1522 damit, einen Ort zu finden, an dem er sich niederlassen konnte. Er fand wohl zumindest vorübergehend geeignete Anstellungen an Orten wie Erfurt, Stolberg, Nordhausen, Weimar und Halle. In diese Zeit fällt mit den wachsenden Meinungsverschiedenheiten der endgültige Bruch zwischen Müntzer und Luther. Im März 1522 schrieb Müntzer an Philipp Melanchthon, Luthers engsten Verbündeten.[189] Der Brief geht sehr schnell über in einen scharfen Angriff auf Melanchthon und somit auch auf Luther. Müntzer betont seine Überzeugung, dass die Menschen ihren Weg zu Gott nicht durch die Prediger und Bücher finden, sondern durch eine persönliche Beziehung des Betenden zu Gott, wenn er sich dessen Wort öffnet:

---

188 Drummond (2024: 91).
189 Mehr zu diesem Brief siehe in: Drummond (2024: 91).

Das aber tadle ich: Während Ihr einen stummen Mund Gottes anbetet und nicht wißt, ob aus Eurer Unkenntnis die Auserwählten oder die Verworfenen fortgepflanzt werden, verwerft Ihr die zukünftige Kirche völlig, in der die Erkenntnis des Herrn in Fülle aufgehen wird. Dieser Irrtum, Ihr Lieben, rührt ganz und gar von der Unkenntnis des lebendigen Wortes her. Beachtet die [Heilige] Schrift, aufgrund derer wir uns bemühen, die Welt zu überwinden, die ganz deutlich sagt: „Der Mensch lebt nicht von Brot allein, sondern von einem jeglichen Wort, das aus dem Munde Gottes hervorgeht.“ Seht: aus dem Munde Gottes und nicht aus Büchern geht es aus. Das Zeugnis allerdings für das wahre Wort stammt aus den Büchern. Wenn es nämlich nicht im Herzen entsteht, ist es Menschenwort und verdammt die falschen Schriftgelehrten, die die heiligen Worte stehlen, nach Jer. 23, [30 f]. Niemals hat der Herr zu Ihnen gesprochen, und [doch] maßen sie sich seine Worte an. O Ihr Lieben, trachtet danach, daß Ihr weissagen mögt, sonst wird Eure Theologie keinen Heller wert sein. Betrachtet Euren Gott aus der Nähe und nicht aus der Ferne; glaubt, daß Gott lieber spräche, als Ihr bereit seid zum Hören.

Sodann greift Müntzer die Lutheraner wegen ihrer Vorsicht an und er kritisiert Luther offen für seine Feigheit und sein Zurückweichen, um die Fürsten nicht zu verprellen:

Unser geliebter Martin handelt unwissend, daß er die kleinen Kinder [Schwachen] nicht verletzen will, die eben erst kleine Kinder sind wie hundertjährig verfluchte Kinder. Wahrlich, die Bedrängnis der Christen steht schon vor der Tür. Warum Ihr glaubt, daß man [noch] warten müsse, weiß ich nicht. Liebe Brüder, laßt Euer Zögern, es ist Zeit! Säumt nicht, der Sommer steht vor der Tür. Vereint euch nicht mit den Verworfenen, sie verhindern, daß das Wort gewirkt werde mit großer Kraft. Schmeichelt nicht Euren Fürsten, Ihr werdet sonst Euren Untergang erleben, was der gepriesene Gott verhüten möge.

Er beschließt den Brief mit einer Warnung an Melanchthon und Luther, dass er seinen Kampf nicht aufgeben werde:

> Wenn ihr wollt, werde ich alles von mir Dargelegte mit der Schrift, mit der Ordnung, der Erfahrung und dem offenkundigen Wort Gottes bekräftigen. Ihr zarten Schriftgelehrten, seid nicht unwillig, ich kann es nicht anders machen.[190]

Drummond kommt zu dem Schluss, dass Müntzer sich damit endgültig von der Reformation Luthers löst, und dies „auf der Grundlage einer tiefgreifenden Meinungsverschiedenheit über das Ziel der Reformation und den zu beschreitenden Weg".[191]

Im Winter 1522 hielt Müntzer sich in Halle auf, wo er als Prediger in einem nahe gelegenen Nonnenkloster tätig war. Trotz seiner mutigen Worte an Melanchthon musste er hier seine wahren Ansichten verbergen, da er nach „katholischem Ritus" zu predigen hatte.[192] Nach einem religiös motivierten Aufstand im Januar 1523 wurde Müntzer wieder entlassen, obwohl er vermutlich nichts damit zu tun gehabt hatte. Jetzt machte er sich auf den Weg nach Allstedt, einer kleinen Stadt, wo er eine dauerhafte Anstellung als Prediger in der Johanniskirche erhielt und wo er anderthalb Jahre verbringen sollte.

In Allstedt fand Müntzer endlich den Ort, wo er seine Ideen umsetzen und zeigen konnte, wie die Religionausübung gestaltet sein sollte. Er verbrachte seine Zeit damit, die Messe zu reformieren, schuf eine radikale neue Liturgie einschließlich einer „Messe mit musikalischer Begleitung" auf Deutsch und einem Gebetsbuch beziehungsweise einer Gottesdienstordnung.[193] Das kostete Zeit und Geld, veränderte jedoch die Erfahrung der einfachen Gläubigen mit dem Gottesdienst derart, dass die „Gemeinde wirklich teilnehmen und verstehen konnte, was hier geschah".[194] Der Gebrauch des Deutschen statt Lateins ist bemerkenswert, nicht zuletzt weil Luther

---

190 Der Brief in lateinischer Urfassung und ins Deutsche übersetzt in: ThMA, Bd. 2 (131, 135, 137).
191 Drummond (2024: 97).
192 Scott (1989: 42–43).
193 ThMA, Bd. 1 (1–5). Matheson (1988: 162).
194 Drummond (2024: 107).

im Jahr zuvor diese Praxis bewusst wieder abgeschafft hatte. Müntzer übersetzte selbst wichtige Texte, um seine Vision von einem Christentum klar und deutlich zu vermitteln, in dem die einfachen Menschen für die Veränderung ihrer geistigen und säkularen Welt kämpften. Drummond meint:

> Der vorherrschende Ton in all diesen Artikeln ist der der Kraft durch Schmerz und das Versprechen des Siegs über die Heiden; das wird besonders deutlich an der Passionsmesse, in der die Anzahl der Bezüge auf das Leiden geradezu überwältigend ist. Selbst in den Advents- und Weihnachtsandachten, wo wir einen Klang des Jubels und festlicher Heiterkeit erwarten würden, rufen die Gebete recht offen zur Vernichtung der Gottlosen und Erhöhung der Armen auf. Dass das einfache Volk von Allstedt und Umgebung jede Woche in der Kirche aufstand und Lieder über den Sturz der Unterdrücker sang, war in der Tat außergewöhnlich.[195]

Müntzers Umgestaltung der Liturgie war äußerst beliebt, brachte ihn aber schon bald in Konflikt mit der städtischen Obrigkeit. Nach einigen Berichten kamen bis zu 2.000 Personen aus den umliegenden Städten und Dörfern zusammen, um an seiner Sonntagsmesse teilzunehmen. Der Graf von Mansfeld ließ Straßensperren errichten, um die Bevölkerung davon abzuhalten, nach Allstedt zu gehen. Wie zu erwarten war, antwortete Müntzer im September 1523 mit polemischen und wütenden Briefen. Er beginnt mit einem vernichtenden Angriff auf den Grafen:

> Der Schösser und Rat zu Allstedt haben mir euer Schreiben vorgehalten, (wonach) ich euch mit Worten als einen ketzerischen Schalk und Schinder gescholten haben soll. In der Tat ist es wahr; (ich weiß aber auch) und es ist landbekannt, daß ihr euren Leuten durch ein öffentliches Mandat habt hart gebieten lassen, zu meiner ketzerischen Messe oder

---

195 Drummond (2024: 112).

Predigt nicht zu kommen. Darauf habe ich gesagt und will es (noch) allen christgläubigen Menschen klagen, daß ihr so kühn seid, das heilige Evangelium zu verbieten. Und wenn ihr – da sei Gott vor – in solchem Toben und unsinnigen Verbieten verharren werdet, so will ich euch noch auf den heutigen Tag und so lange sich in mir ein Äderlein regt, nicht allein vor der Christenheit, sondern (auch in) meinen Büchern gegen euch auf mancherlei (Weise polemisieren), euch den Türken, Heiden und Juden einen (narrischen) unweisen Menschen schelten, ausschreien und aufs Papier klecksen.

Als Nächstes erklärt er die Straßensperren zu einer religiösen Barriere für alle, die Müntzers Predigten hören wollten, denn sie würden gehindert, Gottes Wort zu hören:

Der Schlüssel aber der Kunst Gottes ist der, daß man die Leute damit regiere, daß sie Gott allein fürchten lernen, Röm. 13, denn ein Anfang der rechten christlichen Weisheit ist die Furcht des Herrn. Nachdem ihr aber mehr als Gott gefürchtet sein wollt, wie ich an eurem (eigenen) Werk und Mandat beweisen will, so seid ihr es, der den Schlüssel der Kunst Gottes wegnimmt und verbietet den Leuten, in die Kirche zu gehen, (als) könntet ihr (es) besser.

Und er warnt den Grafen, er werde nicht aufgeben:

Bringt ihr mich den Druckern in die Fäuste, so will ich hundertmal tausend ärger mit euch umgehen als der Luther mit dem Papst. Seid mein günstiger Herr, wenn ihr es leiden wollt und (erkennen), wo aber nicht, da lasse ich Gott walten. Amen.[196]

Angesichts der Macht dieser Leute verblüfft es, dass Müntzer solch einen beleidigenden Brief verfasste. Das zeigt, wie wenig er sich um

---

196 Wehr (1989: 129–130). Im Original in: ThMA, Bd. 2 (196–198). Schösser oder Schosser war ein Steuereintreiber; RN.

die irdischen Ämter scherte und wie furchtlos er für seinen Glauben kämpfte – und wie weit er bereits gegangen war, mit Leuten wie Luther zu brechen, die sich die Fürsten auf keinen Fall zu Feinden machen wollten. Überraschenderweise geschah erst einmal nichts weiter, außer dass der Graf von Mansfeld sich bei Friedrich dem Weisen, dem Kurfürsten von Sachsen, beschwerte.

Im Verlauf des Jahres 1523 baute Müntzer seine Stellung in Allstedt aus. Er fand auch die Zeit für Dispute und polemische Auseinandersetzungen mit seinen Kritikern. Im November 1523 erfuhr er, dass Luther der Obrigkeit vorgeschlagen hatte, Müntzers Haltung anhand von elf Fragen gründlich zu prüfen. Daraufhin kam es zu einem Treffen zwischen Müntzer und Vertretern Friedrichs. Müntzer vermied es, mit seinen Gegnern hinter verschlossenen Türen zu debattieren. Er verfasste stattdessen eine lange öffentliche Verteidigung seiner Ansichten mit dem Titel „Protestation oder Erbietung".[197] In dieser Schrift wird zum ersten Mal deutlich, dass Müntzer die Kindertaufe ablehnte, was später ein wichtiger Bestandteil der Lehre der Wiedertäufer wurde, von denen einzelne sich auf Müntzer beriefen. Wir werden noch sehen, dass die Kindertaufe für einige religiöse Persönlichkeiten der Reformation ein bedeutender Stein des Anstoßes war, weil sie dem Individuum nicht erlaubte, aufgrund einer selbstständig entwickelten Beziehung zu Gott zur Kirche zu kommen, sondern mit der Taufe Kirchenmitglied wurden. Im Jahr 1523 erlebte Müntzer seine produktivste Zeit. Er veröffentlichte etliche Schriften und strukturierte das Kirchenamt in Allstedt um. Er heiratete sogar mit Ottilie von Gersen eine ehemalige Nonne. Das folgende Jahr sollte noch ereignisreicher werden, als Deutschland in die Revolution eintrat.

---

197 In dieser Schrift bezieht Müntzer sich auch auf den Koran, was darauf hindeutet, dass er die Schrift kannte oder zumindest Teilkenntnis von ihrem Inhalt hatte.

Die Fürstenpredigt

In Allstedt spitzte sich der Konflikt mit der Obrigkeit zu. Im Mittelpunkt stand ein örtliches Nonnenkloster. Im neuen Jahr weigerten sich die Allstedter, diesem den Zehnten zu zahlen, sie „verwendeten die Gelder stattdessen zur Einrichtung einer Armenkasse in der Stadt".[198] Im März brach sich die Unzufriedenheit in einem Aufstand Bahn, als Allstedter Bürger eine dem Nonnenkloster angegliederte Kapelle niederbrannten. Die Verantwortlichen wurden nicht gefunden, aber ohne Zweifel hatten Müntzers Predigten zu einem solchen Angriff ermuntert, und er war Zeuge des Brands gewesen. Die städtische Obrigkeit wusste nicht recht, wie sie jetzt vorgehen sollte, denn sie fürchtete einerseits den Zorn der einfachen Leute, aber sie stand auch unter dem Druck der Äbtissin, die sich bei dem Herzog beklagt hatte. Was danach geschah, ist eine verwickelte Geschichte.

Die Bevölkerung von Allstedt und Umgebung war schon mehrfach auf die Straße gegangen, und die verschiedenen städtischen Fraktionen sowie die regionale herrschende Klasse suchten nach den Verantwortlichen. Das ist ein gutes Beispiel dafür, wie die Reformation oder besser die durch die Reformation angestoßenen Gedanken sich in praktischen Problemen für die einfachen Menschen äußerten. Einmal kam eine Abordnung Mansfelder Bergknappen nach Allstedt, um Müntzer und die Brandstifter vor Verfolgung zu schützen. In der folgenden Nacht versuchte der Vertreter des Herzogs, die Stadt zu besetzen, und die gesamte Bevölkerung ging auf die Straße, um den Stadtrat zu verteidigen. Müntzer hat angeblich Alarm geschlagen und forderte laut einem Bericht auch Frauen auf, sich mit Mistgabeln zu bewaffnen und sich zu wehren.[199]

Allstedt stand eindeutig im Mittelpunkt einer großen gesellschaftlichen und religiösen Erhebung. Im Juli 1524 kamen Herzog Johann und sein Sohn Friedrich zu Besuch nach Allstedt. Sie luden Müntzer

---

198 Scott (1989: 65).
199 Franz (1963: 486). Zu den Ereignissen auch: ThMA, Bd. 3 (134–138), insbesondere die Fußnoten.

zur Predigt in die Burg ein. Die daraus entstandene Fürstenpredigt ist eine der berühmtesten Polemiken Müntzers. Es ist ein bemerkenswertes, wenn auch schwieriges Dokument, denn es ist getränkt mit biblischen Bezügen und Anspielungen. Als Ausgangspunkt nimmt Müntzer das zweite Kapitel aus dem Buch Daniel, wo Daniel König Nebukadnezar dessen Traum beschreibt und deutet.

Nach einem beunruhigenden Traum ließ der König weise Männer zu sich bringen und fragte sie nach der Bedeutung seines Traums. Er wollte damit ihre Macht prüfen, aber keiner der Wahrsager und Zeichendeuter konnte dem König den Traum auslegen. Sie erklärten ihm, „nur die Götter" könnten diese Aufgabe erfüllen.[200]

Daniel dagegen deutet Nebukadnezar die Elemente des Traums: Darin erkennt er ein gewaltiges Standbild mit einem Haupt aus Gold, Brust und Arme aus Silber, Hüften aus Bronze, die Beine aus Eisen und die Füße aus Ton. In dem Traum fällt ein Stein von einem Berg, die Statue zerfällt zu Staub, den der Wind fortträgt, während der Stein zu einem großen Berg wird.[201]

Daniel deutet jedes Element der Statue als unterschiedliche Königreiche, wobei das Haupt Nebukadnezars Reich repräsentiert und die nachfolgenden Reiche immer schwächer werden. Der zu einem Berg gewordene Stein jedoch stellt die wachsende Stärke des göttlichen Reichs dar.[202] Weil Daniel den Sinn des Traums mit Gottes Hilfe offenbart, fällt Nebukadnezar vor Daniel auf die Knie und belohnt ihn.[203]

Offensichtlich erzählt Müntzer diese Geschichte, um zu sagen, göttliches Wissen rühre aus der unmittelbaren Beziehung mit Gott und käme nicht von Zeichendeutern und Schriftgelehrten:

Ach, liebe Herren, wie hübsch wird (Gott) der Herr eine eiserne Stange unter die alten Töpfe schmeißen, (Psalm 2). Darum, ihr allerteuersten, liebsten Regenten, lernt eure Erkenntnis (der Situation) recht aus dem Munde Gottes und

---

200 Buch Daniel 2,11.
201 Buch Daniel 2,31 bis 2,35.
202 Daniel 2,36 bis 2,45.
203 Daniel 2,46.

laßt euch durch eure heuchlerischen Pfaffen nicht verführen und mit gedichteter Geduld und Güte aufhalten. Denn der Stein, ohne Hände vom Berge gerissen, ist groß geworden.[204]

Müntzer scheint dem Herzog und seinem Sohn sagen zu wollen, dass sie sich für eine Seite entscheiden, mit der alten Kirche brechen und die Waffen ergreifen müssten, um die Auserwählten gegen ihre und Gottes Feinde zu verteidigen. Mehr noch, sie müssten erkennen, dass die Welt auf den Kopf gestellt gehörte. Fürsten wie ihnen käme eine neue Aufgabe zu: die Verteidigung der Auserwählten, der aktive Kampf für die Religion:

> Wollt ihr nun rechte Regenten sein, so müßt ihr das Regiment bei der Wurzel packen und wie Christus es befohlen hat. Treibt seine Feinde von den Auserwählten (weg), denn ihr seid die (zuständigen) Mittler. Meine Lieben, macht uns keine (Possen) vor, als sollte (es) die Kraft Gottes ohne Zutun eures Schwertes tun; es könnte sonst (nämlich) in der Scheide verrosten. Gott gebe es![205]

Und wie ergeht es den Unfolgsamen? Müntzer dazu:

> Nebukadnezar vernahm die göttliche Weisheit von Daniel. Er fiel nieder vor ihm, nachdem ihn die kräftige Wahrheit überwunden hatte, aber er wurde wie ein Rohr vom Wind bewegt [...]. Ebenso sind jetzt über die Maßen viele Menschen, die das Evangelium (zwar) mit großen Freuden annehmen, solange es so freundlich zugeht, Luk. 8. Aber wenn Gott solche Leute auf den Brenntiegel oder auf das Feuer der Bewährung setzt, [...] da ärgern sie sich am allerkleinsten Wörtlein [...]. In dem Maße werden sich ohne Zweifel viele unversuchte Menschen an diesem Büchlein ärgern, drum

---

204 Wehr (1989: 75).
205 Wehr (1989: 77).

spreche ich mit Christus […] und (unter Berücksichtigung) des ganzen göttlichen Gesetzes, daß man die gottlosen Regenten, sonderlich Pfaffen und Mönche töten soll […].[206]

Der Allstedter Bund

Fast zur selben Zeit, als Müntzer die Fürstenpredigt verfasste, wurden Müntzers Anhänger in der nahegelegenen Stadt Sangerhausen und im Umland von Allstedt angegriffen und viele flohen nach Allstedt. Reisen nach Allstedt wurden unterbunden, um zu verhindern, dass die Leute Müntzers Predigten hörten. Der Sangerhäuser Prediger, ein Anhänger Müntzers, wurde verhaftet. Müntzers Antwort darauf war die Versendung von Briefen an seine Anhänger und das Versprechen, für sie einzustehen. Er ermutigte sie zum Widerstand:[207]

Wenn euch euer Fürst oder sein Befehlshaber gebietet, ihr solltet nicht hierhin oder dahin gehen, das Wort Gottes zu hören, […] sollt ihrs auf keinerlei Weise geloben, denn da wird Menschenfurcht an die Stelle der Furcht Gotts gestellt und euch als Abgott aufgerichtet. […] es ist die Zeit vorhanden, daß ein Blutvergießen über die vorstockte Welt ergehen soll um ihres Unglaubens willen.[208]

Am 25. Juli 1524 schritt Müntzer zur Tat und schuf eine „Verteidigungsorganisation", den Allstedter Bund, um seine Anhänger zu sammeln und zu schützen:

[..] es muss ein beschiedener Bund gemacht werden in solcher Gestalt, daß sich der gemeine Mann mit frommen Hauptleuten verbinde, allein um des Evangeliums willen. […] Er soll allein eine Bedrohung sein der Gottlosen, daß

---

206 Wehr (1989: 79–80).
207 Drummond (2024: 147–151).
208 Wehr (1989: 141–143). Im Original in: ThMA, Bd. 2 (269, 272).

sie mit ihrem Wüten stillhalten, bis daß die Auserwählten Gottes Kunst und Weisheit mit allem ihm zugehörigen Gezeugnis erforschen mögen.[209]

Müntzer hatte schon im Sommer mit der Idee einer solchen Organisation gespielt, aber nun hatte er zum ersten Mal eine Gruppe von Leuten zusammengerufen, die seine Anhänger und seine Ideen verteidigen würden. Das war weit mehr als die passiven Gemeindeversammlungen, denen er predigte, oder die losen Gruppen, die sich von Müntzer zur Bilderstürmerei oder zum Angriff auf Gebäude ermutigt fühlten. Drummond weist darauf hin, dass Müntzers Bund nicht als Vorläufer einer revolutionären Gruppierung oder Organisation zu verstehen ist, sondern vielmehr als eine „Vorhut, die Gottes Willen erfüllt" und „Prediger und Amtsleute" mit der Bevölkerung zusammenbringt. Es ging auch nicht darum, gesellschaftliche Fragen aufzuwerfen.[210] Dieser Bund war das folgerichtige Ergebnis von Müntzers Glauben an die von Gott Auserwählten und die breite Masse, die noch nicht für diese Vision gewonnen worden war.

Schon bald hatten sich Müntzers Allstedter Bund beeindruckende 500 Mitglieder angeschlossen. Allerdings schritt der Bund nicht unmittelbar zur Tat. Namentlich der Stadtrat trat dem Bund bei, doch nur unter der Voraussetzung, dass der Bund „nicht die Zurückhaltung der Steuern förderte".[211] Bemerkenswert ist, welche Ansichten Müntzer zu diesem Zeitpunkt, wenige Monate vor Beginn der Bauernerhebung, vertrat. In seinem Brief „An die verfolgten Christen in Sangerhausen" vom 20. Juli 1524 schlägt er folgenden Ton an:

Ein Fürst und Landesherr ist über zeitliche Güter zu regieren gestellt und seine Gewalt erstreckt sich nicht weiter, und das ist auch die Meinung Sankt Peters und Pauls, wenn sie von der Gewalt der Menschen schreiben. Darum sollt ihr euch keck erbieten und sagen: „Lieber Herre, lieber Herr Hauptmann, wenn unser Herr, der Fürst, an denselbigen

---

209 Wehr (1989: 150). Im Original in: ThMA, Bd. 2 (320, 321).
210 Drummond (2024: 151).
211 Drummond (2024: 153).

Abgaben und Zinsen, die wir ihm jährlich geben, nicht genug hat, so nehme er all unsere Güter dazu, die wir ihm gerne zugestehen. Aber unsere Seelen soll er gar nicht regieren, denn in den Sachen muß man Gott mehr gehorsam sein als den Menschen; da macht aus, was ihr wollt. Tut ihr uns etwas darüber zuleide, so wollen wir das der ganzen Welt klagen und zu erkennen geben. So wird sie doch sehen und hören, warum wir leiden, wollen wir doch an zeitlichen Dingen tun und lassen alles, was euern Augen wohl gefällt. Was sollen wir doch mehr tun?"[212]

Mit anderen Worten fordert Müntzer seine Anhänger weiterhin dazu auf, in weltlichen Dingen ihren Herren zu folgen, würden sie jedoch wegen ihres Glaubens und religiösen Handelns verfolgt, dann hätten sie das Recht, die Wahrheit auszusprechen. Das ist noch weit von dem revolutionären Drängen in der anonymen Flugschrift „An die Versammlung gemeiner Bauernschaft" vom Mai entfernt. Gleichzeitig bedeutet es keinen bedingungslosen Gehorsam, wie Luther ihn predigt. Denn in dem folgenden Abschnitt seines Briefs erklärt Müntzer:

Also, allerliebste Brüder, sollt ihr euch, wenn ihr gefordert werdet, wieder ins Gefängnis einstellen oder Gehorsam (sein) und bleibt bei diesen Worten. Wollen sie euch aber um Geld büßen (lassen), so gebt dem Teufel immer hin, was er haben will, allein behaltet (euer) Gewissen frei und ledig und laßt euch dasselbige mit tyrannischem Gebot nicht verstricken [...]. [..] laßt die Tyrannen eine Weile ihren Mutwillen an euch üben, denn die Welt hat nicht andere Herrn und Fürsten verdient mit ihrem Unglauben. Darum so laßt sie euch plagen, so lange es ihnen Gott gönnen will und bis ihr euere Schuld erkennt.

Müntzer sagt nun, die Menschen lüden Schuld auf sich, weil sie die irdischen Herren verehrten und nach irdischen Gütern strebten, was sie von ihrer Aufgabe vor Gott ablenke:

---

212 Wehr (1989: 141). Im Original in: ThMA, Bd. 2 (269–270).

Denn die ganze Christenheit wird darüber zu einer Hure, daß sie die Menschen anbetet. Und es ist eine Menschenanbeterei, das sieht man jetzt klar, wie sich die Menschen vor Herren und Fürsten fürchten, daß sie um der schändlichen Nahrung und um des Bauches willen Gottes Wort und seinen heiligen Namen aufs höchste verleugnen [...]. Der Teufel ist ein gar listiger Schalk und legt dem Menschen stets die Nahrung und das Leben vor Augen, denn er weiß, daß fleischliche Menschen das lieb haben. Darum müssen sie Gott um deswillen verleugnen.

Unter Bezugnahme auf die Heilige Schrift fährt Müntzer fort, seine Anhänger sollten ihre weltlichen Bestrebungen und Bedürfnisse zugunsten des Kampfes für Gott aufgeben, dem aber die Herren im Wege stünden:

Was wollt ihr euch lange an der Nase herumführen lassen? Weiß man doch wohl und ist mit der heiligen Bibel zu beweisen, daß Herrn und Fürsten, wie sie sich jetzt stellen, keine Christen (mehr) sind. So beten eure Pfaffen und Mönche den Teufel an und sind noch weniger Christen. So sind alle eure Prediger Heuchler und Anbeter der Menschen. Was wollt ihr dann lange hoffen? Es wird da bei den Fürsten wenig Hoffnung sein. Wer da nun wider die Türken fechten will, der darf nicht (in die) Ferne ziehn, er ist im Land![213]

Müntzers Feinde konnten ihm nicht vorwerfen, auf die Vernichtung der Herren und Fürsten aus zu sein, noch forderte er nicht den gesellschaftlichen Umsturz, aber er erklärte die Fürsten und Herren zu einem Hindernis. Das war ein starkes und wirkmächtiges Argument für all jene, die er für seine Theologie gewonnen hatte.

---

213 Wehr (1989: 141–143). ThMA, Bd. 2 (270–272). Müntzer nimmt hier Bezug auf die Türken als Muslime, als nichtchristliche Ungläubige.

Die Antwort Luthers

Angesichts dieses Aufruhrs und der Radikalisierung in Allstedt sah Luther sich zum Eingreifen veranlasst und er verfasste den „Brief an die Fürsten zu Sachsen von dem aufrührischen Geist".[214] Mit dem „aufrührischen Geist" ist natürlich Müntzer gemeint, und Luther äußert seine Bedenken unmissverständlich:

> Ich habe diesen Brief an E. F. G. (Eure Fürstliche Gnaden) allein aus der Ursache geschrieben, daß ich vernommen und auch aus ihrer Schrift verstanden habe, als wollte derselbe Geist die Sache nicht im Wort lassen bleiben, sondern gedenke, sich mit der Faust drein zu begeben, und wolle sich mit Gewalt wider die Obrigkeit setzen und daher stracks einen leiblichen Aufruhr anrichten. [...] Was sollte der Geist wohl anfangen, wenn er des Pöbels Anhang gewönne?

Luther betont seinen Glauben an das Recht der Herren und Fürsten, zu herrschen und die Verhältnisse aufrechtzuerhalten. Es lohnt sich, seine Worte mit denen Müntzers aus dessen vorgenannten Brief zu vergleichen:

> [So gebührt mir] E. F. G. untertänig zu bitten und zu ermahnen, hierinnen ein ernstliches Einsehen zu haben und aus Schuld und Pflicht ordentlicher Gewalt solchem Unfug zu wehren und dem Aufruhr zuvorzukommen. Denn E. F. G. haben das gute Wissen, daß ihr Gewalt und weltliche Herrschaft von Gott darum gegeben und befohlen ist, daß sie den Frieden handhaben sollen und die Unruhigen strafen, wie Sankt Paulus lehrt Röm. 13,4. Darum E. F. G. ist hier

---

214 Wehr (1989: 174–183).

nicht zu schlafen noch zu säumen, denn Gott wirds fordern und Antwort haben wollen um solch hinlässigen Brauch und Ernst des befohlenen Schwerts.[215]

Luthers Forderung erhöhte den Druck für die Obrigkeit zu handeln, und Anfang August schritten sie zur Tat. Müntzer und andere Vertreter von Allstedt wurden vorgeladen, um sich vor Beamten der Fürsten von Sachsen zu rechtfertigen. Erwartungsgemäß lief es nicht gut für Müntzer, er wurde angewiesen, seine Druckerei zu schließen, den Drucker zu entlassen, nicht mehr zu predigen und den Bund aufzulösen. Müntzer stand nun vor der Wahl, entweder zu schweigen oder sich den Fürsten zu widersetzen. Beugen konnte er sich nicht, stattdessen entschied er sich dafür, an einem anderen Ort seine revolutionären Ideen den Leuten nahezubringen. In der Nacht zum 7. August kletterte Müntzer über die Allstedter Stadtmauer, er ließ seine Familie und seine Habseligkeiten zurück und machte sich auf den Weg nach Mühlhausen. Hier sollte sich Müntzers Radikalität endgültig herausbilden und in Mühlhausen nahm der Bauernkrieg schließlich seinen Anfang.

Mühlhausen

Müntzers Weg zur Revolution war geografisch wie auch theologisch betrachtet verschlungen. Friedrich Engels schrieb, erst bei Müntzer seien „diese kommunistischen Anklänge" zu finden, „erst bei ihm sind sie mit einer gewissen Bestimmtheit formuliert". Nach Engels „[schlossen sich] die Bauern und Plebejer endlich [...] zur revolutionären Partei zusammen, deren Forderungen und Doktrinen am schärfsten durch Münzer ausgesprochen wurden".[216]

Mühlhausen wurde der Ort, von dem aus seine revolutionäre

---

215 Wehr (1989: 176). Römer 13: „Jeder ordne sich den Trägern der staatlichen Gewalt unter. Denn es gibt keine staatliche Gewalt außer von Gott; die jetzt bestehen, sind von Gott eingesetzt." Man vergleiche auch dies mit der Schrift „An die Versammlung gemeiner Bauernschaft". Bibelzitate im Weiteren nach der Einheitsübersetzung 2016 (EU).
216 Engels (MEW 7: 347).

Politik an die Öffentlichkeit dringen sollte und er aus seinen bisher gemachten Erfahrungen radikale Schlussfolgerungen zog. In einem Brief an die Einwohner von Allstedt schreibt er zwar: „Vielleicht sollte ich das wie ein stummer Hund verschweigen?", beantwortet diese Frage aber in aller Deutlichkeit:

> Nachdem ich (Ursache hatte, als) ich bei euch predigte, mich nicht zu enthalten zu schelten aufs allerbitterste die Tyrannen christlichen Glaubens, die unter dem Deckel des Regiments die Leute stocken und blocken, das Evangelium zu verleugnen, habe ich daneben auch Ursache gewonnen, die andern anzugreifen, welche solche gottlose verdammte Menschen zu verteidigen wagen. Ich habe in der Wahrheit nicht anders tun mögen als wider die reißenden Wölfe bellen, wie einem rechten Knechte Gottes zusteht, Joh. 10, Jes. 56, Psalm 76. Habe ich doch anders nichts getan als – in der Summa gesagt – daß ein Christ den andern nicht so ganz jämmerlich auf der Fleischbank opfern soll, und wenn die großen Hansen das nicht lassen wollen, man ihnen das Regiment nehmen solle.[217]

Wie Drummond betont, war dieser Brief deutlich weniger beleidigend und wütend verfasst als seine ersten beiden Entwürfe, denn Müntzer benötigte noch die Unterstützung der Allstedter Bevölkerung. Er bittet darum, seiner Ehefrau zu helfen und seine Mess- und Gebetsbücher nach Mühlhausen zu senden.[218] Müntzers Ankunft in Mühlhausen veranlasste Luther zu einer weiteren giftigen Polemik, in der er den Stadtrat im August 1524 drängt, Müntzer sofort der Stadt zu verweisen. In seinem Brief schreibt er, Müntzer trage „kein andre Frucht [..], denn Mord und Aufruhr und Blutvergiessen anzurichten, dazu er denn zu Alstädt öffentlich gepredigt, geschrieben und gesungen hat". Gleichzeitig erkennen wir gewisse Verzweiflung in Luthers Tiraden über Müntzer und dessen Anhänger: „[...] wer ihm zuhört und folgt, der heisst der auserwählte Gottes Sohn, wer sie nicht hört, der muss gottlos sein, wollen ihn töten."[219]

---

217 Wehr (1989: 156). Im Original in: ThMA, Bd. 2 (342).
218 Drummond (2024: 181). Wehr (1989: 157–158).
219 Luther Werke (1853: 194).

Der Stadtrat sah sich jedoch nicht dazu in der Lage.[220] Müntzer nutzte diese Atempause und arbeitete unermüdlich weiter. Er vollendete unter anderem zwei polemische Schriften. Eine dieser Schriften trägt den Titel „Ausgedrückte Entblößung des falschen Glaubens". Die Eröffnung beweist, dass Müntzer sich immer mehr revolutionären Auffassungen öffnete:

> Liebe Gesellen laßt uns auch das Loch weiter machen, damit alle Welt sehen und (be)greifen möge, wer unsere großen Hansen sind, die Gott so lästerlich zum gemalten Männlein gemacht haben, Jer. im 23. Kapitel. Thomas Müntzer, mit dem Hammer. Mühlhausen 1524. [...]

> Jer. 1: „Eine eiserne Mauer wider die Könige, Fürsten und Pfaffen und wider das Volk ist aufgestellt. Sie mögen streiten, der Sieg ist wunderbar zum Untergang der starken, gottlosen Tyrannen."[221]

Drummond weist darauf hin, dass diese Schrift auch „etwas Neues" enthält, einen „unmittelbaren Aufruf, mit den Lutheranern zu brechen".[222] Es ist ein bedeutsames Traktat, in dem Müntzer seine revolutionäre Vision offen formuliert.[223] Drummond dazu:

> Hier nähern wir uns der Essenz von Müntzers revolutionären Ideen, einige Abschnitte verraten seinen Zorn: Die bestehenden politischen, wirtschaftlichen und sozialen Strukturen errichten eine Mauer zwischen dem gemeinen Volk und ihrem Gott. Diese Mauer wurde befestigt durch die Lehren

---

220 Drummond (2024: 187).

221 Wehr (1989: 81). ThMA, Bd. 1 (325). Die Unterzeichnung als „Thomas Müntzer, mit dem Hammer" bezieht sich auf den biblischen Propheten Jeremia, Kapitel 23, Vers 29: „Ist nicht mein Wort so: wie Feuer – Spruch des HERRN – und wie ein Hammer, der Felsen zerschmettert?" Die symbolische Bedeutung von Jeremia 23 für Müntzer liegt hier auf der Hand, zum Beispiel auch Jeremia 23,30: „Darum, siehe, gehe ich gegen die Propheten vor – Spruch des HERRN –, die einander meine Worte stehlen."

222 Drummond (2024: 183).

223 Die gesamte Schrift in Wehr (1989: 81–106). Mit einer Einordnung und einer kürzeren und längeren Fassung im Original in: ThMA, Bd. 1 (325–375); RN.

der Anhänger des Papsttums und der Lutheraner. Deshalb musste dieses Gebilde umgestürzt werden, damit der wahre Glaube die Schreib- und Leseunkundigen und die Armen erreichen konnte.[224]

In dieser Schrift wird fast jeder angegriffen. Luther und seine Anhänger, die falschen Prediger, die nur an Geld und dem Wohlergehen der Fürsten interessiert sind, die eine Barriere für das wahre Verstehen Gottes bilden. Was nötig ist, sagt Müntzer, sind nicht Prediger, die über Glaube und Religion sprechen können – was jeder kann. Es werden Prediger gebraucht, die wissen, „wer sie auszusenden pflegt in die Erde, Matth. 9, Joh. 4, zu welcher sie Gott von Anfang ihres Lebens an geschliffen hat wie eine starke Sense oder Sichel".[225] Müntzer sieht in den Auserwählten zunehmend die revolutionäre Kerngruppe, gestählt durch ein Leben, in dem sie Gottes Wort predigen, das andere leiten kann. Sense und Sichel hat er ohne Zweifel als vertrautes Bild gewählt – nicht zuletzt für die Bauern, in denen er immer mehr die Träger seiner Revolution sieht. Aber das Gleichnis der Ernte hat eine tiefere Bedeutung, denn Müntzer bezieht sich auf eine Stelle in der Bibel, wo Jesus, um die Schafe zu sammeln, zu seinen Jüngern spricht: „Bittet also den Herrn der Ernte, Arbeiter für seine Ernte auszusenden!"[226] Verbunden damit ist eine weitere beliebte Anspielung, die auf das Unkraut:

Die jetzige Kirche ist eine alte Hure, welche noch mit dem inbrünstigen Eifer gerichtet werden soll, wenn nun das Unkraut die Wurfschaufel erdulden muß. Die Zeit aber der Ernte ist allewege da, Matth. am 9. Liebe Brüder, das Unkraut schreit jetzt an allen Orten, die Ernte sei noch nicht (so weit). Ach, der Verräter verrät sich selbst. Die rechte jetzige Christenheit wird den rechten Schwung nach aller Ärgernis gewinnen, Matth. 18 […].[227]

---

224 Drummond (2024: 185).
225 Wehr (1989: 100). Bei Wehr wie bei ThMA, Bd. 1 (362, 363) wird „ernden/ernde" als Erde übersetzt. Mit Bezug auf Matthäus 9,37 ist „Ernte" wahrscheinlicher. Das Aussenden in die Ernte bedeutet hier allerdings dasselbe wie das Aussenden in die Welt; RN.
226 Matthäus 9,38.
227 Wehr (1989: 102). ThMA, Bd. 1 (367).

Die Bezugnahme auf das Unkraut geschieht in Anlehnung an eine im Matthäusevangelium (Matth. 13) erzählte Parabel Jesu von einem Feind, der Unkraut zwischen den Weizen sät. Die Knechte bieten an, das Unkraut auszureißen, aber ihr Herr lehnt ab, damit die Saat nicht mit dem Unkraut ausgerissen wird. Sie sollen bis zur Ernte warten, dann das Unkraut sammeln und danach den Weizen ernten.[228] Dann wird das Gleichnis noch deutlicher, denn das Unkraut sind die „Kinder des Bösen" und der „Feind, der es gesät hat, ist der Teufel", die Ernte aber „ist das Ende der Welt. Die Schnitter sind die Engel."[229] Diese Geschichte von der Ernte und den wenigen Auserwählten, die die gute Ernte einbringen, während sie das Unkraut vernichten, überträgt Müntzer ohne Zweifel auf die Herausforderungen seiner Zeit.

Sodann nimmt er mit seiner Schrift „Hochverursachte Schutzrede und Antwort wider das geistlose, sanftlebende Fleisch zu Wittenberg" Martin Luther direkt aufs Korn.[230] Es handelt sich um einen offenen, beleidigenden Angriff auf Luther, der mit diesen Sätzen endet:

> O Doktor Lügner, du tückischer Fuchs. Du hast durch deine Lügen das Herz des Gerechten traurig gemacht, den Gott nicht betrübt hat; damit hast du die Gewalt der gottlosen Bösewichter gestärkt, auf daß sie ja auf ihrem alten Wege bleiben. Darum wird dirs gehen wie einem gefangenen Fuchs, das Volk wird frei werden und Gott will allen der Herr darüber sein.[231]

Das zeigt den vollständigen Bruch Müntzers mit seinem ehemaligen Verbündeten Luther an. Er ruft zur Vernichtung Luthers und der ihn beschützenden Fürsten auf. Die Zeit der Ernte war da.

Nachdem Müntzer in Mühlhausen seinen Wohnsitz genommen hatte, wurde die Stadt „faktisch zum Mittelpunkt der radikalen

---

228 Matthäus 13, 24–30.
229 Matthäus 13, 36–43.
230 Wehr (1989: 107–124).
231 Wehr (1989: 124). ThMA, Bd. 1 (376–398).

Reformation in Mitteldeutschland".[232] Hier war er umringt von vielen weiteren radikalen Reformatoren, die Stadt beherbergte zudem eine empörte und kämpferische Bevölkerung, die bereits wegen sozialer Fragen gegen die Geistlichkeit und die Priester protestiert und den Aufstand geprobt hatte. Im Mai 1523 hatten die Einwohner 56 Vertreter in den Stadtrat gewählt, der eine Liste mit Forderungen aufstellte. Drummond beschreibt diese als „Bekenntnis einer frühbürgerlichen Demokratie"[233] mit ihrem Ruf nach mehr Demokratie, gerechterer Justiz und Mittelverteilung. Wie wir schon früher gesehen haben, waren die Städte in der Revolution meist gemäßigter als die Landbevölkerung, denn sie vertraten bereits die Interessen einer aufkeimenden Bourgeoisie. Angesichts dieses radikalen Umfelds konnte Müntzer sich jedoch bei seiner Ankunft an der Seite des radikalen Predigers Heinrich Pfeiffer einer lebendigen Bewegung anschließen.

Im September 1524, nur einen Monat nach Müntzers Ankunft, entwarfen Pfeiffer und Müntzer nach einem weiteren Aufstand elf Artikel mit der Forderung nach der Wahl eines „ewigen Rats".[234] Verglichen mit anderen Artikeln aus diesen Aufstandszeiten wirken die der Mühlhäuser etwas seltsam. Dem ewigen Rat sollte „keine Zeit" gesetzt werden zu regieren, „weder ein Jahr noch zwei". In den Artikeln finden sich keine echten wirtschaftlichen oder politischen Forderungen, sondern es geht um einen Rat, der nach biblischen Grundsätzen regieren soll. Das sollte wohl nach Müntzers und Pfeiffers Vorstellung ausreichen, damit der ewige Rat auf dem richtigen Pfad blieb. Während diese Artikel bei der Bevölkerung Mühlhausens und der umliegenden Städte recht beliebt waren, konnten die Bauern nicht dafür gewonnen werden. Der alte Rat rief 200 Bauern nach Mühlhausen, um Pfeiffer und Müntzer zu vertreiben. Pfeiffer kehrte bald zurück, Müntzer erst im Februar 2025, als der Bauernaufstand bereits in vollem Gange war.

Bevor Müntzer wieder nach Mühlhausen kam, reiste er umher, verbrachte eine Zeit lang in Nürnberg, wo er weitere polemische

<hr>

232 Drummond (2024: 192).
233 Drummond (2024: 191).
234 Lenk (1983: 137–139).

Schriften drucken lassen wollte. Im Dezember verließ er auch Nürnberg und bereiste Südwestdeutschland, das sich bereits erhoben hatte. Bedauerlicherweise wissen wir nichts über seine Reisen, aber sie müssen Müntzer radikal beeinflusst haben.[235] Drummond vermutet:

> Als jemand, der einige Wochen unter den Aufständischen verbracht hat, muss er einen wertvollen Einblick in die Denkweise und Beweggründe des gemeinen Manns gewonnen haben. Das war für ihn ein völlig neuer Lebensabschnitt und eine ganz neue Erfahrung: Er befand sich weit außerhalb seiner vertrauten Umgebung, die vor allem von Gottesdiensten, Predigten und Studien in einer städtischen Umgebung geprägt gewesen war. Nun war er eingetaucht in große Versammlungen einer Landbevölkerung mit geringer oder keiner Bildung, die den handfesten Kampf für soziale und wirtschaftliche Gerechtigkeit aufgenommen hatte.[236]

Als Müntzer im Februar 1525 nach Mühlhausen zurückkehrte, wo er sich erneut Pfeiffer anschloss, fand er eine Stadt vor, in der sich die Bewegung radikalisiert hatte und sehr viel selbstbewusster auftrat. Es gab Angriffe auf religiöse Gebäude und wir wissen von einem Vorfall, an dem auch Frauen beteiligt waren: Eine Gruppe Frauen, zu der auch Müntzers Ehefrau Ottilie gehörte, drangen in ein Kloster ein und störten die Gebete.[237] Nachdem Müntzer von den „drei Mühlhäuser Armenvierteln" zum Prediger ernannt worden war, begann Müntzer revolutionäre Kräfte um sich zu sammeln. Müntzer war nun zweifellos von der Aufstandsorganisation der Bauern beeinflusst, die er im Winter hatte beobachten können.

Anfang März wurde eine Musterung von über 2.000 bewaffneten Männern vor der Stadt durchgeführt. Müntzer wollte eine Rede im Sinne von „Gebt dem Kaiser, das des Kaisers ist" halten. Er rief zum

---

235 Drummond (2024: 218). Im Folgenden untersucht Drummond, wie wenig wir über Müntzers Aktivitäten in dieser Zeit wissen. Drummond widerspricht Thesen, dass Müntzer die Mühlhäuser Artikel geschrieben habe.

236 Drummond (2024: 225).

237 Drummond (2024: 228). Die Frauen stürmten das Kloster, als Müntzer sich nicht in der Stadt befand. Wir wissen wenig über Ottilie, aber dieser Vorfall spricht dafür, dass sie ähnlich radikale Ansichten vertrat und eigenständig handelte.

Sturz der Fürsten auf und forderte die Anwesenden zum Schwur auf, aber seine Predigt wurde von einem Hauptmann unterbrochen, der sagte: „Liebe Bürger, habt ihr nicht bereits genug geschworen?" Daraufhin weigerten sich die Versammelten, Müntzer den Eid zu leisten, und alle kehrten in die Stadt zurück. Diese und eine andere bemerkenswerte Episode, in der Müntzers Aufforderung an seine Gemeinde, Götzenbilder und teure Gegenstände aus ihren Häusern zu entfernen, ignoriert wurde, zeigen, dass Müntzers Predigten zwar beliebt, seine Zuhörer aber nicht vollständig für seine revolutionäre Vision gewonnen waren.[238]

Müntzer hatte offenbar gehofft, dass er die Musterung für den Aufbau eines neuen Bunds wie den von Allstedt nutzen könnte, auch ähnlich dem der Bauernorganisationen, die er in Deutschland kennengelernt hatte. Tom Scott meint, weil Mühlhausen anders als Allstedt eine größere Stadt mit konkurrierenden radikalen Traditionen und Anführern war, konnte Müntzer dieses Vorhaben nicht gelingen.[239]

Neben anderen führenden Personen in Mühlhausen, wie Müntzers Mitstreiter Pfeiffer, war Müntzer eine sehr bekannte und bedeutende Persönlichkeit der radikalen Mühlhäuser Reformationsbewegung. Eine Woche nach seinem gescheiterten Versuch, das bewaffnete Aufgebot in ein Aufstandsheer zu überführen, stürzten sie den Stadtrat und wählten den Ewigen Rat. Bei der Wahl stimmten 600 für den neuen Rat und nur 204 für die alte Führung. Sechzehn der alten Führung wurden gewählt, die „jederzeit von den Bürgern der Stadt abberufen werden konnten".[240] Drummond hebt die „Abrufbarkeit" hervor, die an die sehr viel spätere Pariser Kommune erinnert und an die Sowjets in den Anfangsjahren der Russischen Revolution. Er weist aber auch darauf hin, dass der Rat „kein echtes Nest von Revolutionären" war, sondern einen Durchschnitt der Mühlhäuser (männlichen) Bevölkerung darstellte, in dem auch einige sehr reiche Mitglieder saßen, obwohl die Mehrheit ärmere Handwerker waren.

---

238 Scott (1989: 143–145). Zur Darstellung dieses Ereignisses siehe den Bericht von Sittich von Berlepsch an den Herzog von Sachsen in: Gess (1917: 81); ThMA, Bd. 3 (212–215); RN.
239 Scott (1989: 145).
240 Drummond (2024: 232).

Dennoch war dies ein radikaler Schritt, und die Magistraten der Stadt sagten von dem neuen Rat: „Er (Gott) hat die Mächtigen von ihrem Thron gestürzt und die Niedrigen erhöht, welch ein wunderbarer Gott ist das!"[241] Der neue Rat begann Mühlhausen nach religiösen Grundsätzen zu reformieren. Mit der Umgestaltung der Kirche wurden „die letzten Reste des Katholizismus beseitigt und die formelle Überführung Mühlhausens in eine protestantische Stadt wurde besiegelt". Eine Schäferei des Deutschen Ordens wurde zugunsten der Allgemeinheit enteignet, aber insgesamt beschränkten sich die radikalen Reformen auf religiöse Fragen – der neue Rat, der aus Empörung über die alte Ordnung gewählt worden war, griff nicht in die sozialen Verhältnisse ein.[242] Möglicherweise gründete Müntzer aus Enttäuschung über dieses zahme Vorgehen eine eigene Organisation, die nach militärischen Regeln aufgestellt war, den Ewigen Bund. Wir wissen nicht genau, wann er es tat, möglicherweise schon im September 1524 oder im März 1525. Wir wissen jedoch, dass diesem 219 Personen angehörten, denn ihre Namen finden sich auf einer Abschrift der damaligen Mitgliedsliste. Nur Pfeiffer war dort mit einer Funktion benannt, nämlich als Kaplan. Es ist bekannt, dass Müntzer eine Fahne anfertigen ließ, die in der Mühlhäuser Marienkirche aufgehängt wurde. Darauf waren ein Regenbogen, die lateinischen Worte „verbum domini maneat in etternum"[243] und der Vers „dis ist das zeychen des ewigen bund gotes, alle, die bey dem bünde stehen wollen, sollen darundertreten" zu sehen. Die Seidenfahne muss recht kostspielig und ein überwältigender Anblick mit ihren etwa 13 Metern Länge gewesen sein. Müntzers Ewiger Bund setzte sich aus den ärmeren und plebejischen Elementen der Stadt und ihrer Vororte zusammen, und er erklärte, er wolle „auch 2000 fremdes volks" für sein Fähnlein rekrutieren.[244] Inzwischen hatte sich der Aufstand auch auf Gebiete um Mühlhausen ausgeweitet. Müntzer stürzte sich in die Werbung für die Revolution. Am 26./27. April schrieb er einen besonders agitatorischen Brief an die ehemaligen Mitglieder des Allstedter Bunds. Müntzer drängt hier seine Anhänger, sich dem Aufstand anzuschließen, Handeln sei dringend

---

241 Drummond (2024: 232). Im Original in: Fuchs (1964: 834).
242 Scott (1989: 146–147).
243 Gess (1917: 109). Nach Petrus 1,25: „Doch das Wort des Herrn bleibt in Ewigkeit."
244 Gess (1917: 109).

geboten, und er berichtet zur Ermutigung und mit etwas Übertreibung von neueren Ereignissen. Er nennt seine ehemaligen engsten Mitstreiter namentlich und ruft sie auf, „gehet vorne an den Tanz". Der Brief eröffnet mit der rhetorischen Frage: „Wie lange schlaft ihr?" Dann warnt Müntzer vor Zögerlichkeit:

> [...] fanget an und streitet den Streit des Herren! Es ist hoch Zeit! Haltet eure Bruder alle darzu, daß sie gottlichs Gezeugnus nicht vorspotten, sunst mussen sie alle vorderben. Das ganze deutsche, franzosisch und welsch (italienische) Land ist wag (in Bewegung) [...].

Er drängt:

> Wann euer nur drei ist, die Gott gelassen, allein seinen Willen, Namen und Ehre suchen, werdet ihr Hundertausend nit furchten. Nun dran, dran, dran, es ist Zeit [...]!

Er fordert die Empfänger des Briefs auf, diesen zu verbreiten, und er erwartet weitere Propaganda und Material:

> Lasset diesen Brief den Berggesellen werden! Mein Drucker wird kommen in kurzen Tagen, ich hab die Botschaft kriegen. Ich kann es itzund nit anders machen, sonst wollt ich den Brüdern Unterricht gnug geben, daß ihnen das Herz viel großer sollt werden dann alle Schlosser und Rustung der gottlosen Böswichter auf Erden.

Müntzer greift zu einer klassischen rhetorischen Wendung, indem er sich auf die biblische Geschichte des Falls des Turms von Babel bezieht und des Sturzes Nimrods, seines Erbauers:

> Dran, dran, dran, dieweil das Feuer heiß ist! Lasset euer Schwert nit kalt werden, lasset nit vorlehmen (lahm werden)! Schmiedet pinkepanke auf den Ambossen Nimrods, werfet ihne den Torm zu Bodem! Es ist nit mugelich, weil sie leben,

daß ihr der menschlichen Forcht solltet leer werden. [...] Dran, dran, weil ihr Tag habt! Gott gehet euch vor, folget, folget![245]

Es fällt nicht schwer, sich Müntzer vorzustellen, wie er diese Worte von der Kanzel schleudert oder vor einem bewaffneten Haufen von Revolutionären spricht. Er schrieb auch an andere Gemeinden, um die Revolution zu verbreiten. Nach der Niederlage des Aufstands benannte ein gefangen genommener Bauer aus Merxleben, 10 Kilometer von Mühlhausen entfernt, einen zur selben Zeit von Müntzer verfassten Brief, der ebenfalls zum Aufstand aufrief.[246] Wir wissen von zwei weiteren Briefen Müntzers von Ende April, die beide „im Feld" geschrieben worden waren und revolutionären Gemeinden Hilfe und Anleitung anboten.[247]

Am 27. April machten sich Pfeiffer und der Ewige Bund von Mühlhausen mit ihrer Fahne und etwa 400 Mann auf den Weg.[248] Als Erstes zogen sie nach Salza (das heutige Bad Langensalza), weil sie von einem Aufstand dort gehört hatten. Als sie ankamen, hatte die Bevölkerung von Salza die Macht in der Stadt übernommen, dankte ihnen für ihr Kommen und schenkte ihnen ein großes Fass Bier. Ihnen wurde aber auch mitgeteilt, dass sie nicht mehr gebraucht würden. Die Ereignisse von Salza belegen, dass lokale revolutionäre Erhebungen stattfanden. Müntzer und Pfeiffer standen dabei im Mittelpunkt eines Kommunikationsnetzes und versuchten, andere Städte zu unterstützen. Müntzer erwähnt in seinem Brief an die Allstedter, er habe Nachricht von den Ereignissen in Salza erhalten. Vermutlich war der Ewige Bund deshalb aus Mühlhausen marschiert. Da sie nicht in Salza gebraucht wurden und das Bierfass geleert war, zogen einige zu einem nahe gelegenen Kloster und plünderten es, während Pfeiffer und die übrigen Rebellen nach Mühlhausen zurückkehrten. Zweifellos wollten sie dort von den Ereignissen in Salza

245   In Lenk als „Manifest an die Bergknappen" (1983: 145–146). ThMA, Bd. 2 (408–415) in handschriftlicher und Druckfassung.
246   ThMA, Bd. 2 (417, 421).
247   ThMA, Bd. 2 (427).
248   Dieser Bericht über Müntzers Taten vor seiner Ankunft in Frankenhausen stützt sich auf Drummond (2024: 235–250).

berichten und für weitere Unterstützung werben.

Schon bald darauf marschierten Bauernhaufen nach Mühlhausen. Am 28. April sammelten sie sich bei der Ortschaft Görmar und am 29. April antwortete Müntzer auf einen Brief aus Frankenhausen, in dem um 200 Mann zur Unterstützung gebeten wurde. Müntzer sagte ihnen seine gesamten Kräfte zu und sie zogen los. Auf dem Weg dorthin plünderten sie einige Schlösser, nahmen Ritter gefangen und pressten einige von ihnen in den Dienst, nachdem sie sie befragt hatten, wie sie mit ihren Bauern umgingen. Diese Ritter mussten schwören, ihre Titel abzulegen und ihre Bauern künftig besser zu behandeln.[249]

Am 29. April erreichte das Bauernheer die Stadt Ebeleben und hier scheint es zu Meinungsverschiedenheiten gekommen zu sein. Müntzer wollte weiterziehen, um mit Ernst von Mansfeld abzurechnen, Pfeiffer dagegen wollte zum Eichsfeld, von wo viele Bauern gekommen waren. Sie wollten zweifellos gegen ihre eigenen Herren vorgehen und auch die Burg Greifenstein bei Heiligenstadt demolieren. Müntzer konnte sich anscheinend nicht durchsetzen und der Haufen wendete sich nach Heiligenstadt. Unterwegs wurden weitere religiöse Einrichtungen und Burgen geplündert und zerstört. Der Haufen brannte die Gebäude und Burgen der Herren nicht einfach nieder, sondern zerlegte sie regelrecht, „Ziegel für Ziegel, Stein für Stein [...]. Fischteiche wurden geleert, das Vieh wurde weggeführt".[250] Diese systematische Zerstörung erinnert an andere Aufstände, in denen die Bauern Gebäude und Archive als Symbol ihrer Unterdrückung verheerten, als würde ihre Befreiung mit der Zerstörung dieser Gebäude zusammenfallen. Bei all dem handelte der Haufen nicht allein, er erhielt auch die „Unterstützung der örtlichen Bevölkerung", und es wurde nicht eine einzige Person von den Aufständischen getötet.[251]

Von Heiligenstadt aus machten sich 6.000 bewaffnete Aufständische auf den Weg, und auch wenn es in zeitgenössischen Berichten heißt, sie seien „gar ungeschickt" (im Kriegshandwerk), trugen sie

---

249 Drummond (2024: 242).
250 Scott (1989: 156–157). Drummond (2024: 243–245).
251 Drummond (2024: 246).

doch einige Gewehre bei sich.[252] Plötzlich jedoch entschieden sie sich gegen einen weiteren Angriff auf andere Stützpunkte und sie marschierten nach Mühlhausen zurück. Warum diese Entscheidung fiel ist unbekannt. Drummond vermutet mit gewisser Plausibilität, dass sie nicht genügend Verpflegung hatten – die Haufen in diesem Gebiet konnten meist nicht ausreichend Lebensmittel mit sich führen und lebten vor allem vom Plündern. Innerhalb weniger Tage nachdem sie Heiligenstadt verlassen hatten, war Müntzer wieder in Mühlhausen. Aber es gab keine echte Pause für ihren Feldzug.

Am 6. Mai 1525 schrieben die Bauern von Sangerhausen an Müntzer und baten um Hilfe. Es lohnt sich, den Brief in voller Länge zu zitieren, denn er ist die Stimme eines Volks im Aufstand, das den Mann um Anleitung und vor allem Beistand anruft, in dem sie ihren revolutionären Führer sehen:

> Würdiger Herr, in Gott unser Vater, lieber Herr Thomas Müntzer. Wir armes Landvolk der ganzen Pflege (Verwaltungsbezirk) der Dörfer von Sangerhausen geben euch zu erkennen, dass wir Landvolk mitsamt der Stadt Sangerhausen, dem Rat und dem Hauptmann einen göttlichen Bund in der Liebe Gottes und dem heiligen Evangelium gebildet und geschworen haben, Leib und Leben dabei zu lassen, desgleichen auch die Naumburgische Pflege. Darüber sind etliche von uns heimgegangen mit Ehre und Erlaubnis, etliche sind auch ehrlos und ohne unser Wissen entwichen.
>
> Dann sind sie alle mit Gewalt auf das Schloss von Sangerhausen genötigt worden und mussten alle Waffen dort lassen. Zudem mussten sie schwören, dass sie uns mit ihrem Leib und ihren Gütern verfolgen helfen. Daneben hat der Hauptmann denen von Riestedt und Blanckenheim alles Vieh, Schafe, Kühe, Schweine und Pferde genommen, welches sie zu Kaltenborn ergriffen hatten und als Beute bringen wollten. Dies teilen wir euch im Besten mit und bitten euch um

---

252 Drummond (2024: 246). Gess (1917: 166).

Gott, zu sehen, dass wir unter großen Widrigkeiten lange ausharren müssen, unsere armen Weiber und Kinder müssen Tag und Nacht im Feld und im Wald liegen aus großer Furcht vor der Obrigkeit.

Auch hat uns heute die Botschaft erreicht, dass etliches Volk aus dem Mansfelder Land wegen der Furcht vor den Tyrannen flüchten wollte, und sie wurden auf dem Weg erstochen, Gott möge sich erbarmen. Geschrieben in Eile Samstag nach Misericordias Domini zu Frankenhausen.

Die ganze Pflege von Sangerhausen bittet, dass man ihnen auf das Kürzeste, so es möglich ist, hilft, sich der Herren von Sangerhausen wegen ihrer Rücksichtslosigkeit zu entledigen. Bitten bei Gott um eine göttliche Antwort, nach der wir uns mit allem Willen gerne richten werden etc.[253]

Am folgenden Tag erreichte Müntzer ein weiterer Brief, diesmal aus Frankenhausen, mit der dringenden Bitte um Hilfe von den „christlichen Vätern und Brüdern, die in Mühlhausen versammelt sind". In dem Brief wird gewarnt, ihnen ziehe ein großes militärisches Aufgebot entgegen, dem sie nicht „widerstehen" könnten. Weiter heißt es,

[…] ihr möget eingedenk eurer Zusage und eures freundlichen und schriftlichen Gelöbnisses mit all eurem Vermögen, Geschossen und Volk zu uns mit ungespartem Fleiß eilends und aufs Förderlichste kommen. Wenn aber nicht, so wird viel christliches Blut mit großem Ärgernis und zum Nachteil des heiligen Evangeliums bei uns verschüttet werden, was wir doch ohne göttliche und eure Hilfe niemals unternommen hätten. Bitten wir also nochmals, euer christliches und brüderliches Herz uns zu erweisen und uns spätestens in zwei Tagen mit all eurem Vermögen zu Hilfe zu kommen, damit

---

253 ThMA, Bd. 2 (435–436). Übertragung RN.

das unschuldige christliche Blut vor dem teuflischen Wolfra-
chen errettet wird. So wollen wir in einträchtigem Glauben
und christlicher Liebe zu euch, unseren lieben Vätern und
treulichen Brüdern, allezeit in eurer Schuld stehen. Gott
befohlen.[254]

Der Brief war mit „Die gantze cristliche gemein vnnd vorsam-
lung zcw Franckenhausen" gezeichnet. Mindestens ein weiterer
Brief erreichte Müntzer mit der Bitte um Hilfe, denn wir wissen,
dass Müntzer an die „christlichen brudern von Schmalkalden, itzt
zu Yßenach (Eisenach) im Lager" schrieb und sie um Geduld bat.
Interessanterweise sagt er ihnen, sie seien sich „inn vielen sachen"
ihrer Unterdrückung bewusst, es sei ihm jedoch noch nicht gelungen, das noch ungeläuterte Volk zu überzeugen, Gott aber werde sie
antreiben.[255]

Der Aufstand in Thüringen strebte nun seinem Höhepunkt zu
und nahm eine Richtung, die Müntzer nicht unbedingt guthieß.
In einem Brief Müntzers an die Eisenacher vom 9. Mai tadelt er
sie, weil sie sich die Kriegskasse des Werrahaufens angeeignet und
einen Bauernhauptmann gefangen genommen hatten. Er ermahnt
sie, ihr Kampf solle sich auf Gott und nicht die weltlichen Güter
richten. Der Brief erreichte sie vermutlich, als Philipp von Hessen
mit seinem gewaltigen Heer vor den Stadttoren ankam.[256] Philipp
von Hessen war ein überzeugter Lutheraner, nachdem Philipp Melanchthon ihn für die Reformation gewonnen hatte. Er arbeitete
aber eng mit Heinrich von Braunschweig zusammen, einem über-
zeugten Katholiken. Die Loyalität dieser beiden zu ihrer Klasse und
der Schutz ihres Vermögens ließen sie ihre Differenzen in religiösen
Fragen vergessen. Sie marschierten gemeinsam durch Thüringen,

---

254 ThMA, Bd. 2 (440). Übertragung RN.
255 Siehe: ThMA, Bd. 2 (438).
256 ThMA, Bd. 2 (448). Drummond (2024: 248–249). Philipp von Hessen war ein unan-
genehmer Zeitgenosse. Er heiratete im Jahr 1523 Christine, die katholische Tochter Herzog
Georgs, zeugte zehn Kinder und war dann gelangweilt von einer Frau, die er als „abstoßend,
hässlich und übelriechend" bezeichnete. Mit Zustimmung Luthers und Melanchthons beging er
Bigamie. Mit der zweiten Frau zeugte er weitere neun Kinder und noch drei mit Christine. Siehe
Drummond (2024: 249–250).

schlugen Aufstände nieder und metzelten die Rebellen. Für Philipp von Hessen galt Mühlhausen als der Mittelpunkt des Aufstands und er war fest entschlossen, die Stadt zu unterwerfen:

> […] wenn Mühlhausen nicht bestraft wird, dann wird diese Empörung noch eine Zeit lang nicht beendet werden, weil eben diese Stadt Mühlhausen der Grund und der Ursprung all dieser ungestümen Empörung ist […]. Sollte sie also nicht ernsthaft bestraft werden, so ist zu befürchten, dass sie […] noch größeren Aufruhr anstiften und mit noch mehr Zerstörung fortfahren werden, insbesondere weil der fränkische Haufen auch noch nicht bestraft wurde, der ihnen zu Hilfe kommen kann […]. Darum ist Seiner Fürstlichen Gnaden entgültiger Rat, dass man die Stadt Mühlhausen wegen ihrer übeltätigen Auflehnung angreife, sie bedränge, damit sie bestraft wird oder zumindest zu einem Handel gedrängt wird, der den Fürsten zu Ruhm und Ehre gereicht.[257]

Die Entscheidungsschlacht wurde jedoch bei Frankenhausen geschlagen. Bei einer Musterung kamen nur enttäuschende 1.000 Freiwillige zusammen, die Mühlhausen zu Hilfe kommen wollten. Ein Drittel zog unter Müntzers Kommando mit acht leichten Geschützen nach Frankenhausen, und ein weiteres Drittel blieb bei Pfeiffer, um Mühlhausen zu schützen.[258] Frankenhausen war eine kleine Stadt mit etwa 1.800 Einwohnern, deren wichtigste Industrie die Salzgewinnung war. Im April hatte sich die Stadt erhoben und im Mai waren Tausende Bauern und Bergknappen zur Musterung in die Stadt geströmt.[259] Die Bewegung war so stark, dass etliche Adlige sich gezwungen sahen, sich den Haufen anzuschließen, und es ist eine Kopie der Bauernartikel überliefert, die auch Graf Botho von Stolberg anerkennen musste. Demnach verpflichtete er sich, Gemeindeland wieder freizugeben (Fischteiche, Wasser, Weide, Wald, Holz für Brennstoff), „ein jeder nach seiner nottorft zu geprauchen".

---

257 Fuchs (1964: 85). Übertragung RN.
258 Drummond (2024: 253).
259 Drummond (2024: 254).

Dass jedem nach seinen Bedürfnissen gegeben werden soll, ist sicherlich eine der frühesten Verwendungen dieser Formulierung. Alle Schlösser sollten zerstört werden, die Adligen sollten ihre Titel ablegen und im Gegenzug wollten die Bauern dem Grafen alle in seiner Herrschaft liegenden geistlichen Güter überlassen.[260] Die meisten Adligen aber stellten Landsknechtsheere auf, um die Bauernhaufen anzugreifen und zu verfolgen. Philipp von Hessen marschierte von Osten mit einem beachtlichen Heer aus 1.700 Reitern und 3.000 Fußsoldaten auf Frankenhausen zu. In Thüringen kam es nicht zu einem Zusammenschluss der Adligen. Drummond erklärt das wie folgt:

> Herzog Georg selbst hatte nicht so viel Glück; sein Versuch, seinen Cousin Friedrich den Weisen davon zu überzeugen, ein gemeinsames sächsisches Heer gegen die Rebellen aufzustellen, war auf wenig Gegenliebe gestoßen. Der Lutheraner Friedrich zauderte. Er fürchtete, dass Georg nach einem militärischen Sieg über die Bauernhaufen die Gelegenheit nutzen würde, den reformatorischen Fortschritt in den Städten Sachsens wieder umzukehren.[261]

Trotzdem war allen in Frankenhausen bewusst, dass ein bedeutender Zusammenstoß bevorstand, als Müntzers Haufen am 11. Mai in der Stadt ankam. In den folgenden Tagen gingen Briefe hin und her, Müntzer bat nahe gelegene Gemeinden um mehr Kräfte oder er erklärte, warum keine verfügbar waren. Müntzer schrieb auch an seinen alten Feind Graf Ernst von Mansfeld, den er als „elenden, dürftigen Madensack" ansprach, und er drohte ihm, ihn mit Gewalt vom Stuhl zu stoßen, wie Gott es geheißen habe, wenn er von seinem Feldzug gegen die Bauern nicht abließe.[262] Ähnliche Drohungen sandte er an Ernsts Bruder Albert. Möglicherweise glaubte Müntzer wirklich, dass die Grafen auf ihn hören und sich zurückziehen würden.

---

260 Gess (1917: 336).
261 Drummond (2024: 257).
262 Siehe: ThMA, Bd. 2 (472).

Dieser Versuch, die Feinde Frankenhausens zu schwächen, scheiterte. Philipp von Hessen lenkte seine Truppen nach Frankenhausen um, zweifellos weil Müntzer seine Kräfte hier zusammengezogen hatte. Der Herzog von Sachsen erreichte die Stadt mit einem riesigen Aufgebot einen Tag später. Beide Seiten verfügten nun jeweils über etwa 8.000 Mann. Der Adel war allerdings im Vorteil, dessen Soldaten sehr viel erfahrener und schwer bewaffnet waren, und viele hatten sich bereits bei der Niederschlagung des Aufstands in anderen Gegenden bewährt.[263] Am Sonntag, den 14. Mai, kam es zu einem Scharmützel zwischen einer Vorhut von Philipps Armee und den Bauern, die Vorhut gab auf und zog sich in ein Lager bei der Ortschaft Rottleben zurück, 5 Kilometer westlich von Frankenhausen.[264] Ermutigt von diesem kleinen Sieg zogen die Frankenhäuser Rebellen auf den Hügel nördlich der Stadt. Dort bildeten sie eine Wagenburg und verschanzten sich mit den Geschützen, die sie von der Stadtmauer Frankenhausens mitgenommen hatten.

Am Morgen des folgenden Tags, Montag, den 15. Mai 1525, erreichte Herzog Georg mit seinem Heer die Stadt. Die Schlacht bei Frankenhausen begann, sie sollte das Schicksal des Bauernaufstands in Thüringen besiegeln und dem Adel als Vorbild für sein Vorgehen auch an anderen Orten dienen.

---

263 Bax (1889: 261).
264 Drummond (2024: 262).

9. Die militärische Organisation

Bevor wir uns nun der Schlacht bei Frankenhausen und anderen Kämpfen zum Ende des Bauernaufstands zuwenden, soll ein Blick auf die Selbstorganisation der Bauern geworfen werden, die sich deutlich von traditionellen Armeen unterschied. Bauernaufstände im Mittelalter zeichneten sich häufig durch die Aufstellung von Heeren mit Tausenden bewaffneten Rebellen aus, die zu den Hauptstädten zogen oder zu Orten, die Symbol der örtlichen Herrschaft und Macht waren (zum Beispiel Burgen). Diese bewaffneten Kräfte zogen über das Land und lieferten sich gelegentlich militärische Scharmützel mit dem Feind. Solche Zusammenstöße gab es in Aufständen wie dem von Wat Tyler von 1381 oder Jack Cade von 1450, der mit seinem Heer auf London marschierte und die Stadt einnahm. Diese Revolten „von unten" sollten nicht mit den für die Oberschicht charakteristischen militärischen Auseinandersetzungen verwechselt werden, als Teile des Feudaladels gegen ihre Fürsten und Könige aufbegehrten und es zu militärischen Zusammenstößen zwischen Armeen kam, die von verschiedenen Flügeln der Aristokratie finanziert wurden. Zu diesem Typus gehörten die Rosenkriege von 1455 bis 1487, in denen Adelsfamilien Englands um die Thronfolge kämpften.

Sie sollten auch nicht mit Aufständen verwechselt werden, die eine Mischung aus Eliten- und Volksaufstand darstellten und in militärische Konfrontationen mündeten. Ein Beispiel hierfür ist der Aufstand der Comuneros, der Kommunen von Kastilien, die gegen die Krone von Kastilien rebellierten, was sich in einem Kampf um die Herrschaft niederschlug. Gleichzeitig gab es auch Kämpfe der Gemeinden und Städte.[265]

Die Bezeichnung Deutscher Bauernkrieg geht teils auf die nach militärischer Art organisierten „Haufen" bewaffneter Bauern und ihre Kämpfe mit den konterrevolutionären Heeren der herrschenden Klasse zurück. Die Bauernhaufen organisierten sich ähnlich wie

---

265 Zu den Aufständen von 1381 und den 1450er Jahren siehe: Empson (2018). Zu Kastilien siehe: Herrer (2017).

158

Armeen, wiesen aber Besonderheiten auf, die Massenaufständen eigen sind. Bei ihnen gab es eine hierarchische Organisation mit Elementen demokratischer Kontrolle, der Wahl der Anführer plus einer Beteiligungsdemokratie, die es den Mitgliedern des Haufens ermöglichte, Einfluss auf Entscheidungen zu nehmen.

Im Europa des 16. Jahrhunderts gab es keine stehenden Heere, diese über einen längeren Zeitraum zu unterhalten, wäre viel zu teuer gewesen. Für die Kriegsführung dieser Zeit zählte vor allem, wie lange Könige oder Fürsten sich Landsknechtsarmeen leisten konnten, ehe sie den Sold auszahlen mussten. Üblich war der Einsatz von Söldnertruppen, die sich aus den „unterbeschäftigten Massen" des ländlichen Deutschlands rekrutierten.[266] Landsknechte dienten sowohl in bäuerlichen als auch in adligen Armeen. Diese Kräfte wurden häufig in Haufen zur Führung bestimmter Kriege organisiert, und bei Ausbruch der Bauernerhebung im Jahr 1524 waren viele in Norditalien eingesetzt, um für den Kaiser des Heiligen Römischen Reichs zu kämpfen. Bauern hatten nicht selten bereits in diesen Armeen Erfahrung gesammelt, und als sie ihre eigenen Haufen zu bilden begannen, kopierten sie meist die militärische Organisation der Landsknechte.

Viele Bauern waren also mit einer militärischen Organisationsform vertraut und mit Leuten bekannt, die in Söldnerheeren dienten oder gedient hatten. Sie selbst waren auch Teil einer mit dem feudalen System verbundenen informellen militärischen Struktur. Zu ihren Verpflichtungen gegenüber ihrer örtlichen Herrschaft und dem feudalen Staat gehörte es, sich jederzeit mustern zu lassen, um ihren Ort oder ihre Region zu verteidigen, wenn dies von ihrer Obrigkeit gefordert wurde. Von ihnen wurde erwartet, dass sie Waffen und Rüstung zu Hause bereithielten, weshalb die Bauern in England im Umgang mit dem berühmten Langbogen geschult waren. In Deutschland hatten die meisten Bauern ein Kurzschwert, die bevorzugte Waffe der Bauern wie Landsknechte war jedoch der Spieß. Zur Zeit des Bauernkriegs gab es schon Geschütze und Gewehre, sie waren jedoch vor allem in städtischen Gebieten und in Burgen zu

---

266 Siehe: Anderson (2017).

finden. Die Bauernhaufen eroberten einige dieser Waffen, konnten sie aber nicht so effektiv bedienen und einsetzen wie der Adel.

Die wichtigste Verteidigungstaktik der deutschen Bauernheere bestand in der Errichtung einer Wagenburg als Verschanzung und um Gepäck, Vieh und Vorräte zu schützen. Wenn die Zeit reichte, konnten sie Geschütze zwischen den Wagen aufstellen und Gräben ausheben, um einen Kavallerieangriff zu behindern. Diese Taktik stammte noch aus den Hussitenkriegen. In einigen Fällen, wie bei der Schlacht bei Leipheim, konnten die Bauern nur hastig einige Wagen zusammenschieben oder sie bildeten einfach einen Kreis.[267]

Die deutschen Bauern hatte zwei große militärische Schwächen: Ihnen fehlte eine Kavallerie, um sich den berittenen Kräften des Adels entgegenstellen zu können, und sie mussten von Zeit zu Zeit zu ihrem Land zurück, um es zu bestellen. Die Bauernhaufen hatten deshalb ein Rotationssystem eingerichtet, sodass einige zu ihren Höfen zurückkehren, das Land bewirtschaften oder die Ernte einbringen konnten. Im Elsass verbrachten die Bauern im Wechsel acht Tage in ihrem Haufen und drei Wochen auf ihrem Land.[268] Ähnliches galt auch für die Knappen der Silberbergwerke in einigen Haufen, die zur Förderung des Edelmetalls zurückgeschickt wurden, um die angeheuerten Söldner entlohnen zu können.

Die Landknechtseinheiten wurden häufig aus denselben Dörfern rekrutiert, aus denen die Bauern stammten, sie behielten somit eine Verbindung zu ihrem Geburtsort. Bei Ausbruch des Aufstands schlossen sich deshalb ganze Einheiten bestimmten Haufen an. Am wichtigsten ist jedoch, dass die Landsknechte über eine Art halbdemokratischer Organisation verfügten, sie also in einem anderen Geist handelten als traditionelle Armeen. Heutige Armeen zeichnen sich durch einen hohen Grad autoritärer Führung und hierarchischer Organisation aus. Die obersten Militärs wählen die unter ihnen stehenden Offiziere aus, wodurch eine Loyalitätsstruktur entsteht, die von oben nach unten reicht. Ein General kann einen Befehl erteilen und erwarten, dass dieser ohne Infragestellung befolgt wird. Während mittelalterliche Armeen ebenfalls hierarchisch

---

267   Siehe: Miller (2009: 12, 13, 22).
268   Siehe: Miller (2009: 10, 23).

aufgebaut waren, organisierten sich die Landsknechte wie auch die revolutionären Haufen der Bauern auf andere Weise.

Die Landsknechte unterstanden „der umfassenden Disziplinargewalt ihrer Vorgesetzten", erhielten sich jedoch „in bestimmten Fragen eine unabhängige kommunale Leitung". Ihre Truppen wählten einen Sprecher und sie hatten das Recht, vor der Schlacht von ihrem Kommandeur Informationen einzuholen.[269] Sie durften auch ihre eigenen Leute für bestimmte Vergehen bestrafen. Elitelandsknechtshaufen waren an erster Stelle ihren Kampfgenossen verpflichtet, dann erst dem Befehlshaber und der Person, die ihnen den Sold zahlte. Auf die Loyalität von Söldnereinheiten kann aber niemals vertraut werden. Die Geschichte der mittelalterlichen Kriegsführung ist gespickt mit Beispielen von Söldnern, die im entscheidenden Moment für einen höheren Lohn die Seiten wechselten, oder weil sie sich auf der Verliererseite sahen und deshalb keinen Sold mehr erwarteten.

Die Landsknechte im Deutschen Bauernkrieg wechselten aus unterschiedlichen Gründen die Seiten. Im Jahr 1525 kehrten Landsknechte von Italien zurück und viele schlossen sich den Bauernhaufen an, andere ließen sich vom Adel besolden und kämpften für ihn. Zwar waren nicht alle Bauernverbände mit der Anwerbung bezahlter Söldner einverstanden, aber oft galt es als unvermeidlich. Mindestens ein Fall ist bekannt, wo ganze Landsknechtsregimenter desertierten, anstatt die Bauern anzugreifen. Bei einer Meuterei in Dagersheim weigerten sich Landsknechtseinheiten aus Memmingen, vom Bodensee und aus Augsburg, allesamt Zentren des Aufstands, die Bauern in Ulm anzugreifen.[270] Die Selbstorganisation der revolutionären Bauernhaufen stand in deutlichem Gegensatz zu traditionellen militärischen Hierarchien. Siehe zum Beispiel die Anregung in Kapitel elf der Schrift „An die Versammlung gemeiner Bauernschaft":[271]

---

269 Hoyer (1979a: 99). Hoyer (1975: 96). Hoyer bietet eine umfassende Darstellung des Militärwesens im deutschen Bauernkrieg.
270 Hoyer (1975: 113).
271 Hoyer (1979b).

Stellt über jeweils zehn einen Rottmeister, zehn Rottmeister sollen einen Hundertschaftsführer über sich haben.
Entsprechend über zehn Hundertschaftsführer einen Hauptmann und über zehn Hauptmänner einen Prinzen, und so
weiter. Mit solch einer Anordnung ist ein gemeiner Haufen
oft gut gediehen. Wählt sie alle aus euren Reihen […]. […]
ein jeder diene der Obrigkeit fleißig und willig, und haltet
oft Versammlungen untereinander ab, denn nichts festigt
und hält den gemeinen Haufen herzlicher zusammen. Erbie-
tet euch wie andere fromme Reichsstädte unterwürfig dem
Kaiser, im Namen der christlichen Ordnung. Beschmutzt
eure Hände nicht ohne Not mit fremdem Gut.[272]

Im April 1525 gaben sich die aufständischen fränkischen Bauern,
genannt der Helle Haufen, eine Feldordnung, die weiteren Einblick
in die Selbstorganisation der revolutionären Heere gewährt.[273] Die
Feldordnung beinhaltete Vorschriften, die die Selbstdisziplin der
Kräfte sicherstellen sollten. Dazu gehörten Regeln gegen ungebühr-
liches Verhalten wie „Zutrinken" und übermäßiges Essen, Spielen,
Fluchen und das Verbot der Prostitution („unzuchtige Frauen soll
man im Läger nit gedulden"). Die meisten Regeln betreffen aber die
innere Demokratie. In Punkt 6 heißt es:

Der oberste Feldhauptmann soll von dem gemeinen hellen
Haufen erwählt werden und über alles Volk Gewalt haben.
Dem auch ein jeder untertänig sein und folgen soll, doch mit
der Auflage, dass derselbe oberste Feldhauptmann für seine
Person nichts vornehmen noch handeln soll ohne Wissen
und Willen der eingesetzten Hauptleute und Räte, die von
dem ganzen Haufen eingesetzt sind oder werden.

Im Folgenden wird bestimmt, dass dieser Feldhauptmann nur im
Beisein des ernannten Hauptmanns Briefe öffnen und beantworten

---

272 Übertragung gestützt auf die leicht modernisierte Fassung in: Lenk (1983: 193–194).
273 Übertragung der Feldordnung gestützt auf: Lenk (1983: 115–121); im Original in: Franz
(1963: 347–353).

darf. Dem Feldhauptmann und seinem beigeordneten Leutnant
wird auch ein fester Platz im Lager zugewiesen, um sie jederzeit finden zu können. Diese Demokratie reichte bis in die unteren Ränge
der Armee. In Regel 13 heißt es:

Es solle unter einem jeden Fähnlein ein Hauptmann erwählt werden. Demselben sollen die, die unter dem Fähnlein
stehen, ihre Beschwerden und Mängel anzeigen, danach soll
derselbige dem obersten Feldhauptmann im Beisein der ernannten Hauptleute und Räte solch Beschwerden vortragen,
damit gehandelt werden kann und Schaden und Unordnung
unterbleiben.

Ebenfalls sollten die Truppenteile oder die allgemeine Versammlung einen Fähnrich, einen Schultheißen (Richter) und einen Profos
wählen, der die Polizeigewalt im Lager ausübte. Schultheiß und Profos waren für Disziplin und Bestrafung im Heer zuständig, wobei
dem Profos noch die Aufgabe der Aufrichtung des Galgens im Lager
zukam und die Festsetzung aller „Ubelteter und Uberfahrer" (Übeltäter und jene, die die Ordnung übertraten), bis sie vor Gericht gestellt wurden. Bemerkenswerterweise sollte der Profos „keine Macht
haben", jemanden körperlich zu stafen oder eine (Geld-)Buße aufzuerlegen, „ob es Geistliche, Weltliche, Christ oder Juden" seien,
sondern nur auf Befehl des obersten Feldhauptmanns handeln. Der
Profos durfte von dem ins Lager gebrachten Proviant seinen Anteil
für seine Dienste abzweigen. Weitere Ämter wurden für die Lager-
und Feldschlachtorganisation geschaffen. Zwei allgemeinere Regeln
sind es wert, in voller Länge zitiert zu werden, denn sie beziehen sich
auf die weitergehenden politischen Ziele des Haufens. Die erste betrifft das nicht militärische Personal, das in die brüderliche Schwurgemeinschaft aufgenommen wurde:

Weiterhin darf in dieser Bruderschaft und Vereinigung
Frauen, Jungfrauen, Witwen und Waisen, jungen Kindern,
alten, kranken Leuten und Frauen im Kindbett kein Leid
getan werden und sie sollen geschützt, beschirmt und frei

sein und bleiben. Desgleichen soll man alle Müller beschützen und darf ihnen nicht geschadet werden, auch kein Pflug geraubt, sondern zum gemeinem Nutzen gebraucht werden. Niemand soll sich aus eigener Gewalt und Frevel unterstehen, Klöster, Kirchen, Probstei und dergleichen geistliche Güter anzugreifen und zu beschädigen, ohne Befehle und Geheiß des obersten Feldhauptmanns und der Räte.

Eine weitere erwähnenswerte Regel bezieht sich auf die Aufnahme von Adligen in den Haufen:

Welcher vom Adel in diese christliche Bruderschaft zu kommen begehrt, der muss einwilligen, sein Schloss und und seine Festungsanlagen abreißen zu lassen, oder soll die Macht haben, dies in angemesser Zeit selbst zu tun. Doch was er von beweglichen Gütern hat, soll er in Gewahrsam halten dürfen. Das Geschütz, so er solches auf dem Schloss hat, soll er dem hellen Haufen überantworten, auch die Güter der zu ihm Geflohenen, der Geistlichen, Mönche, Nonnen, Pfaffen oder anderen vom Adel, die wider diese Versammlung vorgegangen sind oder gehandelt haben, oder sie sollen Leib und Gut verlieren. Er soll auch hinfort kein Streitross halten, solange diese Handlung unerledigt ist.

Und schließlich sollten die Mitglieder des Haufens, oder der Bruderschaft, das „gemeine Recht" befolgen, und bis „eine Reformation errichtet ist", solle niemand „Pacht, Zinsen, Abgaben, Lehngeld oder dergleichen Belastungen fordern".

Zusammengenommen gewähren die 38 Regeln der Feldordnung der fränkischen Bauern einen bemerkenswerten Einblick in die Vorstellungswelt der Bauern und die Organisationsregeln, denen sie zu folgen bereit waren. Die Bauern begriffen, dass sie zwecks größtmöglicher Beteiligung und militärischer Schlagkraft sowohl Demokratie als auch Unterordnung unter eine gewählte Führung brauchten. Gleichzeitig verstanden sie, dass die Führung nicht unfehlbar war und es der Rechenschaftspflicht und Aufsicht bedurfte.

10. Das Ende des Aufstands

Thüringen

Am 15. Mai 1525 nahm der Aufstand von Thüringen mit der Schlacht bei Frankenhausen sein Ende. Das war allerdings kein Kampf, sondern eine einseitige blutige Metzelei einer sehr viel erfahreneren Armee, die die gegnerischen Bauern an Zahl und Waffen deutlich übertraf. Trotzdem fühlten sich die Aufständischen am Morgen dieses Tags noch recht zuversichtlich. Sie zogen auf einen vor Frankenhausen liegenden Berg. Ihre wenigen Karrenbüchsen (auf Karren befestigten Gewehre) hatten sie in ihrer Wagenburg aufgestellt. Aber so vorteilhaft ihre Position auch gewesen sein mag, sie waren kräftemäßig einfach unterlegen.

Müntzer muss gewusst haben, dass die Rebellen militärisch nicht gewinnen konnten, deshalb versuchte er, ihnen mit einer kraftvollen Predigt Mut zu machen. Er erinnerte seine Truppen daran, dass sie für Gottes Wort kämpften. Der Mansfelder Rat Johann Rühel (auch Rühl) erwähnt in seinem kurz danach verfassten Bericht an Luther auch die Aussagen zweier Bergknappen, die im Bauernlager gewesen waren. Sie berichteten Rühel, Müntzer habe „das Volk ermahnt, fest zu stehen [...]. Er ist im Lager umhergeritten, hat heftig geschrien, sie sollten an die Kraft Gottes denken, denn die würde ihnen zu Hilfe kommen [...] Wenn sie nach Heldrungen kämen, würde kein Stein auf dem anderen bleiben, alle darin würden vor ihnen weichen, selbst die Steine.“[274] Die Rebellen schrieben möglicherweise aus Furcht vor ihren Gegnern und in der Hoffnung, sie zu spalten, an die Fürsten:

---

274 ThMA, Bd. 3 (258). Übertragung RN. In Heldrungen stand das mächtige Schloss von Ernst von Mansfeld, etwa 15 Kilometer von Frankenhausen entfernt. Dorthin waren etliche Adlige vor dem Aufstand geflohen und hier sammelten sich die konterrevolutionären Kräfte der Region.

Wir sind nicht hier, jemandem etwas zuleide zu tun […], sondern um die göttliche Gerechtigkeit zu erhalten. Wir sind auch nicht hier, um Blut zu vergießen. Wollt ihr das auch nicht tun, so wollen wir euch nichts tun. Daran hat sich ein jeder zu halten.

Die Aufständischen hatten auch über ein Ultimatum der Fürsten verhandelt, Müntzer auszuliefern und sich auf Gnade oder Ungnade zu ergeben. Sie ließen sich jedoch nicht auf diesen Handel ein.[275]

Die feindlichen Truppen formierten sich mit ihren 2.800 Reitern und 4.000 Fußsoldaten unterhalb des Bergs auf der anderen Seite der Stadt. Die ersten Schüsse wurden von den Bauern abgegeben und waren ein Beweis für ihre Unerfahrenheit. Die Entfernung war viel zu groß, um den Feind auf der anderen Seite der Stadt zu treffen, es wurden nicht einmal Schäden verursacht. Die deutlich erfahreneren feindlichen Kräfte nahmen die Rebellen nun in die Zange und griffen an. Auf die Fahnen der Bauern war ein Regenbogen gemalt und wir können annehmen, dass Müntzer seine eigene riesige Fahne mitgebracht hatte. Hoffnung war angesichts eines Regenbogens am Himmel, oder eines regenbogenfarbigen Rings um die Sonne, aufgekommen, worin die Bauern ein Zeichen Gottes sahen.[276] Laut dem Wiedertäufer und Augenzeugen Hans Hut sagte Müntzer ihnen, sie sähen „jetzo den regenpogen, den bund und das zaichen, das es Got mit inen halten wolt. Sy solten nur herzlich streiten und keck sein."[277] Müntzers Ermahnungen, die offenbar göttliche Erscheinung eines Lichtrings um die Sonne und der Glaube, Gott sei auf ihrer Seite, konnte sie nicht retten. Die von Rühel genannten Bergleute berichteten, als der erste Schuss auf sie abgefeuert wurde und niemanden traf, habe Müntzer gerufen: „Ich habe euch vorgesagt, kein geschütz würde euch schaden." Als jedoch die Kanonenkugeln im Lager einschlugen, flüchteten die Bauern auf die Stadt zu.Graf Philipp von Solms beschrieb die Ereignisse in einem Brief an seinen Sohn am folgenden Tag:

---

275 Drummond (2024: 264–265). Brief der Bauern in: ThMA, Bd. 2 (486–488). Der Brief der Fürsten mit dem Ultimatum in: ThMA, Bd. 2 (490).
276 Siehe zum Beispiel: Vogler (1975: 100).
277 ThMA, Bd. 3 (240).

Wir sind ihnen gefolgt und haben den größten Teil zwischen dem Berge und der Stadt erstochen, aber etliche sind reingekommen. Haben wir zur selben Stunde den Sturm auf die Stadt begonnen, dieselbe in der Eile erobert und alles, was wir greifen konnten, erstochen. Viele haben sich aber in den Kanälen der Salzwerke und in Häusern versteckt, die man erst am Abend, in der Nacht und heute Morgen gefunden hat, von denen die Knechte und Reiter eine gute Zahl gefangen genommen und ihr Leben verschont haben. Man hat auch den Pfarrer von Allstedt, genannt Müntzer, gefangen [...] und denselbigen haben unsere gnädigen Herren, dem Fürsten Graf Ernst zu gefallen, ihm ausgeliefert, der ihn gleich nach Heldrungen geschickt und noch dort hält und er seinen gerechten Lohn empfangen wird. Und sind diesmal über 5.000 Bauern erstochen und getötet worden, die anderen, wie oben angezeigt, gefangen, einige sind noch verborgen und einige, aber nicht viel, sind entlaufen.[278]

An diesem Tag wurden 7.000 bis 8.000 Bauern getötet, Tausende auf dem Berg und viele mehr in der Stadt selbst. Die Hälfte der Frankenhäuser Bevölkerung wurde Opfer des Massakers und ein paar Hundert Bauern wurden gefangen genommen. Müntzer hatte sich in einem Haus versteckt und sich dort in ein Bett gelegt. Als er entdeckt wurde, gab er vor, ein (beliebiger) kranker Mann zu sein. Vielleicht wäre er damit durchgekommen, hätte er nicht wie immer Abschriften seiner Korrespondenz bei sich gehabt, was ihm zum Verhängnis wurde. Er wurde erkannt und auf die Festung Heldrungen geschleppt.

Sein Geist war aber noch nicht erloschen. Am 17. Mai diktierte er einen Brief an die Einwohner Mühlhausens, in dem er auf berührende Weise bat, sich um seine Ehefrau zu kümmern. Vor allem aber ging es ihm darum, weitere Aufstände und weiteres Blutvergießen zu vermeiden:

---

278 Nach Fuchs (1964: 309). Übertragung RN.

Liebe Brüder, es ist euch hoch vonnöten, daß ihr solche Schlappen wie die von Frankenhausen nicht auch empfangt, denn solches ist ohne Zweifel entsprossen, daß ein jeder seinen eigenen Nutzen mehr gesucht als die Rechtfertigung der Christenheit. Darum haltet guten Unterschied und nehmt eure Sache eben wahr, daß ihr nicht weiter euren Schaden verursacht.

Das schreibe ich euch von der Frankenhäuser Sache, welche mit großem Blutvergießen vollzogen ist, nämlich über viertausend. Kommt vor der klaren beständigen göttlichen Gerechtigkeit, daß euch solches nicht widerfahre. Ich habe euch oftmals gewarnt, daß die Strafe Gottes nicht vermieden werden kann, (die) durch die Obrigkeit vorgenommen (würde), es sei denn, daß man erkenne den Schaden. Welcher allzeit erkennt, kann den Schaden meiden.

[…] Denn ich weiß, daß der größere Teil von euch in Mühlhausen dieser aufrührerischen und eigennützigen Empörung nicht anhängig gewesen ist, sondern das allewege gewehrt (hat). Damit ihr dieselbigen Unschuldigen nicht auch in Beschwerung bringt, wie etlichen zu Frankenhausen geschehen, so wollt euch ja der Versammlung und Empörung nun nicht anhängig machen und um Gnade bei den Fürsten ansuchen, die, (so) hoffe ich, euch Gnade erzeigen. Das will ich jetzt in meinem Abschied, damit ich die Bürde und Last von meiner Seele abwende, vermeldet haben, keiner Empörung weiter statt zu geben, damit des unschuldigen Blutes nicht weiter vergossen werde.[279]

In dem Brief wiederholt Müntzer, dass jene, die nach weltlichen Gütern statt göttlicher Wahrheit strebten, von Gott bestraft würden. Das sei der wahre Grund für die Niederlage in Frankenhausen und eine wichtige Lehre für die Zukunft. Müntzer dachte vor allem

---

279 Wehr (1989: 166). Im Original in: ThMA, Bd. 2 (499–504).

an das Gemetzel des Vortags. Und doch gab er die Hoffnung nicht auf, dass die Menschen ihren Weg zur Erleuchtung finden könnten. Drummond ergänzt, dass sich an dem Brief auch Müntzers Führung zeigt, der noch in der Niederlage den taktischen Rat gibt, den Aufstand zu beenden. Das Töten müsse auf beiden Seiten eingestellt werden.[280]

Der Metzelei vom 15. Mai und der Enthauptung Müntzers wenige Tage darauf folgten scharfe Unterdrückungsmaßnahmen und die Sieger ermutigten zu weiteren Gewalttaten, wie Johann Rühel am 21. Mai 1525 an Luther schrieb:

> Sie haben zu Heldrungen fünf pfaffen ihre köpfe abgeschlagen. Und nachdem der meiste teil der bürger zu Franckenhausen umkommen und ein teil, der noch überblieben, gefangen, hat man die, so vielen deren übrig gewesen, den frauen der stadt auf ihre bitte wiedergegeben, doch also, daß sie die zweene priester, so sie auch noch alda gehabt, solten straffen. Die zweene pfaffen haben die weiber ins gemein auf dem markte mit knutteln alle geschlagen, und, als man sagt, wohl eine halbe stunde länger, denn sie gelebt, und ist fast ein erbärmlich tun. Welcher sich solches tuns nicht erbarmet, ist warlich kein mensch. Ich besorge ganz, es läßt sich auch darzu an, als wolt ihr den herren ein prophet sein, daß sie ihren nachkommen ein wüste land laßen werden. Denn man straff dermaßen, daß ich besorge, das land zu Thüringen und die graffschaft werden es langsam verwinden. Die herren ziehen nach Mühlhaußen mit großem zeuge zu roß und fuße, haben zu Franckenhaußen über 300 000 fl., als man sagt, geraubet. Hier wird nichts gesucht, denn raub und mord.[281]

Es fällt schwer, sich die begangene Barbarei vorzustellen. Die Gewalttaten endeten damit noch nicht. Am 25. Mai 1525 eroberten die Fürsten Mühlhausen, Müntzers Stützpunkt. Die Bevölkerung fürchtete um ihr Leben und hielt eine Versammlung ab, um über die

---

280 Drummond (2024: 275).
281 Fuchs (1964: 344).

nächsten Schritte zu beraten. Viele Anführer waren schon geflohen, wer geblieben war, bat um Gnade. Laut der Chronik der Stadt Mühlhausen gingen etwa 1.700 Frauen, ebenso die Männer, die noch laufen konnten, zum Heerlager der Fürsten. Sie wurden umzingelt und „alles Geschütz" wurde auf sie gerichtet. Die Fürsten und ihr Kriegsvolk zogen in die Stadt und besetzten sie. Am folgenden Tag mussten die Einwohner ihre Waffen abgeben und der Schuster Jacob Schulzen wurde öffentlich geköpft. Alle mussten den Fürsten den Treueeid schwören und es wurde ein neuer Rat ernannt.[282]

Rühel schickte am 26. Mai 1525 zusammen mit seinem Bericht an Luther auch das Müntzer einige Tage zuvor unter Folter abgepresste „Bekenntnis". Dieses Dokument wird häufig unkritisch als Beweis der Überzeugungen Müntzers vorgestellt. Hieraus stammt auch das berühmte Zitat „omnia sunt communia" (alles gehört allen), das Generationen radikaler Historiker des Bauernkriegs, auch Friedrich Engels, deshalb Müntzer zugeschrieben haben. Insbesondere wird daraus abgeleitet, dass Müntzer ein früher Kommunist gewesen sei. Allerdings findet sich dieser Satz in keiner anderen Schrift Müntzers, er passt auch nicht in seine Grundvorstellungen und liest sich wie eine ihm von seinen Folterern in den Mund gelegte Parole, um seine Ideen und sein Vermächtnis in Verruf zu bringen. Ironischerweise ist das Gegenteil passiert: Generationen von Radikalen haben sich positiv auf Müntzer und diese frühkommunistische Vision bezogen.

Müntzers „Bekenntnis" ist keine zuverlässige Quelle. Es sagt wohl mehr über jene aus, die ihn verhört und gefoltert haben und die sie bezahlten, als über Müntzer. Müntzer wird hier mit verschiedenen Ereignissen des Bauernkriegs in Verbindung gebracht, wohl um ihn für den gesamten Aufstand zur Rechenschaft zu ziehen. Es wird ein besonders düsteres Bild seiner Taten gemalt, indem er auch für die Aufstände in Südwestdeutschland verantwortlich gemacht wird. Müntzer bestritt ausdrücklich, die späteren „Artikel" des Aufstands verfasst zu haben, diese seien von seinen Artikeln abgeleitet worden. In dem „Bekenntnis" erscheint Müntzer wiederholt als blutrünstiger Revolutionär, dessen viele Jahre vor dem Aufstand begonnener

---

282 Franz (1963: 538–539).

Feldzug ihn durch Deutschland führte, wo er zerstören und morden wollte. Angeblich hat er zum Beispiel gestanden, dass er nach der Eroberung des Schlosses zu Heldrungen mit seinem Anhang, „Grafen Ernst sein Haupt abschlagen wollte", davon habe er oft geredet.[283] Seine Folterer wollten unterstreichen, dass Müntzers Vorhaben die Beendigung der Herrschaft der Reichen bedeutet hätte: „Die Erhebung habe der darum gemacht, damit die Christenheit alle gleich werden, und die Fürsten und Herren, die dem Evangelium nicht beistehen wollen, sollten vertrieben und totgeschlagen werden", heißt es in dem aufgezeichneten „Bekenntnis". Widerstand hätte furchtbare Folgen. Die Parole „Alles gehört allen" klingt in diesem Zusammenhang keineswegs nach Müntzer:

> Ihr Artikel war [...] „omnia sunt communia", und jedem sollte nach seiner Notdurft und Gelegenheit ausgeteilt werden. Welcher Fürst, Graf oder Herr das nicht hätte tun wollen, und dies trotz Ermahnung, denen sollte man den Kopf abschlagen oder sie hängen.

Sodann wurde das „Bekenntnis" dazu verwendet, weitere Personen anzugreifen. Pfeiffer und Kontakte und Bekannte Müntzers aus den Gebieten, die er bereist hatte, wurden benannt. Diese Personen wurden mit ihm in Bezug gesetzt, damit die herrschende Klasse Rache nehmen konnte. In dem „Bekenntnis" heißt es:

> Wenn es recht nach seinem Sinn gegangen wäre und wie er es vorgehabt hatte, sei das seine Meinung gewesen: Es haben auch alle von der Gemeinde seines Bunds gewusst, dass er das Land auf 10 Meilen Weges um Mühlhausen einnehmen wollte und das Land zu Hessen, und mit den Fürsten und Herren verfahren wie oben angezeigt. Davon haben sie alle das meiste gut gewusst.

---

283 ThMA, Bd. 3 (270). Übertragung RN. Das gesamte „Bekenntnis" in: ThMA, Bd. 3 (265–272).

Wir wissen nicht, was Müntzer wirklich gestanden oder gesagt hat. Aus dem „Bekenntnis" spricht aber die Furcht der herrschenden Klasse vor der Revolution, und sie wollte nun die Schuldigen ausmachen. Bei dem Vergleich dieser Worte, Forderungen und Parolen mit Müntzers Schriften fällt es schwer, darin dieselbe Person zu erkennen. Allerdings hat Müntzer sich im Verlauf des Aufstands deutlich radikalisiert, seine Vision von einer Gesellschaft der Gleichen und des Glaubens bedeutete einen unmittelbaren Angriff auf die Herrschaft der Fürsten. Wir können zwar Müntzer nicht als echten Urkommunisten bezeichnen, wir können aber mit Fug und Recht behaupten, dass er für eine Welt der Gleichheit und der Freiheit kämpfte, die auf der Beteiligung der einfachen Menschen in einem demokratischen Gemeinwesen beruhte. Am 27. Mai 1525 wurde Müntzer enthauptet, weil er es gewagt hatte, die Herrschaft der Fürsten anzugreifen, und als Revolutionsführer wurde er zum Sündenbock erklärt. An diesem Tag wurde auch sein Mitstreiter Heinrich Pfeiffer hingerichtet. Pfeiffer hatte Mühlhauen verlassen und wurde in Eisenach zusammen mit Dutzenden anderen Rebellen gefasst. Müntzers und Pfeiffers Köpfe wurden zur Abschreckung auf Spießen zur Schau gestellt.

Trotz des Tods der besten Führer des Aufstands kam die Bewegung noch nicht zum Erliegen. In anderen Gegenden Deutschlands hatten die Bauern bereits große Niederlagen erlitten und es sollte noch mehr Aufstände geben und noch viele Aufständische sollten hingemetzelt werden.

Franken

Ende April zogen die meisten Bauernheere zum fränkischen Würzburg, das sie Anfang Mai eroberten. Da die Bauern die Würzburger Festung Marienberg nicht hatten einnehmen können, wurden hier Kräfte gebunden, die nun zur Unterstützung anderer Aufständischer fehlten, die sich dem Druck des Gegenangriffs des Adels ausgesetzt sahen. Die Erstürmung der Festung fand an eben dem Tag statt, als Frankenhausen fiel, knapp drei Tage nachdem die Bauern bei Böblingen vernichtend geschlagen worden waren. Die zeitliche Nähe dieser Ereignisse ist mehr als nur Zufall, denn sie zeigt, dass es dem Adel in den verschiedenen Aufstandsgebieten nach dem ersten Schock gelungen war, seine Kräfte zu koordinieren und zu bündeln. Die Aufständischen gerieten in Verwirrung. Truchsess Georg, der gerade die Bauern in Böblingen geschlagen hatte, marschierte nun auf Würzburg zu. Götz von Berlichingen, der mit den Bauern Marienberg belagert hatte, setzte sich mit einem Viertel des Bauernhaufens ab und zog nach Hause.[284]

Franken wurde nun zum Aufmarschgebiet der mit dem Adel verbündeten Kräfte, die überall gegen Bauernversammlungen vorgingen. Heere des Schwäbischen Bunds unter Truchsess Georg und dem Pfalzgrafen zählten nun 13.000 Soldaten zu Fuß und zu Pferd und 42 Geschütze. Es folgten mehrere Kämpfe zwischen diesen Kräften und Bauernhaufen, aber erst am 2. Juni erlitten die Bauern eine erste ernsthafte Niederlage und der Adel konnte den Aufstand in ganz Franken niederschlagen.

Königshofen ist eine Stadt südwestlich von Würzburg. Hier hatten Aufständische unter Wendel Hipler und Georg Metzler mit einer Wagenburg zum Schutz ihrer Ausrüstung eine Verteidigung auf dem Turmberg errichtet. Die Geschütze zielten in das Tal, wo der Schwäbische Bund südwestlich der Bauern mit seinem Heer lag. Die Bauern hatten wohl erwartet, dass Truchsess Georg zunächt mit der Infanterie vorstoßen, und seine Reiterei an den Flanken ihre Verteidigung durchbrechen würde. Stattdessen stürmte die Kavallerie vor, wich dem Beschuss der Geschütze der Bauern aus und griff die linke Flanke ihrer Verschanzung an. Von hier aus griffen sie den hinteren Teil der Bauernarmee an und sprengten die Bauernreihen. Es muss furchterregend gewesen sein. Als die Streitrösser durch die schwache Verschanzung vorstießen, brach die Verteidigung der Bauern zusammen und sie rannten davon. Ein Augenzeuge beschrieb den Angriff

---

284   Ward et al. (1903: 189).). Götz eigener Bericht über seine Teilnahme ist eine eigennützige Erklärung, wie er in eine führende Position des Aufstandes geriet, um einer Bestrafung zu entgehen. Sie ist lesenswert, weil sie uns etwas über den Kampf in Franken und die bäuerlichen Organisationen erzählt. Siehe: Franz (1963: 336–342).

der Kavallerie, bei dem 4.000 Bauern getötet wurden: Die den ersten Angriff überlebt und sich in einem Wäldchen versteckt hatten, kämpften noch bis in die Abendstunden, bis sie sich ergaben und zur Pfarrkirche geschleppt wurden. Dort wurden sie gegen Lösegeld freigelassen. Wer nicht zahlen konnte, blieb gefangen.

Unmittelbar nach der Schlacht kam es zu einem Ereignis, das uns einen Einblick in die Organisation der konterrevolutionären Kräfte gibt und was ihre Anführer über ihre Soldaten dachten. Weil die Schlacht mit der Reiterei gewonnen worden war, weigerten sich die Hauptleute des Bunds, den Landsknechten den Sold zu zahlen. Am folgenden Tag traten diese in den Streik und wollten nicht mehr weiterziehen. Das dürfte aber nur ein vorübergehender Rückschlag gewesen sein, vermutlich wurde schleunigst Geld aufgetrieben und die Landsknechte konnten den Bauern ihre nächste Niederlage zufügen. [285]

Der Würzburger Bauernhaufen wollte anfangs gegen den Schwäbischen Bund ziehen. Als sie jedoch Berichte von dem Gemetzel bei Königshofen hörten, kehrten sie in die Stadt zurück und riefen die umliegenden Gemeinden auf, der Erhebung in Heidingsfeld, einem Vorort Würzburgs, Beistand zu leisten.[286] Am 4. Juni versammelten sich hier die Bauern – die Würzburger und alle, die ihrem Aufruf gefolgt waren. Der Bürgermeister und andere Amtsleute waren anscheinend bereit, sich für die Empörung zu entschuldigen, sich zu ergeben und um Gnade zu bitten. Die Bauern machten sich nach Königshofen auf, um den Bund zu schlagen. Sie wollten „die Reiter henken und den Fußknechten den Hals abschneiden“. Sie waren so selbstbewusst, weil sie die Falschinformation erhalten hatten, die Bauern bei Königshofen seien gar nicht geschlagen, sondern würden auf dem Turmberg belagert. Stattdessen trafen sie auf die Truppen der Fürsten mit ihren jetzt besoldeten Landsknechten. Als sie angegriffen wurden, traten sie sofort die Flucht an. Lorenz Fries, ein zeitgenössischer Chronist, der von den Schlachten bei Königshofen und Ingolstadt zwei Tage später berichtete, schrieb über das Gemetzel:

---

285 Fries (1883: 313–314).
286 Fries (1883: 321–325).

Da der Platz, den sie betreten hatten, weit und eben war, folgten ihnen die Reiter nach und handelten mit ihnen, bis 5.000 erschlagen waren. Das Feld lag voller (Toter). Man sagt auch, dass die Straße nach Ochsenfurt bis zu einer viertel Meile mit toten Bauern übersät war.[287]

Der Plan der Bauern, ihre Feinde zu schlagen, hatte sich gegen sie gewendet. Auch für die, die sich ergaben, gab es keine Gnade, sie wurden kaltblütig auf Befehl des Hauptmanns ermordet, der von der Prahlerei der Bauern gehört hatte. Die Bauern hielten zunächst mutig aus, auch einige Überlebende von Geyers Schwarzem Haufen[288], von denen etliche

[…] in die Kirche geflohen waren, sie kamen auch zum Teil bis unter das Dach, brachen Ziegel heraus und warfen sie auf die Feinde, aber es war vergebens; alle wurden erstochen, und auch die, die in die Kirche geflohen, wurden nicht verschont.[289]

Florian Geyers Ingolstädter Schloss lag nicht weit entfernt – oder zumindest dessen Mauern, denn es war bei einem früheren Bauernaufstand niedergebrannt worden. Jetzt diente es als vorübergehende Fluchtstätte für etwa 200 Rebellen. Sie standen unter der Führung Geyers, der sich ebenfalls dort verborgen hielt, und es wurden hastig Verschanzungen errichtet. Trotz der unzureichenden Verteidigung hielten die Bauern ein paar Tage den Belagerern stand und Fries teilt mit, dass diese aus „schame und zorn gegen inen dermasen erhitzet" wurden, dass sie von Neuem gegen das Schloss stürmten, es eroberten und alle, die sie fanden, erstachen. Auch das war ein Massaker. Einige Rebellen versuchten, sich im Keller zu verbergen. Die Bündischen verbrannten sie fast alle bei lebendigem Leib, nur wenige konnten entkommen. Am folgenden Tag zählten Augenzeugen 206

---

287 Fries (1883: 323). Übertragung RN.
288 Bax (1899: 295).
289 Fries (1883: 323). Übertragung RN.

Leichen.[290] Andere Aufständische flohen nach Giebelstadt und verbargen sich in Häusern, wo sie ausgeräuchert oder erstochen wurden. Angeblich wollten Bundleute sie gegeneinander ausspielen mit dem Versprechen, ihr Leben zu verschonen, wenn sie andere erstächen. Der Schwäbische Bund brannte Dörfer und Städte nieder und vernichtete die übrig gebliebenen Rebellenhaufen. Florian Geyer und die Reste seines Schwarzen Haufens wurden wenige Tage später gefasst und Geyer wurde getötet.

Nun marschierten die Truppen des Schwäbischen Bunds nach Würzburg und forderten die Stadt zur Kapitulation auf. Sie verlangten unter anderem eine hohe Entschädigung, die Bestrafung der Anführer des Aufstands und die Übergabe von Waffen und Rüstungen. Als die Würzburger Unterhändler um Aufschub baten, um die Bedingungen (Artikel genannt) der Kapitulation zu erörtern, wurde gedroht, die Stadt anzugreifen und niemand über zwölf Jahre am Leben zu lassen. Trotz dieses Drucks wurden die Bedingungen niedergeschrieben, in allen Vierteln Würzburgs verteilt und frühmorgens alle Einwohner zusammengerufen, damit sie sich dazu äußern konnten. Nicht alle wollten sich ergeben, aber andere waren verzweifelt und meinten, auch wenn alles zugrunde ginge, da „sie nu Leibs und Lebens unsicher, dazu nichts hetten und arm wären wie vor", seien sie doch entschlossen, die meisten Bedingungen anzunehmen, berichtet der Stadtschreiber Martin Cronthal.[291] Am Ende akzeptierte die Mehrheit die Artikel und der Bund ritt am folgenden Tag in die Stadt ein. Cronthal und die übrigen Stadtoberen fielen den Fürsten zu Füßen und baten um Gnade.

Den einfachen Bürgern Würzburgs erging es weniger gut. Die Sieger verlasen die Namen der Aufständischen, die sie gefangen sehen wollten, und richteten führende Leute hin. Es lohnt ein Blick auf die Namen derer, von denen wir wissen, dass sie getötet wurden. Das erlaubt uns einen Einblick, wer auf der Seite der Rebellen kämpfte, und zudem werden die Namen von Aufständischen oft aus der Geschichte getilgt. Ein Gefangener namens Jakob Köhl von Eibelstadt, der Hauptmann der Bauern gewesen war, wurde hingerichtet,

---

290 Fries (1883: 324–325).
291 Franz (1963: 390–396).

ebenso „Bernhard Wissner, Kandengieser; Philips Dietmar, Mahler; Hanns Schieler, Rotschmid, eins Rats Diener; und Hans Leininger, ein Bader". Neben dem berühmten Holzschnitzer Tilman Riemenschneider wurden auch andere Mitglieder des Stadtrats verhaftet und gefoltert. Cronthal erinnert sich, dass viele beraubt wurden. Weitere namenlose 54 Personen wurden enthauptet, „schuldig und unschuldig". Abschließend sei noch zur Niederlage der Bauern in Würzburg erwähnt, dass als Folge des Friedensvertrags die Stadt Entschädigung an die Grundbesitzer und Adligen zahlen musste, die Eigentum verloren hatten. Cronthal berichtet, viele Reiche hätten die Unwahrheit gesagt und den Wert ihres Eigentums zu hoch angegeben, manchmal sogar den Schaden selbst vergrößert, „in summa manchem sein alte, zerissene Rattennester dermassen geschetzt", dass sie „daraus reich, fur alt zurissene Heuser, hubsche neue Schlösser und Pallest" bekamen. „Es waren auch viel der grossen Hansen", die mit den Bauern im Bündnis gewesen waren, die, „als sich aber das Bladt umwandt", am lautesten die Bauern verurteilten und Entschädigung forderten.[292] Noch nahm der Schrecken kein Ende. Die Truppen des Bunds verließen Würzburg und schlugen auf ihrem Marsch jede weitere Rebellion nieder. Der Kurfürst von der Pfalz trennte sich von Truchsess Georg und zog heimwärts, vernichtete unterwegs den Bauernhaufen von Pfeddersheim, tötete 1.500 Bauern und beschoss die Stadt, bis sie sich ergab.[293] Städte wie Bamberg wurden unterworfen, ihre Anführer hingerichtet und es wurden Geldbußen verhängt. Im Windschatten der Armeen des Bunds folgte die Schreckensherrschaft des Markgrafen Kasimir in den umliegenden Dörfern mit Massenhinrichtungen, Folter und Strafen wie dem Ausstechen der Augen und dem Abschneiden von Fingern oder Gliedmaßen. Kasimir soll in den folgenden zwei Jahren seinen Untertanen 200.000 Gulden als Entschädigung abgepresst haben.[294] Dutzende Dörfer und Städte wurden von Kasimir und seinen Truppen erbarmungslos bestraft. Das Blutbad und die Gewalttaten, wie auch die Niederschlagung des Aufstands in Rothenburg, müssen hier nicht

---

292 Franz (1963: 396–397).
293 Franz (1963: 444–446).
294 Zimmermann (1980: 733–738). Franz (1963: 397–401).

im Einzelnen dargestellt werden, aber der Bericht des markgräflichen Hauptmanns spricht für sich. Dieser endet mit einer scheußlichen Rechnung für die Arbeit von Kasimirs Henker Meister Augustin, bekannt als „Meister O weh". Er verlangte für jeden, „den er mit dem Schwert gerichtet, 1 fl. (Florin = 1 Gulden)", für jeden, „dem er die Finger abgeschlagen und die Augen ausgestochen, ½ fl.". Die Gesamtsumme belief sich auf 118 ½ Gulden.[295] Nachdem Würzburg eingenommen worden war, kehrte Georg nach Ulm zum Hauptquartier des Schwäbischen Bunds zurück, von wo aus er ins Allgäu in Oberschwaben geschickt wurde. Hier war die Erhebung erneut aufgeflammt und Bauern belagerten die Stadt Memmingen, wo die Zwölf Artikel beschlossen worden waren. Als die Truppen des Bunds mit 1.500 Reitern und 6.000 Fußsoldaten näherrückten, verschanzten sich die Bauern nahe dem Ort Leubas. Rund 8.000 kampferprobte Aufständische unter der Führung eines erfahrenen Landsknechts hatten eine ausgezeichnete Position zwischen dem reißenden Bergbach Leubas und waldigen Bergen eingenommen. Truchsess Georg begriff, dass er sie nicht schlagen konnte, und forderte Beistand von General Georg von Frundsberg an, der über etwa 3.000 Landsknechte verfügte. Die Schlacht an der Leubas begann mit gegenseitigem Kanonenbeschuss gefolgt von einem Bauernangriff auf die Stellung Georgs. Als Frundsberg am 21. Juli abends ankam, wendete sich das Blatt und die Bauern flohen noch in derselben Nacht. Eine durchaus plausible Erklärung dafür lautet, dass Hauptleute auf Bauernseite, die vorher unter Georg gedient hatten, sich aus Loyalität und vermutlich geldlichen Interessen wieder auf seine Seite schlugen. Eine weitere Erklärung lautet, den Bauern sei das Schießpulver ausgegangen. Was auch immer der Grund war, eine kleine Gruppe Bauern kämpfte bis zum Schluss auf einem nahegelegenen Berg. Sie wurden nicht durch militärischen Ansturm geschlagen, sondern weil der Bund zweihundert umliegende Orte niederbrannte und die Aufständischen vor dem Aushungern standen. Sie ergaben sich und viele wurden enthauptet. Das war das Ende des oberschwäbischen Bauernaufstands.[296]

<hr>

295 Franz (1963: 401).
296 Zimmermann (1980: 747–751). Bax (1899: 308–312) und Oman (1890) geben sehr

Freiburg im Breisgau

Im südwestdeutschen Schwarzwald war der Bauernaufstand im April 1525 ausgebrochen. Es war der Höhepunkt jahrelang aufgestauter Unzufriedenheit und religiöser Radikalisierung. Der Hintergrund des Aufstands wurde von dem Villinger Ratsmitglied und Chronisten Heinrich Hug notiert. Sein zeitgenössischer Bericht bietet eine faszinierende Erklärung für die Ursachen des Aufstands. Wir haben uns bereits mit Hans Müller befasst, dem Bauernführer von Stühlingen, der sich an die Spitze eines Marsches setzte, um den Aufstand zu verbreiten. Hug, der vermutlich Augenzeuge war, berichtet darüber in allen Einzelheiten, auch über die Ereignisse in Villingen, als der Stadtrat sich zusammensetzte und über den Aufstand beriet.

Der Stadtrat rief umliegende Städte um militärischen Beistand an. Freiburg schickte am 6. Dezember 1524 hundert Männer nach Villingen. Andere Truppen schlossen sich dem an und sie machten sich auf den Weg, den Aufstand zu ersticken. Es gab einige Scharmützel, an denen der Hauptteil der Bauern nicht beteiligt war. Mitte Dezember sah es so aus, als hätte sich die Lage wieder beruhigt.[297]

Freiburg befand sich im Zentrum des Widerstands gegen den Aufstand. Die Stadt schickte Truppen zum Schutz Villingens aus, rüstete sich für eine Belagerung und errichtete Verteidigungsanlagen. Allen war bewusst, dass der Aufstand im Frühjahr 1525 wieder aufflackern würde. Im April marschierte Hans Müllers Haufen in den Breisgau, das Gebiet um Freiburg, wohin ihn die Aufständischen gerufen hatten. Die Absicht war, Freiburg und Umgebung einzunehmen. Freiburg war ein wichtiges Ziel, eine wohlhabende Kaufmannsstadt am Rhein, an der sich Handelswege kreuzten. Im April 1525 lag die Stadt auch zwischen dem Aufstand in Oberschwaben und am Oberrhein. Tom Scott meint, Müller habe die strategische Bedeutung dieser Stadt für die Bauern begriffen:

---

viel höhere Zahlen zu den beteiligten Aufständischen an der Leubas an. Bax nennt 23.000 und Oman 14.000 oder 15.000. Das erscheint für diese Phase des Aufstands deutlich zu hoch gegriffen zu sein. Wären sie jedoch wahr, hätte Bax recht mit seiner Schlussfolgerung, dass die Aufständischen „niemals eine bessere Gelegenheit" hatten, und hätten sie Truchsess Georg geschlagen, hätten sie das Blatt wenden und „vielleicht den Aufstand [...] retten können".
297 Roder (1883: 106–107).

Die Einnahme (Freiburgs) war der Schlüssel zur Zusammenführung des Aufstands in Oberschwaben und dem Schwarzwald mit dem Aufstand am Oberrhein, der Keimzelle des Bundschuhs. Ihre Größe und ihr Reichtum machten sie auch zur wichtigsten Beute: Würde Freiburg kapitulieren, läge ganz Südwestdeutschland in ihrer Hand.[298]

Viele Tausend Bauern hatten sich in der Region nun erhoben, Ortschaften und Städte erobert. Freiburg war eingeschlossen, abgeschnitten von jeglicher Unterstützung und verzweifelt. Eine Botschaft an den Truchsess brachte keine Hilfe. Der Stadtrat unterhandelte deshalb mit Abgesandten der Bauern und spielte auf Zeit. Die Bauernhaufen des Schwarzwalds und des Oberrheins begannen daraufhin mit der Belagerung Freiburgs.[299] Sie besetzten den Schlossberg und beschossen von hier aus die Stadt. Dann gruben sie der Stadt das Wasser zu den Brunnen und Mühlen ab und Freiburg konnte kein Korn mehr mahlen. Nach der klassischen Taktik des Teilens und Herrschens versuchte Freiburg, mit einzelnen Haufen zu verhandeln, aber erfolglos. Am 23. Mai ergab sich die Stadt.[300]

Der Stadtrat trat der Christlichen Vereinigung der Bauern bei und versprach eine Summe von 3.000 Gulden, um die Sicherheit der nach Freiburg geflohenen Geistlichen und Adligen zu gewährleisten. Bürgermeister und Ratsmitglieder stimmten der Kapitulation zu, erklärten aber, ihre Verpflichtungen gegenüber dem Kaiser blieben davon unberührt. Die Parteien einigten sich in ihrem Abkommen darauf, die zu Freiburg gehörenden Klöster und Gotteshäuser „zu straffen, abzuthun (aufzulösen) und [...] unter uns zu theilen". Der Kapitulationsvertrag wurde von Müller unterzeichnet, „Hauptmann über vier Bendlin (Haufen)".[301]

Das war wahrscheinlich der bedeutendste Moment im Leben Müllers. Ohne Zweifel hatte der Adel eine schwere Niederlage erlitten. Ihre eigenen Bauern und die städtischen Armen hatten sich

---

298 Scott (1986: 206).
299 Zimmermann (1980: 473). Scott/Scribner (1991: 187).
300 Zimmermann (1980: 473–474).
301 Schreiber (1884: 133).

auf die Seite der Aufständischen geschlagen und ihre Verteidigung geschwächt, als sie während der Belagerung die Tore öffneten. Darunter war Jakob Ziler, der nach dem Aufstand gestand, „die geistlichen, edelewt und die heupter der statt zu tod wollten geschlagen haben", hätte der Rat sich nicht der Christlichen Vereinigung angeschlossen.[302] Trotz dieses großen Siegs konnten Müller und die Aufständischen diesen nicht gänzlich für sich nutzen. Eine kleine Besatzung von Bauern blieb in der Stadt, sollte sich aber neutral verhalten. Freiburg weigerte sich, Verstärkung zu schicken, nachdem der Großteil des Bauernhaufens abgezogen war, und übergab nur vier alte leichte Geschütze. Den Bauern gelang es nicht, ihre an sich günstige Stellung nach dem Sieg in Freiburg zu nutzen, und sie wurden langsam zurückgedrängt.

In Freiburg wuchs der Unmut, und als im Sommer der Zunftmeister der Winzer gewählt werden sollte, kam es zu Unruhen. Diese Unruhen sind ein Beispiel für die tiefen Gräben, die der Bauernaufstand zwischen den Klassen aufriss. Der scheidende Zunftmeister erbat von den Winzern Vorschläge und „erinnerte sie daran, Leibeigene der Herren dürften nicht antreten". Der Winzer Blasi Bomer benannte einen Kandidaten, der für unzulässig erklärt wurde. Bomer sagte, sie sollten „keinen anderen Herrn als Gott und den Kaiser anerkennen: warum sollte ein Leibeigener einem freien Mann untertan sein". Er wurde verhaftet, was zu Protesten führte, um seine Freilassung zu erreichen. Die Unruhen währten mehrere Tage und die Winzer wollten bereits die Bauern aus den umliegenden Dörfern zu Hilfe rufen. Daraufhin wurde Bomer verbannt und vier Anführer wurden hingerichtet. Dutzende erhielten Geldstrafen. Diese scharfen Unterdrückungsmaßnahmen lassen die Sorge der Stadtoberen erahnen, dass der Bauernaufstand zu weiteren Aufständen anreizen könnte. Bemerkenswert ist auch, dass die Weinbauern sich zwar gegenseitig unterstützten, aber keine weiteren Zünfte hinzukamen. Was den Stadtrat in Sorge versetzte, war die mögliche Verbindung zwischen der Zunft und den Bauern. Scott kommt zu dem Schluss, dass eine solche Entwicklung während der Belagerung verhängnisvoll

---

302 Das Geständnis des Jakob Ziler in: Zeitschrift für die Geschichte des Oberrheins (1882: 456–457).

gewesen wäre. So aber überstand Freiburg den Sturm. Mitte Juli verließ Freiburg wieder die Christliche Vereinigung.[303]

Nach der Einnahme Freiburgs zog Hans Müller mit einigen der Bauern los, um Radolfzell zu belagern. Unterwegs eroberten sie Breisach, das aber war Müllers letzter Sieg. Anfang Juli 1525 wurde er auf seinem Weg, die Hegauer und Schweizer Bauern zu vereinigen, gefangengenommen und bei Laufenburg hingerichtet. Müller war ein beeindruckender Gegner gewesen. Der Chronist Andreas Lettsch beschrieb ihn als „ganz wolberedt und furwitzig [..], seins gleichen Redner mocht man nit befinden, Gott hett sie ouch mit ainem geschickten Man versorget. Alle Menschen forchtend denselbigen Hans Müller, ich hab ihn ouch wol bekent, es war ain zimlicher Man in rechter Mannes Lenge, welcher hievor in Frankreich krieget hat [...].“[304]

Mit Müllers Tod endete der Aufstand dort, wo er begonnen hatte, in Oberschwaben. Die herrschende Klasse hatte aber gerade erst mit ihrem Vergeltungsfeldzug begonnen. Schauen wir uns an, was in Freiburg geschah: Dort sorgte die Obrigkeit dafür, dass alle Anhänger der Aufständischen bestraft wurden. Scott und Scribner haben eine Liste Dutzender Bauern zusammengestellt, die zur Strafe ihr Eigentum verloren. Dazu gehörte Hans Fry, der vier Rinder abgeben musste, Hans Thoma, dem 60 Stück Leinen, Haushaltsgüter und Kleidung genommen wurden. Diepolt Metzgers Frau und Tochter wurden die „Betten, Fenster und Öfen zerschlagen“. Thenius Müller verlor sein gesamtes Hab und Gut im Wert von 16 Gulden. Heinrich Mentz und Severinus Mentz verloren ebenfalls alles. Hans Ackermann verlor seine Kleidung, seine Frau ihr gesamtes Geld.[305]

Diese Strafen mussten die Ärmsten in eine tiefe Krise stürzen. Einige Adlige gingen vorsichtiger vor, nicht um des Schicksals der niedrigen Stände willen, sondern, wie Markgraf Georg an seinen Bruder Kasimir schrieb: „Wenn die Bauern allesamt getötet werden, woher nehmen wir Bauern, die für uns arbeiten?“[306]

---

303 Scott (1986: 217–219). Schreiber (1866: 105–107), Aussagen von Beteiligten. Meine Darstellung der Freiburger Ereignisse stützt sich auf Scott.
304 Franz (1963: 86–87).
305 Die gesamte Namensliste in: Scott/Scribner (1991: 233).
306 Scott/Scribner (1991: 306–307).

Neben Raub, Blenden und Mord an Tausenden Bauern musste die herrschende Klasse auch die Ordnung wiederherstellen. Strafen und Gewaltanwendung taten zwar das ihre, sie wollten aber auch die Bauernschaft einschüchtern und gefügig machen. Erinnern wir uns daran, dass der Aufstand von den Stühlinger Bauern begonnen worden war, die laut dem Berner Chronisten Valerius Anshelm eine Menge Beschwerden vorbrachten:

> Wie dann die Bauern der Grafen von Lupfen und Fürstenberg, die den bäuerischen Aufruhr als Erste angezettelt hatten, vielfach klagen, sie seien so hart bedrängt, dass sie weder Frieden noch Ruhe haben, und am Feiertag müssen sie Schneckenhäusle suchen, um Garn zu winden, Erdbeeren, Kirschen, Schlehen und dergleichen sammeln; sie müssen für die Herren und Frauen bei gutem Wetter arbeiten und selbst bei Unwetter jagen und die Hunde auf ihrem Land laufen lassen ohne Beachtung der angerichteten Schäden.[307]

Die Bauern wurden mit harter Hand gestraft, danach waren die Überlebenden gezwungen, zu den alten gesellschaftlichen Verhältnissen zurückzukehren, die den Fürsten so gut gedient hatten. Am 12. Juli mussten die Stühlinger Bauern einen Treueschwur auf Graf Georg, Landgraf zu Stühlingen, und andere Herren ablegen. Die „Huldigung der Stühlinger Bauern" soll hier im Ganzen zitiert werden, weil sie einen Einblick in die Konterrevolution und die Interessen der herrschenden Klassen gibt:

Huldigungsartikel der Stühlinger Landschaft. 12. Juli 1525. Ewatingen.

1 Erstens sollen alle Eigenleute, Hintersassen, Landsassen, Landzüglinge und Dienstknechte den genannten Herren [...] treu und gehorsam sein, ihren Nutzen zu fördern und

---

307 Anshelm, Bd. 5 (100). Übertragung RN.

Schaden abzuwenden. Sie sollen alles tun, was ihre Vorfahren getan haben, außer den drei Artikeln, die Fron, Forst, Wildbahn und Jagd angehen, die sollen laut Vertrag von Schaffhausen [von 1524] abgetreten sein [...].

2 Zum anderen sollen sie sich mit Ihrer Gnaden wegen des zugefügten Schadens auf förderliche Weise vertragen; wo dies nicht gütlich geht, sollen die fürstliche Durchlauchtigkeit [f. Dt.] oder die ernannten Räte darüber entscheiden, und es darf nicht verweigert werden.

3 Weiterhin soll in ihren Kirchen die christliche Ordnung, wie sie von alters her gehalten wurde, hinfür eingehalten und keine Änderungen geschehen lassen. Was den Kirchen oder Kirchenpflegern genommen wurde, sollen die Untertanen bezahlen.

4 Weiterhin sollen sie keine Bruderschaft haben oder Gemeindeversammlung abhalten, die sich gegen ihre Obrigkeit richtet, noch sich bei Strafe ihres Lebens anderweitig beraten lassen.

5 Die Kirchhöfe und befestigten Türme sollen auf Befehl des obersten Hauptmanns von den Untertanen niedergerissen und abgebrochen werden.

6 Da die Bauern mit den großen Glocken Sturm geläutet haben, sollen künftig, um dem zuvorzukommen, die Glocken [...] aus den Türmen genommen werden.

7 Jedes Dorf soll f. Dt. als Strafe und Brandschatzung von jedem Haus sechs Gulden geben. Doch soll der Reiche dem Armen bei diesem Anliegen zu Hilfe kommen, und soll die Hälfte am St. Michaelistag gezahlt und die anderen drei Gulden an jedem St. Michaelistag einer jährlich gezahlt werden, bis alles bezahlt ist; und welches Dorf die genannte Summe nicht zahlt, das soll geplündert und verbrannt werden.

8 Die Witwen und Waisen sollen von dieser Strafe ausgenommen sein.

9 Auch die, die nicht in der Bauern Bruderschaft gewesen sind, sollen von dieser Strafe ausgenommen sein, ihnen soll der Schaden, der ihnen zugefügt worden ist, von den Untertanen wiedergutgemacht werden.

10 Den Geflohenen sollen Weib und Kind nachgeschickt und all ihr Gut genommen werden. Dieses Gut solle zur Hälfte dem Fürsten [Erzherzog Ferdinand] und zur anderen Hälfte dem Herren gehören.

11 Wer einen Geflohenen ersticht oder umbringt, der soll keinen Frevel begangen haben.

12 Wo aber ein Geflohener gefangen wird, der soll von der Obrigkeit an seinem Leib und Leben gestraft werden, doch ist es f. Dt. vorbehalten, Gnade walten zu lassen.

13 Die Untertanen sind auch durch ihren Eid verpflichtet, die Geflohenen, wo sie sie fassen mögen, Stühlingen zu überantworten.[308]

Mit dieser Vereinbarung wollten die Herren mehreres sicherstellen: Erstens bekräftigten sie die alten Verhältnisse und Abkommen. Alle Zugeständnisse, die die Bauern erkämpft hatten, wurden für null und nichtig erklärt, und selbst Symbole des Aufstands – wie die Kirchenglocken – mussten zerstört werden. Die siegreichen Herren wollten mittels schwerer Geldbußen für ihre Verluste entschädigt werden. Sie begriffen aber auch, dass sie die Bauern nicht zu sehr bestrafen durften, ohne sich selbst zu schaden, denn ihr Reichtum

---

308 Baumann (1877: 320–321). Übertragung RN.

beruhte auf der Arbeit der Bauern. Deshalb wurde die Strafzahlung über mehrere Jahre gestreckt. Insbesondere wollten sie das Eindringen der neuen Religion verhindern. Und schließlich wollten sie die Geflohenen und all ihre Helfer bestrafen.

Die gestärkte herrschende Klasse konnte die Unzufriedenheit, die zu dem Aufstand geführt hatte, nicht unbeachtet lassen. Im Jahr 1526 trat der Reichstag von Speyer „aufgrund der kaiserlichen Proposition" zusammen.[309] Es wurde ein „Großer Ausschuss" gewählt, um die Beschwerden der Bauern zu untersuchen. Die Ausschussmitglieder beschäftigten sich „zunächst mit Reformvorstellungen im kirchlichen Bereich", sodann aber auch mit den Zwölf Artikeln und anderen Forderungen. Ihre Empfehlungen bezogen sich deshalb auch an erster Stelle auf kirchliche Praktiken, zum Beispiel einige Abgaben abzuschaffen. Noch radikalere Forderungen wie die Wahl des Ortspfarrers machte sich der Ausschuss nicht zu eigen, das wäre zu gefährlich gewesen, aber er schlug die Besetzung durch die „geistlichen und weltlichen Reichsfürsten" vor. Das war eine Kampfansage an Rom und ein Ausdruck der Auswirkungen der Reformation und der Differenzen zwischen den Interessen der Menschen im Heiligen Römischen Reich und der Kirche im Allgemeinen.

Auf anderem Gebiet empfahl der Ausschuss Änderungen wie die Abschaffung des Kleinzehnten und die Reform des Großzehnten. Auch sollte es eine Reform der Abgaben geben, insbesondere sollte die Todfallabgabe gemildert werden. In Bezug auf den Verlust von Gemeindeland und das Jagdrecht war der Ausschuss weniger milde gestimmt, schlug aber auch hier Veränderungen vor. Demokratische Mitsprache darüber war nicht erwünscht, aber es wurde bestimmt, dass die Allmende zurückgegeben werden sollte, wenn die Bauern ihre alten Rechte nachweisen könnten. Mit der Begründung, die „Rechtsgewohnheiten im Reich seien zu vielfältig", begnügte sich der Ausschuss mit eindringlichen Empfehlungen, das Verhältnis zu den Untertanen so zu regeln, dass sie es mit ihrem „Gewissen", dem „göttlichen und natürlichen Recht" und der „Billigkeit" vereinbaren könnten.

---

309 Zum Reichstag von Speyer und vorgeschlagenen Reformen siehe: Blickle (1983: 246–253).

Nur wenige Vorschläge des Großen Ausschusses wurden in den Reichtagsabschied (die Beschlüsse des Reichstags) übernommen, was nicht weiter überrascht. Regierungen und herrschende Klassen haben bei Unruhen schon immer versprochen, ein Ausschuss werde eingesetzt und eine Untersuchung eingeleitet, um dem Streit oder den Beschwerden nachzugehen, um dann nach vielen Monaten oder Jahren die Angelegenheit zu begraben. Aber allein die Tatsache, dass Vertreter des Kaisers sich zusammensetzten und die Zwölf Artikel und andere Dokumente der Aufständischen prüfen und darauf antworten mussten, spiegelt wider, dass die Rebellion sich an den gegebenen Gesetzen und der Gesellschaftsorganisation entzündet hatte.

Einige der Empfehlungen, wie die Anerkennung der durch vielfache, nicht miteinander vereinbare Rechtssysteme im Reich verursachten Beschränkungen, und Kritik an der den Bauern auferlegten Höhe der Bußgelder und Steuern waren der Erkenntnis geschuldet, dass all dies ein Hindernis für die wirtschaftliche Entwicklung war. Wie Blickle aber betont, ging es dem Reichstag vor allem darum, „Maßnahmen zur Unterdrückung künftiger Aufstände zu verabschieden" und „Konflikte auf der Ebene des gerichtlichen Ausgleichs abzufangen". Dem war allerdings kaum Erfolg beschieden, wie „die vor allem im 17. und 18. Jahrhundert wieder zahlreicher werdenden Aufstände im Reich beweisen".[310]

---

310 Blickle (1983: 252–253).

11. Michael Gaismairs „uncristlich, greulich ordnung gegen der Fürst-Grafschaft Tyrol"[311]

Ein weiterer Abschnitt des Bauernkriegs soll hier betrachtet werden, auch wenn er einen etwas anderen Verlauf nahm als die Aufstände in anderen Gegenden des Reichs. Trotz der vielfachen Niederlagen blieb die Bauernschaft in bestimmten Gegenden Österreichs standhaft, als hier Ende Mai 1525 der Aufstand begann. Entscheidend aber war der Sieg über die Bauern in Salzburg.

In der österreichischen Steiermark wurde der Adlige Sigismund Dietrichstein von einem 4.000 Mann zählenden Bauernhaufen festgesetzt. Dietrichsteins Soldaten waren bekannt für ihre barbarische Gewalt, die sie den Bauern in vorherigen Aufständen angetan hatten. Sie hatten die Bauern „gepfählt, ihnen die Haut abgezogen und sie gevierteilt; den Frauen wurden die Brüste abgeschnitten und Schwangeren die Eingeweide herausgerissen".[312] Er eilte nach Schladming, einer Stadt nahe Salzburg, um zu verhindern, dass sie sich dem Aufstand anschloss. Am 3. Juli 1525 stürmten die Aufständischen die Stadt und töteten etwa 3.000 Fußknechte Dietrichsteins. Das war ein bedeutender militärischer Sieg der Bauern, aber er kam zu spät, um noch Auswirkungen auf den Verlauf der Ereignisse im Reich zu haben.

Dietrichstein ergab sich seinen zu den Bauern übergetretenen Landsknechten „auf ritterlich Gefängnis" (eine Art Hausarrest). Die Bauern berieten über das Schicksal Dietrichsteins und anderer Adliger, dann geschah etwas Interessantes: Sie stimmten zunächst für seine Hinrichtung, als Dietrichstein jedoch die Landsknechte ermahnte, sich an ihre „Zusage ritterlichen Gefängnisses" zu erinnern, wurde die Entscheidung an den Bauernausschuss in Salzburg überwiesen. Dieser beschloss, einige der „ausländischen" Adligen

---

311 So lautet die übelwollende Überschrift, die ein Gegner Gaismairs der Brixener Fassung von Gaismairs Vision einer neuen Tiroler Gesellschaft gab. Die vollständige Überschrift lautet: „Michael Gaysmayrs uncristlich, greulich ordnung und unpillich (unbilliges), erschröckenlich, auch onmenschlich (unmenschliches) fürnemen (Vorhaben) gegen der Fürst-Grafschaft Tyrol, beschehen im april des 1526ten jars." Siehe: Girgensohn (1996: 371).
312 Bax (1899: 328).

hinzurichten, andere wurden wie auch Dietrichstein ihres ritterlichen Gewandes entkleidet und in „Bauernröcken und Bauernhüten auf Ackergäulen in das von den Bauern besetzte Schloß Werfen abgeführt". Die Bauern in und um Salzburg konnten nicht sofort geschlagen werden. Salzburg wurde nach einer zweiwöchigen Belagerung von den Truppen des Schwäbischen Bunds entsetzt, der erneut einen Landtag versprach, um die Beschwerden der Bauern zu erörtern. Da nach dem Landtag nichts geschah, erhoben sich im Mai 1526 die Bauern im österreichischen Tirol, dem bergigen Gebiet zwischen dem heutigen Österreich und Italien, unter Führung von Michael Gaismair.[313]

Ein faszinierender Aspekt ist hierbei die weitreichende Vision von einer neuen Gesellschaft, wie sie Michael Gaismair vorschwebte. Ein Historiker beschrieb den Tiroler Aufstand als den Versuch, eine „alpenländische, radikal egalitäre Staatengemeinschaft" zu schaffen.[314]

Michael Gaismair wird in Darstellungen des Deutschen Bauernkriegs meist nur am Rande erwähnt. Engels beschreibt ihn als „das einzige bedeutende militärische Talent unter sämtlichen Bauernchefs"[315] und umreißt kurz den Aufstand und die Folgen. Trotz der wenigen Zeilen, die Engels Gaismair widmet, wurde der Bauernführer als revolutionärer Vorläufer späterer Sozialisten gefeiert. Dies vor allem wegen seiner „Landesordnung", die Gaismair im Jahr 1526 für ein neues, egalitäres Tirol verfasste. Nach Walter Klaassens Biografie von Gaismair war dies der Versuch, eine „völlig neue und anders gestaltete gesellschaftliche Ordnung" zu entwerfen.[316] Wir werden uns im weiteren Verlauf noch mit der „Landesordnung" und den revolutionären Ereignissen in Tirol befassen. Zuvor jedoch wollen wir uns ein Bild von dem Rebellen verschaffen, dessen Führungsfähigkeiten ihn zu einem der größten Feinde des Adels machen sollten.

---

313 Zu Gaismair siehe: Zimmermann (1980: 774–778), dort Geismaier geschrieben; Blickle (1983: 223–226). Zu Dietrichstein und Schladming siehe: Zimmermann (1980: 759–762). Über den Aufstand in Österreich auch: Scott/Scribner (1991: 49–53).
314 Williams (1992: 169). Diese Beschreibung ist wohl etwas ungenau, denn sie gibt die radikale Position Gaismairs nach der Niederlage des großen Aufstands im Jahr 1526 wieder. Es ist jedoch die Vision, die Gaismair in den Jahren gleich nach dem Bauernkrieg und vor seiner Ermordung im Jahr 1532 für Tirol vor Augen hatte.
315 Engels (MEW 7: 407).
316 Klaassen (1978b: 58).

Michael Gaismair

Leider wissen wir nur wenig über Gaismairs Leben und Gedankenwelt. Im Gegensatz zu Thomas Müntzer, dessen Schriften einige Bände füllen, gibt es nur ein paar Seiten von Gaismair, ein paar Notizen zu seiner Landesordnung. Trotz oder vielleicht wegen der spärlichen Informationen wurde Gaismairs Name seitdem von recht unterschiedlichen Leuten in Anspruch genommen. Angesichts des Eintretens Gaismairs für eine demokratische und egalitäre Gesellschaft ist es besonders bizarr, dass selbst die Nazis ihn zu vereinnahmen versuchten. Im Jahr 1944 wurde eine Division der Schutzstaffel (Waffen-SS) nach ihm benannt, und Propagandaminister Joseph Goebbels gab einen Film über sein Leben in Auftrag, der allerdings nicht fertiggestellt wurde.[317] Wir wissen nicht einmal, wann Gaismair geboren wurde, vermutlich zwischen 1485 und 1490.[318] Er kam aus einer relativ privilegierten Familie: Sein Großvater war Bauer und sein Vater konnte den angestammten Hof vergrößern und wurde als Bergwerksunternehmer reich. Klaassen weist darauf hin, dass Gaismair wohl wenig eigene Erfahrung mit Armut gemacht hatte; seine Ausbildung und sein Lebensweg dürften die eines gutgestellten Angehörigen des wohlhabenden österreichischen Bürgertums gewesen sein. Was also drängte Gaismair zu den radikalen Ideen, die sein Leben prägen sollten?[319] An erster Stelle steht hier wohl die Lebensrealität der ärmsten Leute in Tirol, denen Gaismair in seinem Arbeitsleben begegnete. Zudem fanden die radikalen religiösen Ideen in Tirol unter der Bevölkerung zunehmend Gehör. Zunächst waren es radikale katholische Ansätze, dann immer mehr reformatorische, die auch in das verhältnismäßig isolierte Tirol vordrangen. Und schließlich wurde Gaismair durch die Erfahrung als

---

317 Klaassen (1978b: 143). Klaassen beschreibt es als Wehrmachtsregiment, es war aber eine SS-Einheit.

318 Die einzige englischsprachige Biografie Gaismaiers bietet Klaassen. Siehe auch den kurzen Aufsatz von Klaassen auf Deutsch (1978a: 75–83). Eine deutschsprachige Biografie bieten: Forcher (1982) und Bücking (1978). Über Gaismairs Herkunft siehe insbesondere Bücking (1978: 143–148).

319 Klaassen (1978b: 14).

Anführer eines Bauernheers selbst zu radikalen Schlussfolgerungen gedrängt, als seine Illusionen in den „gütigen Herrscher" des Landes erschüttert wurden. Wir wissen, dass Gaismair Schreiber des Landeshauptmanns Leonhard von Völs wurde. Eine der Aufgaben des Landeshauptmanns bestand in der Verteidigung der Freiheiten der Landesbevölkerung, was er aber nicht tat. Eine der Forderungen war in dem Aufstand von 1525 deshalb wenig überraschend die nach seiner Absetzung.[320] Uns sind viele Beschwerden der Bauernschaft über von Völs bekannt, und als sein Schreiber wird Gaismair diese gelesen und verfolgt haben. Laut einem Biografen soll Gaismair diese Randbemerkung in eine Fallakte geschrieben haben:

> Ich leid'
> und schweig'
> und trag Geduld'
> mit aller Unschuld.
> Es bleibt kein Gutes unbelohnt
> kein Übles ungerochen
> Langsam geht man auch weit.[321]

Im April 1521 wurde Sebastian Sprentz (auch Sprenz) gestützt von Völs zum Bischof von Brixen gewählt. Es ist gut möglich, dass Gaismair wegen dieser Verbindung schließlich für Sprentz arbeitete. In dem Amt des Bischofs vereinigten sich zwei wichtige Aspekte der spätfeudalen Gesellschaft: die religiöse und die weltliche Herrschaft. Darin lag aber ein Widerspruch: Niemand konnte einerseits durch Gewalt herrschen und gleichzeitig religiöse Anleitung geben. Klaassen vertritt die Auffassung, dass Gaismair angesichts dieser Realität seine radikalen Schlussfolgerungen zog.[322] Diese Widersprüche hatten großen Einfluss auf Gaismairs Gedankenwelt, noch mehr jedoch waren es der aufflammende Bauernaufstand und die Reaktion der herrschenden Klasse darauf, die ihn zu einem Revolutionär machten.

---

320 Zu Gaismairs beruflichem Werdegang siehe Klaassen (1978b: 14–16), Forcher (1982: 26–38).
321 Forcher (1982: 34).
322 Klaassen (1978b: 23).

Der Tiroler Aufstand

Wie überall gab es eine Vielzahl von Gründen für den Aufstand. An erster Stelle stand jedoch die wirtschaftliche Unterdrückung, der die Bauern und die unteren Stände ausgesetzt waren. Die aufgestellten Tiroler Forderungen werfen ein Schlaglicht auf die Bedrückungen und die Ungleichheit, vom Zehnten und hohen Steuern bis zu ungerechter Behandlung durch das Rechtssystem und gierige Geistliche und Beamte.

All das geschah vor dem Hintergrund wachsender wirtschaftlicher Probleme des Adels, dessen verschwenderische Ausgaben und die häufige Vergabe des Rittertitels an ihrem Vermögen zehrten. Gleichzeitig war die Stellung des Adels durch die Erosion seiner militärischen Macht bedroht, der jetzt Landsknechtsheere anwerben und entlohnen mussten. Deshalb verlangte der Adel seinen Untertanen immer mehr ab.[323] Diese feudale Ausbeutung wirkte sich in immer höherer und breitgefächerter Besteuerung und Fronarbeit aus sowie der Schwächung der alten Rechte auf Landnutzung und natürliche Ressourcen. Was den Bauern auch Sorge bereitete, war die Einführung des „römischen Rechts", entworfen von König Ferdinand I., um seine Position zu festigen und das Königreich besser zu verwalten. Damit würden noch mehr Rechte des „alten Herkommens" abgeschafft werden, so wurde befürchtet, und die Bauern könnten sich juristisch noch schlechter dagegen verteidigen.[324] Weiterhin beunruhigten der wachsende Reichtum und die Macht der Banken- und Kaufmannsvereinigungen wie die der Fugger, die die Kosten für den Grundbedarf hochtrieben. Und schließlich gewannen kirchenkritische Ideen an Einfluss, auch wenn nur wenige Prediger in die Region kamen und protestantische Vorstellungen nur langsam vordrangen. Überliefert ist jedoch ein Vorfall, wo ein Prediger wegen seiner kritischen Reden verhaftet und von einem „Mob" befreit wurde.[325]

Die Wut auf die Kirche richtete sich gegen die Bestechlichkeit und

---

323 Klaassen (1978b: 5).
324 Klaassen (1978b: 7).
325 Klaassen (1978b: 12).

Gier der Geistlichenschar. Als sich in den Jahren 1524 und 1525 die Unzufriedenheit der Bauern in offener Empörung Bahn brach, unterdrückte Bischof Sprentz sie mit Gewalt, ließ Aufständische foltern und 74 Personen hinrichten.[326]

Im September 1524 wurde der Bauer Peter Paßler (auch Pässler/Päßler) wegen Wilderei und Aufruhrs verhaftet und nach einem langen Prozess zum Tod durch Verbrennen verurteilt. Paßler war ein Bauernrebell, dessen Vater durch den Bischof von Brixen seinen Lebensunterhalt verloren hatte und anschließend von dem Rechtssystem im Stich gelassen wurde. Peter zog sich mit einem kleinen Haufen in die Berge zurück und wurde, so Klaassen, eine Art Robin Hood.[327] Der Prozess dauerte vom Sommer 1524 bis Mai 1525. Nachdem Bischof Sprentz bereits Dutzende Aufständische hatte hinrichten lassen, brachte das Todesurteil für Paßler das Fass zum Überlaufen. Als er am 9. Mai zum Richtplatz geführt wurde, gelang es bewaffneten Bauern, ihn den Henkersknechten zu entreißen und ihn freizusetzen. Am folgenden Tag erhoben sich die Einwohner von Brixen und die Bauern der Umgebung und übernahmen die Stadt. Die Reichen und Mächtigen wurden verbannt, Häuser und Vermögen beschlagnahmt. Bischof Sprentz verbarg sich in seinem Schloss. In den folgenden Tagen eroberten und plünderten die Aufständischen die Städte und Dörfer der Region. Sie vertrieben die Geistlichkeit, wählten neue Beamte, nahmen die Schätze und das Gold der kirchlichen Gebäude an sich und übernahmen eine Bank der Fugger. Erwähnenswert ist dabei der ebenfalls ausgewiesene Gabriel von Salamanca. Er war ein verhasster spanischer Adliger, Schatzmeister und enger Freund und Berater Erzherzog Ferdinands sowie Verbindungsmann zwischen der königlichen Schatzkammer und der Fugger'schen Bank. Am 13. Mai wurde Gaismair von den Brixener Aufständischen zu ihrem obersten Feldhauptmann gewählt.[328] Am 30. Mai versammelten sich Abgeordnete der Aufständischen auf Einladung der Tiroler Städte zu einem Landtag in Meran. Auf dieser Versammlung wurde eine lange Liste von Forderungen verabschiedet,

---

326 Klaassen (1978b: 23).
327 Klaassen (1978b: 26).
328 Scott/Scribner (1991: 50); Klaassen (1978b: 27–29). Bücking (1978: 58–67).

die 62 Meraner Artikel. Diese waren das „Ergebnis der besonderen Lage mit der relativen Abgeschiedenheit von reformatorischen Einflüssen und zugleich dem höheren Grad der politischen Beteiligung und Reife der Tiroler Bauern".[329] Hier ist nicht der Ort, die Meraner Artikel genauer zu untersuchen. Zusammen mit ähnlichen Forderungen der Bauern des Aufstands von 1525 sind sie jedoch ein Zeugnis der allgemeinen Unzufriedenheit mit den Verhältnissen. Das lässt sich bereits an der Einführung zu den Artikeln ablesen, wo beklagt wird:

> Zum Ersten, da sich lange Zeit in dem geistlichen und weltlichen Stand viel böser Mißbrauch erhoben hat, dadurch das Reich Gottes verhindert wird, die Liebe Christi und des Nächsten gute Tat nicht mehr bewiesen werden, sondern allein alles auf Eigennutz und nicht auf den gemeinen Nutzen ausgerichtet ist [...], ist an die F. D. [Fürstliche Durchlauchtigkeit] zu begehren, alle nachfolgenden Artikel zur Förderung Ihrer F. D. und des gemeinen Nutzens aufzustellen und eine neue Landesordnung zu machen.[330]

Es folgt die Forderung, die ganze Grafschaft Tirol solle nur dem Landesfürsten Erzherzog Ferdinand unterstellt sein, nicht den Herren und Bischöfen. Die Einnahmen aus den Ländereien sollten ihm zufließen, statt den dortigen Herren und der Geistlichkeit, und übermäßige Zinsen auf Schulden und Darlehen sollten gesenkt werden. Die Zahl der Geistlichen sollte beschränkt werden und ihr Einkommen nur ihren Bedarf decken. Weder dem „geistlich noch weltlich Adlsmann" sollten Städte oder Gerichtsbarkeit unterstehen, allein „Fürstlicher Durchlauchtigkeit" sollte die Herrschaft zustehen. In den folgenden Artikeln äußert sich die breite Unzufriedenheit über die Korruption und Verschwendung der Kirche und des Adels. Auch hier in Tirol wollten die Aufständischen ihren Dorfpriester selbst wählen und Aufsicht über sein Einkommen haben, und in dem Erzherzog sahen sie die Person, Gerechtigkeit walten zu lassen.

---

329 Klaassen (1978b: 35).
330 Alle Meraner Artikel in: Franz (1963: 272–285). Übertragung RN.

Weiterhin wird in den Artikeln die Gleichheit vor dem Gesetz gefordert, insbesondere in Bezug auf die Möglichkeit, Rechtsmittel einzulegen. Die Aufständischen wollten ihre eigenen Richter wählen, sie sollten „von ehrlicher Geburt und guter Sitte sein", ihr Einkommen vom Gericht beziehen und die Gerichtssprache als Muttersprache beherrschen. Wir bekommen hier einen Eindruck davon, wie die Mehrheit der Bauern die Gesellschaft reformieren wollte, um Ungerechtigkeit und Ungleichheit zu mindern. Es war kein revolutionäres Programm, aber ein kämpferisches, das Beteiligung, Demokratie und eine gerechte Führung als Voraussetzung für eine bessere Gesellschaft vorsah. Sehr viel Vertrauen wurde in den Erzherzog als Gesetzeshüter gesetzt, gleichzeitig forderten die Bauern auch die Änderung von aus ihrer Sicht ungerechten Gesetzen. Zum Beispiel forderten sie ein standardisiertes Gewichts- und Maßsystem. Die Bauern forderten sodann, dass „alle fließenden Wasser und Bäche", alle selbst angelegten Teiche und alles Wild und Geflügel für alle frei zu genießen sei. Die Wehre sollten abgeschafft werden, um Überflutung zu verhindern, die Allmenden, Wäldchen, Weiden und Wiesen, die sich Einzelpersonen angeeignet hatten oder die der Gemeinde hinter ihrem Rücken entzogen worden waren, sollten zurückgegeben werden. Interessanterweise sollte das Eigentum derer, die einen Fischteich auf eigenem Grund und Boden angelegt oder gekauft hatten, nicht angetastet werden. Die Enteignung von Land und Naturgütern richtete sich gegen jene, die es gestohlen oder anderen die Nutzung untersagt hatten. Artikel 21 beinhaltete auch Beschränkungen für Außenseiter wie die „Savoyer, Schotten, Niederländer und alle Hausierer", die keine Steuern zahlten und nicht an Regeln gebunden waren. Fremde Hausierer sollten das Land verlassen, und nicht Eingesessene, die sich niederlassen wollten, sollten einen Eid ablegen, das Gesetz zu achten. Auch wurde in Artikel 22 deutliche Ablehnung der wachsenden kapitalistischen Bank- und Kaufmannsgesellschaften mit ihrem Reichtum und ihren Aktivitäten geäußert:

Weiterhin, da so viele große Gesellschaften entstanden sind, und man alles Notwendige von diesen Gesellschaften kaufen muss, was dem gemeinen Land großes Verderben bringt, begehren wir, dass solche Gesellschaften, seien sie klein oder groß, abgeschafft werden, damit alle Ware und Kaufmannshabe wieder zum selben Pfennig (Preis) verkauft wird; insbesondere soll den Fuggers, Hochstetters, Welsers und allen Gesellschaften im Land kein Silberkauf gestattet werden […].

Gleichzeitig verlangten die Bauern die Verringerung der Lasten feudaler Unterdrückung, wie den Todfall, und in Artikel 40 forderten sie:

Weiterhin ist der gemeine Mann von den Grundherren und ihren Pröpsten schwer beladen, sie müssen ihnen die Weinernte, Heu, Stroh, Essen und Trinken und anderes geben; auch muss der Bauersmann seinen Weingarten ernten, wenn es der Grundherr verfügt, ob es sich für den Bauersmann fügt oder nicht, sodass manchem Bauersmann, der keinen eigenen Kelter hat, sein Teil des Weins verdirbt […]. Solchen Beschwerden des gemeinen Manns muss abgeholfen werden, und alle Herren müssen ihren gebührenden Teil Ernte- und Aufseherlohn, Trage- und Mostlohn bezahlen.

In den Meraner Artikeln wurde jeder Aspekt des Tiroler Alltagslebens niedergelegt: von der Weinherstellung bis zur der Nutzung von Wäldern, dem Verkauf von Waren auf Märkten, der Instandhaltung von Wegen, der Überwachung von Fremden, dem Gerichtswesen, der Wahl von Beamten und den Erbschaftsregeln. Sie spiegelten alle Elemente der bäuerlichen Unzufriedenheit wider, und die Aufständischen, die sich Ende Mai 1525 in Meran versammelten und die Artikel verfassten, setzten ihre Hoffnung auf Erzherzog Ferdinand, den Vorschlägen zu folgen, wie sie in ihrem letzten Artikel schrieben:

Als Letztes begehren wir von Fürstlicher Durchlaucht, dass

F. D. der gemeinen Landschaft zugute und zur Förderung des gemeinen Nutzens die vermeldeten Artikel gnädiglich annehme und bestätige, auch die Beschwerden und das Begehr der Städte, Gerichte und insbesondere Personen anzuhören und Abhilfe zu schaffen.[331]

Ferdinand enttäuschte ihre Hoffnungen, und Gaismair zog daraus sehr viel radikalere Schlussfolgerungen.

Revolutionäre Schlussfolgerungen: Die Landesordnung

Gaismair war Hauptmann der Aufständischen von Mai bis Juni 1525. In dieser Eigenschaft überwachte er die Enteignung von Vermögenswerten, Land und Gebäuden. Es ist durchaus denkbar, dass er den Aufstand nicht als unmittelbaren Angriff auf die gegebene Ordnung auffasste. Trotz der Radikalität der Forderungen von Meran tasteten sie die feudalistische Struktur nicht an.[332] So wie bei vielen anderen Bauernerhebungen wendeten sich Gaismair und die Bauern ursprünglich nicht gegen Tirols Herrscher oder den Kaiser.[333] Erst im Verlauf des Aufstands und angesichts der Unnachgiebigkeit des Adels radikalisierte sich Gaismair.

Erzherzog Ferdinand unternahm eiligst Schritte, die Oberhand zurückzugewinnen. Da er den Landtag von Meran nicht hatte verhindern können, berief er für den 12. Juni einen mehrwöchigen Landtag in Innsbruck ein, um auf diese Weise den Aufstand in den Griff zu bekommen. Klaassen betont, dass Ferdinand sehr gut verstand, dass es jetzt um alles oder nichts ging. Die Abgeordneten der Bauern hatten sich in großer Zahl versammelt, sie waren die größte

---

331 Franz (1963: 278). Übertragung RN. Die genannten Unternehmen gehörten äußerst reichen Bankiers- und Kaufmannsfamilien.
332 Klaassen (1978b: 33).
333 Klaassen (1978b: 29). Viele rebellierende Bauern im Mittelalter glaubten, dass der Kaiser guter Absicht war, aber umgeben von bestechlichen und gierigen Beamten und Beratern, die abgesetzt werden müssten. Diese Vorstellung hat sich für die Bauern im englischen Aufstand von 1381 und in Tirol 1525/6 als verhängnisvoll erwiesen.

Gruppe auf dem Landtag und erwarteten, dass ihre Beschwerden erledigt würden.[334] Ferdinand wendete eine Vielzahl Listen an, um am Ende als Sieger daraus hervorzugehen. Er war angesichts der Überzahl der aufständischen Abgeordneten in einer schwachen Position. Nur wenige Adlige waren anwesend, weil sie ihre Schlösser lieber nicht verlassen wollten, und die Bauern hatten dafür gesorgt, dass die Geistlichkeit nicht vertreten war.[335] Trotz der Bedenken einiger Teilnehmer konnte Ferdinand sich darauf verlassen, dass die meisten Gesandten, auch die Bauern, ihm vertrauten. Er spielte zum Beispiel die Delegierten der reicheren Gebiete gegen die der ärmeren aus.

Das größte Problem der Aufständischen ergab sich jedoch aus Ereignissen in Deutschland. Am 14. Juni traf die Nachricht von der schweren Niederlage der Bauern in der Schlacht bei Würzburg ein. Es wurden Ausschüsse gebildet, um die Meraner Artikel zu erörtern. Je länger sich die Debatte hinzog, desto mehr verloren die radikaleren Delegierten an Einfluss. Die Hauptauseinandersetzung drehte sich um eine Verfassungsfrage: Ferdinand erklärte, die Umsetzung der bäuerlichen Forderungen erfordere die Änderung der Verfassung, wozu er nicht befugt sei. Die bäuerlichen Gesandten erklärten dagegen, sie wollten lediglich, dass ihren Beschwerden abgeholfen werde. Ihre Position auf dem Landtag wurde von Tag zu Tag schwächer. Ferdinand gelang es, den Radikalen auf dem Landtag eine Niederlage zu bereiten. Wegen ihres in Ferdinand gesetzten Vertrauens begriffen sie nicht, dass er mit seinen Manövern ihre Position schwächte. Als Erstes machte er ein Zugeständnis, indem er sich einverstanden erklärte, der Kirche einige der weltlichen Aufgaben zu entziehen und diese selbst zu übernehmen, wie die Verwaltung des Fürstbistums Brixen. Für die Bauern schien damit eine der wichtigsten Forderungen erfüllt zu sein, und sie feierten die Niederlage eines ihrer größten Feinde, des Brixener Bischofs. Zwar bestand diese Reform nur wenige Monate, aber Ferdinand gelang es dadurch, die Revolutionäre zur Kapitulation zu bewegen.[336]

---

334 Klaassen (1978b: 36). Über den Innsbrucker Landtag siehe: Wopfner (1900: 85–151); RN.

335 Klaassen (1978b: 36).

336 Klaassen (1978b: 37–38).

Die Niederlage auf dem Landtag von Innsbruck war dennoch keine umfassende, meint Klaassen, obwohl die bessergestellten Bauern den größten Nutzen daraus zogen. Beide Seiten konnten gewissen Erfolg für sich behaupten. Die wahren Sieger jedoch waren die Adligen, die ihre Gegner entwaffnet und gespalten und sich kostbare Zeit verschafft hatten, während die Bauern andernorts niedergemetzelt wurden. Tragischerweise scheinen selbst die revolutionärsten und am besten organisierten Bauern ihre Illusionen in Ferdinand nicht abgelegt zu haben. Gaismair selbst ging nach Innsbruck, um die Ereignisse aus erster Hand zu verfolgen, und sein Bild von Ferdinand wurde schwer erschüttert. Er warnte seine Freunde, als er wieder in Brixen war, vor einem erneuten Aufstand, um Blutvergießen zu vermeiden. Angeblich drohte Gaismaier aber auch damit, Ferdinand aus dem Weg zu räumen, als er den Verrat begriff.[337]

Einige seiner Ideen bezogen sich auf religiöse Fragen, er holte zum Beispiel radikale Prediger nach Tirol, aber auch auf gesellschaftliche. Die wohlhabenderen Bauern versuchten nun, den Aufstand zu beenden, während die ärmeren immer noch auf eine Wendung zum Besseren hofften. Es gab weitere Proteste, die Verweigerung der Steuerzahlung an Ferdinand und radikale Predigten. Aber Schritt für Schritt wurde die Bauernschaft unterworfen. Gaismaier beging schließlich einen typischen Fehler, vielleicht, weil er immer noch Hoffnung in Ferdinand setzte oder seine eigenen Fähigkeiten überschätzte, einen Aufstand anzuzetteln: Er vertraute weiterhin darauf, dass die Obrigkeit ihre auf dem Innsbrucker Landtag gemachten Zusagen einhielt. Anfang August wurde er nach Innsbruck geladen, um die Lage zu erörtern. Als er dort ankam, wurde er sofort wegen der Plünderungen verhört und kurz darauf festgesetzt.[338]

Ferdinand war aus alldem gestärkt hervorgegangen. Er hatte von einigen Fürsten und der Bank der Fugger einen großen Kredit erhalten und stellte ein Heer aus 2.000 Söldnern auf, mit dem er die übrig gebliebenen Aufständischen unter rücksichtsloser Gewaltanwendung schlagen konnte.[339] Viele flohen, auch Gaismair, der aus

---

337 Klaassen (1978a: 78). Forcher (1982: 70).
338 Forcher (1982: 76–78).
339 Klaassen (1978b: 46).

dem Gefängnis entkam und sich nach Zürich absetzte. Die Briefe aus dieser Zeit zeugen von seinem Zorn, seiner Radikalisierung und dem Sinnen auf Vergeltung.[340] Nach dieser Niederlage schmiedete Gaismair teils mit Unterstützung des Schweizer Reformators Ulrich Zwingli den Plan, in Tirol einzufallen. Gaismair war inzwischen im Kanton Graubünden. Ferdinand hatte ihm zwar freies Geleit für seine Rückkehr versprochen, aber Gaismair sorgte sich um seine Sicherheit. Der Plan Gaismairs und Zwinglis sah ein Bündnis von Kräften Schweizer Städte und eines Tiroler Haufens vor, den Gaismair zusammenstellen sollte. Damit sollte Tirol zu eben der Zeit angegriffen werden, da Frankreich und Venedig ihren Krieg gegen den Kaiser begannen. Gaismair hatte bereits 700 Mann zur Verfügung.[341] Was würden sie nach einem Sieg tun?

Im Zusammenhang mit diesem Angriffsplan erreichte Gaismairs Radikalität ihren Gipfel. Während er noch die militärischen Vorbereitungen traf, entwarf er eine revolutionäre Verfassung für Tirol, die Landesordnung, die sich an den Bedürfnissen und Forderungen der Bauern ausrichtete.

Diese Schrift beginnt mit einem Aufruf an die Einwohner Tirols zu schwören, sich Beistand zu leisten und nach gemeinsamer Beratung zu handeln. Gaismair hoffte, dass die Tiroler einer gemeinschaftlichen Gesellschaft beitreten und nicht eigennützig unter der ihnen vorgesetzten Obrigkeit leben würden. Jeder sollte an erster Stelle zu Ehren Gottes leben und danach den „gemeinen Nutzen suchen". Schon diese Einleitung beweist Gaismairs radikale Einstellung. Als nächstes sagte er, die Menschen müssten ihre Feinde ausrotten, die das Wort Gottes nicht befolgen, den einfachen Mann unterdrücken und dem gemeinen Nutzen im Wege stehen.

Die Gesellschaft sollte so umgestaltet werden, dass die Reichen und Mächtigen keine Privilegien mehr hätten, denn das sei gegen Gottes Wort. Niemand, schrieb Gaismair, sollte einen Vorteil über den anderen haben. Gleichheit sei notwendig, weil Ungleichheit „Zerrütung, Hoffahrt und Aufruhr" mit sich brächten. Die Landesordnung ist durchzogen von der Vorstellung des Klassenkampfs

340 Klaassen (1978b: 55).
341 Klaassen (1978b: 57–58).

200

– dem der Reichen gegen die Armen – und der Notwendigkeit, diese Ordnung zu stürzen. Um das zu erreichen, spornte Gaismair zum Niederbrechen der Schlösser, Festungen und Stadtmauern an, damit alle in Dörfern und ohne Klassenunterschied leben könnten. Gaismair rief wohl unter dem wachsenden Einfluss des Protestantismus auch zum Abhängen von Bildern und Kreuzen auf. Gaismair strebte eine demokratischere Tiroler Gesellschaft an. Jede Gemeinde sollte jährlich ihre vom Land besoldeten Richter und Geschworenen wählen. Jeden Montag sollte Gericht gehalten und die Beratung am folgenden Tag zu Ende gebracht werden. Hiermit sprach er die Unzufriedenheit mit unregelmäßig stattfindenden Gerichtsverhandlungen an, weshalb Fälle oft über Jahre nicht abgeschlossen wurden. Das betraf gerade auch Streitigkeiten über Landbesitz oder den Zugang dazu. Die Regierung sollte ihren Sitz in Brixen nehmen, und die gewählten Regenten sollten aus allen Landesteilen und auch aus den Bergwerken kommen, womit die Bergarbeiter, die eine bedeutende Wirtschaftskraft darstellten, ihre eigene Vertretung hätten. In Brixen sollte eine Hochschule errichtet werden, nicht zur Ausarbeitung neuer philosophischer Ideen, sondern um das Wort Gottes zu studieren und zu lehren. Die „drei gelehrten Männer" der Hochschule sollten in der neuen Regierung sitzen, damit die erlassenen Regeln und Gesetze nicht gegen den „Befehl Gottes" verstießen. Gaismairs Wirtschaftsprogramm fiel weniger ausführlich aus.[342] Steuern, Zölle und der Zehnt trafen die Ärmsten am härtesten, und Gaismair strebte demokratische Kontrolle darüber an. Über die Abschaffung der Abgaben oder zumindest die einjährige Aussetzung sollte gemeinsam entschieden werden. Gleichzeitig machte er sich Gedanken über Abgaben für eine vorübergehende Kriegsführung, wohl weil er davon ausging, dass die neue Verfassung in Tirol nur nach einer militärischen Eroberung durchgesetzt werden könnte und ein Gegenschlag zu erwarten war. Zölle für Einfuhren sollten in Tirol aufgehoben, die Ausfuhren belastet werden. An dieser Stelle

---

342 Dieses lässt sich vergleichen mit der utopischen Vision eines „Umverteilungskommunismus" des englischen Revolutionärs Gerrard Winstanley in seinem Traktat „Das neue Gesetz der Gerechtigkeit" von 1649. Siehe: Empson (2017). Eine Textsammlung auf Deutsch von Winstanley bietet: Winstanley (1983).

geht es Gaismair darum, dass der Reichtum Tirols innerhalb seiner Grenzen bliebe. Der Zehnt sollte gezahlt werden, da Gott ihn in der Bibel angeordnet hatte, aber er sollte für den Unterhalt eines Priesters verwendet werden, die Überschüsse sollten den Ärmsten dienen, auch um Landstreicherei zu verhindern und sogar, um die Zahl der Arbeitslosen zu verringern. Im folgenden Teil der Landesordnung geht es um Schutz und Hilfe für die Ärmsten, und wir gewinnen einen Eindruck von „Gaismairs Land", wie er es nannte:

> Die Klöster und Deutschen Häuser [des Deutschen Ordens] sollen zu Spitälern werden. In etlichen sollen die Kranken beieinander sein, denen Pflege und Arznei gewährt werden soll. In den anderen sollen die alten Personen sein, so sie altershalben nicht mehr arbeiten mögen, und die armen, unmündigen (Waisen-)Kinder, die man lehren und zu Ehren erziehen soll. Und wo aber hausarme Leute sind, denen soll man [...] Hilfe tun. Wo aber der Zehnt zur Unterhaltung der Pfarrer und Armen nicht ausreichen mag, so soll jedermann sein Almosen nach seinem Vermögen treulich dazugeben. [...] Und es soll in einem jeden Spital ein Spitalmeister sein, und dazu ein Obervogt oder Amtmann über alle Spitäler und Armen gesetzt werden, der nichts anderes tun soll, als sich um alle Spitäler zu kümmern und Vorsorge für die Armen zu tragen und ihnen Fürsorge zu tun; dazu sollen ihnen alle Richter, ein jeder in seiner Verwaltung, mit Verteilung des Zehnten und der Almosen behilflich sein, und auch die hausarmen Leute finden und melden. Es sollen auch die Armen nicht allein mit Essen und Trinken, sondern mit Kleidung und allem Notwendigen versehen werden.[343]

Das sind die Konturen einer fürsorglichen Gesellschaft der Gleichen, wo der gemeine Nutzen bei den Bedürfnissen der Einzelnen ansetzt und die Amtsleute dies zu gewährleisten haben. Vermögenswerte und Eigentum der Reichen sollten zur Förderung dieser

---

343 Übertragung gestützt auf: Lenk (1983: 240). Die gesamte Landesordnung S. 238–243.

Entwicklung umverteilt werden. Als Nächstes beschäftigte sich Gaismair mit der Nutzung und Bewirtschaftung des Lands. Hauptleute sollten für die Pflege der Infrastruktur, wie Landstraßen und Brücken, sorgen, ebenso der Wälder und Wasserwege. Brachliegende Flächen sollten in Absprache mit der Regierung fruchtbar gemacht werden. Gaismair wurde aufgrund seiner eigenen Kenntnis sehr konkret. Er forderte die Trockenlegung der Tiroler Moore und Umwandlung in Weideland, Vorbereitung von Land für andere Nutzpflanzen wie Oliven und Saffran. Getreideknappheit sollte begegnet werden, indem zwischen die Weinreben Getreide gepflanzt und aus den Trauben Rotwein hergestellt würde, gleichzeitig würde dies der Gesundheit der Bevölkerung dienen, ohne große Kosten zu verursachen.[344] Die Verantwortung für das Gemeindeland sollte bei der Gemeinde liegen.

Die Erzeugung handwerklicher Produkte sollte strikt überwacht werden. Um Wucher zu verhindern, wollte Gaismair Privatgeschäfte verbieten. Stattdessen sollte die Verarbeitung an einem Ort stattfinden, wofür Gaismair Trient (das heutige italienische Trento) vorschlug, um sicherzustellen, dass die hergestellten Güter von guter Qualität und gerechtem Preis wären. Es sollte eine Preiskontrolle geben, und die Waren sollten von Läden in Tirol aus verteilt und ohne Gewinn verkauft werden.[345]

Gaismair wollte offenbar beweisen, dass die von ihm für Tirol vorgesehene neue Ordnung umsetzbar war. Er entwarf zum Beispiel einen Plan zur Stabilisierung der Währung. Weiterhin sollten Edelmetalle der Reichen und aus Gotteshäusern eingezogen und zum Nutzen der Allgemeinheit zu Münzen verarbeitet werden.

Einige Visionen Gaismairs deuteten auf eine geschlossene Gesellschaft hin, zum Beispiel sollte Fremden kein Handel gestattet sein. Gleichzeitig strebte er für sein neues Tirol gute Beziehungen zu den Nachbarn an, und es sollten Märkte zur Förderung des Handels geschaffen werden. Auch eine Geldreserve für den Kriegsfall sollte angelegt werden. Bemerkenswert ist schließlich, dass Gaismair einen Abschnitt zur Zukunft der Bergwerke verfasste. Hier klingt Gaismair

---

344 Siehe: Lenk (1983: 241).
345 Einen ähnlichen Vorschlag machte Winstanley im Jahr 1649. Siehe: Empson (2017).

wie ein heutiger Revolutionär, der erklärt, dass alle Bergwerke und Gebäude, die den reichen Adligen, Kaufleuten und Unternehmen wie der Fugger'schen Bank gehörten, eingezogen werden. Die Eigentümer hätten ihr Recht wegen ihres Wuchers, der Preistreiberei oder Senkung des Tageslohns daran verwirkt:

> [...] denn sie haben ihre Rechte mit unrechtem Wucher erlangt, mit Geld, um menschliches Blut zu vergießen; desgleichen haben sie den gemeinen Mann und Arbeiter mit Betrug und schlechter Ware zu hohem Preis [...] belastet; auch die Gewürze und andere Ware durch ihren Vorkauf verteuert, und die Entwertung der Münzen verursacht. Und alle Münzherren, die Silber von ihnen kaufen, müssen sie nach diesen erdachten Preisen bezahlen. Oder sie nehmen die Münze von dem Armen, indem sie seinen Lohn senken, wenn sie selbst nicht Schmelzherren sind und ihnen der Erzkauf nicht gestattet ist. Aber alle Kaufmannsware, die sie in ihre Hände brachten, werden zu einem höheren Preis verkauft, und also wird die ganze Welt mit ihrem unchristlichen Wucher belastet, und sie verschaffen sich dadurch ein fürstliches Vermögen, was gerecht bestraft und abgestellt werden sollte.[346]

Gaismair strebte im Gegensatz zu der auf Profit ausgerichteten Praxis der Fugger'schen Bank und anderer Unternehmen die demokratische Kontrolle der Bergwerksindustrie an. Es sollte ein Aufseher „über alle Bergwerkssachen", auch die Erzschmelze, gesetzt werden, der jährlich zu berichten hätte. Private Betreiber würden nicht geduldet. Die Bergarbeiter sollten ihren Lohn in barem Geld erhalten. Insgesamt war dies die Vorstellung von einer kollektiv geführten nationalen Industrie.[347]

Gaismairs Tiroler Landesordnung war ein Meisterwerk des radikalen Denkens, volksnah auf eine unzufriedene Bevölkerung zugeschnitten. Die darin unterbreitete Vision einer demokratischen

346 Lenk (1983: 242–243).
347 Klaassen (1978b: 136).

Kontrolle über wesentliche Bereiche der Wirtschaft, die Enteignung des Adels, der Bankiers und Kirchen, und die beständige
Betonung des gemeinen Nutzens, dem dieser Reichtum zu dienen
hatte, stellt eine grundlegend neue Weise der Lenkung einer Gesellschaft dar. Walter Klaassen sagt zu Recht, Gaismairs Verfassung sei
„im 16. Jahrhundert beispiellos für den radikalen Aufruf, die ganze
überkommene Ordnung hinwegzufegen".[348] Im folgenden Jahrhundert nahmen diese Vorstellungen Kontur an, am berühmtesten ist
die Vision Gerrard Winstanleys von einem egalitären Gemeinwesen,
die er im Kontext der Englischen Revolution und des Bürgerkriegs
entwickelte. Die Landesordnung stellte einen unmittelbaren Angriff
auf das System dar, in dem die Massen zugunsten des Reichtums
einer Minderheit ausgebeutet wurden. Zu dieser Minderheit gehörte
eine wachsende Zahl Personen mit kapitalistischen Interessen. Im
Gegensatz dazu stellte Gaismair sich eine Gesellschaft vor, in der
die Produktion zum Nutzen aller organisiert war, die alte Ordnung
hinweggefegt und Gesetze und Regeln von einer urdemokratischen
Lesart der Bibel ausgingen.[349] Gaismair knüpfte bewusst an die Unzufriedenheit mit der alten Ordnung an, wie seine Überlegungen zu
praktischen Fragen wie der Vereinheitlichung von Gewichten und
Maßen oder der Abschaffung des Sachlohns für Bergarbeiter zeigen.
Ausgehend von der Ungleichheit und Unterdrückung entwirft Gaismair eine neue Ordnung, die eine Bedrohung für den Adel, die Kirche und die Kapitalisten gleichermaßen war. Es war klar, dass sie das
nicht hinnehmen würden.

Ferdinand versprach Gaismair zwar sicheres Geleit für den Fall
seiner Rückkehr, wusste aber nur zu gut, welche Gefahr dieser darstellte, solange er lebte. Er setzte eine hohe Belohnung für seine Gefangennahme oder Ermordung aus und es gab mindestens hundert
Anläufe, ihn zu beseitigen.

Am 2. Mai 1526 machte Gaismair sich mit seiner Armee auf
den Weg, um sich der erneut aufgeflammten Revolte in Österreich
anzuschließen, wobei sein Zug über die Alpen bemerkenswerte

---

348 Klaassen (1978b: 121).
349 Klaassen beleuchtet den vermutlich bedeutenden „allgemeinen" Einfluss Zwinglis bei der
Abfassung der Landesordnung. Siehe zum Beispiel: Klaassen (1978b: 92–94).

militärische Führungsfähigkeit verriet. In Österreich angekommen, schloss er sich dem Aufstand an und wurde gleich zum Oberbefehlshaber der Belagerung des salzburgischen Radstadts gewählt. Gaismair musste angesichts der Niederlage eines anderen Bauernheers die Belagerung aufgeben. Jetzt sah er den Moment gekommen, nach Tirol zu marschieren.

Ein Flügel des in der Liga von Cognac zusammengeschlossenen mitteleuropäischen Adels schien sich mit Karl V., dem Kaiser des Heiligen Römischen Reichs, anlegen zu wollen, der sich gerade in einer bemerkenswert schwachen Lage befand. Anfang Juli 1526 zog Gaismair auf gemeinsamen Beschluss mit seinem Heerhaufen aus etwa 2.000 Bauern über die Berge Richtung Lienz in Tirol, und sie versuchten, unterwegs wichtige Stellungen einzunehmen. Als er mit seinem Haufen heranrückte, waren die Gemeinden nicht bereit, sich zu erheben. Erneut berieten Gaismairs Rebellen über die nächsten Schritte und beschlossen, nach Venedig zu ziehen, denn sie „wollten zusammenstehen und nach Kräften plündern und alle Geistichkeit und den Adel töten". In Venedig angelangt, trat Gaismair mit seiner Schar in die Dienste der venezianischen Republik.[350]

Gaismair erwies sich als fähiger Befehlshaber, und seine Truppen schlugen sich gut. Ironischerweise kämpfte Gaismair nun mit Verbündeten des Papstes. Seine Hoffnung, mit seinem Haufen in Tirol eine Revolution zu entfachen, hatte er noch nicht aufgegeben, aber dieses Ziel verlor immer mehr an Dringlichkeit. Die Furcht der herrschenden Klasse vor Gaismair blieb jedoch. Im August 1527 war das Kopfgeld, das der Fürst auf ihn ausgesetzt hatte, bereits auf 1.000 Gulden und eine jährliche Rente von 400 Gulden gestiegen. Gaismair gelang es, bis zum Jahr 1532 zu überleben, bis er schließlich in Padua ermordet wurde, wo er mit seiner Familie lebte, alimentiert von der venezianischen Regierung.[351]

Es lohnt nicht, darüber zu spekulieren, was geschehen wäre, hätte sich die Tiroler Bevölkerung gemeinsam mit Gaismairs Armee im Jahr 1526 erhoben. Gaismair wie auch seine Feinde, insbesondere Erzherzog Ferdinand, glaubten daran, dass es möglich, sogar

---

350 Forcher (1982: 116–126). Klaassen (1978b: 62– 65).
351 Klaassen (1978b: 69).

wahrscheinlich war. Es kam nicht dazu, und Gaismairs Landesordnung wurde nie auf den Prüfstand gestellt. Ferdinands Besessenheit, Gaismair zu töten, bezeugt die Furcht seiner Klasse vor dessen Ideen – obwohl Gaismair wohl seine Hoffnung auf einen revolutionären Wandel bereits aufgegeben hatte.

In der Geschichte des Deutschen Bauernkriegs ist Gaismair meist vernachlässigt worden, besser bekannte Personen wie Thomas Müntzer standen im Vordergrund. Die Hervorhebung Müntzers als Frühkommunist geschah zulasten Gaismairs, der sehr viel radikaler und weitsichtiger war. Gaismairs Versuch, eine neue, eine revolutionäre Gesellschaft zu schaffen, wurde vereitelt, weil gerade jene, die er als Grundstock der neuen gesellschaftlichen Ordnung ansah, nicht bereit waren, sich um seine Fahne zu scharen. Wir jedoch sollten die radikale Vision Gaismairs nicht vergessen, die auch heute noch zu uns spricht.

Zweiter Teil: Ursachen und Folgen

12. Die Reformation, der Deutsche Bauernkrieg und die bürgerliche Revolution

Nach dem 450. Jahrestag des Deutschen Bauernkriegs im Jahr 1976 gab die Regierung der DDR in Ostdeutschland ein riesiges Panoramabild bei dem Künstler Werner Tübke in Auftrag. Im Jahr 1989 wurde es im Panorama Museum am Rande Frankenhausens, dem Ort der Niederlage der Bauern von 1525, enthüllt. Die Leinwand misst über 120 Meter. Das Museum eröffnete gerade rechtzeitig zur Feier des 500. Geburtstags von Thomas Müntzer und wenige Monate vor dem Zusammenbruch des stalinistischen Staats.

Die Besucher wundern sich vielleicht über den Titel des Bilds: „Frühbürgerliche Revolution in Deutschland". Diese Formulierung stammt von Friedrich Engels. Seine Konzeption des Bauernkriegs als „frühbürgerliche Revolution" wird häufig zitiert und findet sich vielfach in der Literatur zu den Ereignissen von 1524/1525, insbesondere der ostdeutschen zum 450. Jahrestag. Der ostdeutsche Historiker Max Steinmetz zum Beispiel schrieb, Engels habe bewiesen,

> [...] daß die Jahre zwischen dem Beginn der Reformation (1517) und dem Ende des Bauernkrieges (1525) die frühbürgerliche Revolution in Deutschland bilden, und weiter zeigte [er], daß in dem geschichtlichen Ablauf dieser Jahre die für eine bürgerliche Revolution charakteristischen Entwicklungsstufen mit voller Klarheit hervortreten.[352]

Im Juli 1893 schrieb Engels an Franz Mehring über das „Fehlschlagen der deutschen bürgerlichen Revolution des 16. Jahrhunderts".[353] Steinmetz geht aber deutlich weiter als Engels. Er und andere, die

---

352 Steinmetz (1960: 120).
353 Engels (MEW 7: 99).

von dem Standpunkt der osteuropäischen Politik und Interpretation des Marxismus geprägt sind, erkannten in dem Deutschen Bauernkrieg und der „frühbürgerlichen Revolution" einen Ausdruck sehr viel modernerer heutiger Ideen. Der Bauernkrieg wurde faktisch eine Art Ursprungsgeschichte für die Bestrebungen des deutschen Proletariats.

Steinmetz glaubte zum Beispiel, die „frühbürgerliche Revolution" sei durch den Thesenanschlag Luthers „ausgelöst" worden. Sie habe zum ersten Mal „in der deutschen Geschichte alle Klassen und Schichten des deutschen Volkes – mit Ausnahme der meisten geistlichen Fürsten und Prälaten [...] – unter Führung des mittleren Bürgertums im Kampf gegen die Papstkirche vereinigt". Diese Einheit, so Steinmetz, wurde durch Luthers Vorgehen auf dem Reichstag von Worms erschüttert, und es bildeten sich vier Lager mit einem konservativ-katholischen, einem gemäßigt-bürgerlichen und radikal bürgerlichen Flügel einerseits und einem „revolutionären" Flügel andererseits heraus, dessen Forderungen „am wirkungsvollsten Müntzer und Gaismair ausgesprochen haben". In den radikalsten Programmen der Bauernschaft aus den Jahren 1524 und 1525 äußerte sich laut Steinmetz die Forderung der Bourgeoisie nach „Vernichtung des Feudalsystems, der Übergabe der Macht an das Volk und Errichtung einer demokratischen Republik". Der Bauernkrieg stellte demnach den Höhepunkt dieser Bewegung für eine bürgerliche Revolution dar und den Versuch, „von unten her einen einheitlichen nationalen Staat zu schaffen". Mit der Hinrichtung Müntzers verlor laut Steinmetz „die frühbürgerliche Revolution ihren hervorragendsten Führer". Danach gab es keine wirkmächtige Oppostion mehr zu den Kräften, die sich der bürgerlichen Revolution in den Weg stellten. Damit hatte sich das Bürgertum entlarvt: Es war nicht bereit zu einer bürgerlichen Revolution, um ein einheitliches Deutschland und einen Nationalstaat zu schaffen. Müntzer dagegen hatte eine Vision von der „nationalen Entwicklung Deutschlands (als demokratische Republik)". Diese Vision war, so Steinmetz, „eine keimhaft-unreife" und für ihre Zeit „letztlich utopische", aber doch „geniale Antizipation der wahrhaft nationalen Politik der deutschen

Arbeiterklasse".[354] Das ist eine Entstellung marxistischer Ideen, die Engels keineswegs vertreten hätte. Steinmetz meint, in dem Deutschen Bauernkrieg habe es Ideen und gesellschaftliche Kräfte als frühen Ausdruck proletarischer Bewegungen des 20. Jahrhunderts gegeben. Im Gegensatz dazu schrieb Engels über den Deutschen Bauernkrieg, weil er die Feigheit der deutschen Bourgeoisie in seiner eigenen Zeit, der Zeit der Revolutionen von 1848, verstehen wollte. Damals brachen revolutionäre Massenbewegungen in ganz Europa aus, die die Reste der alten aristokratischen Feudalordnung hinwegfegen wollten. Die Bourgeosie in Deutschland schreckte aus Angst vor einer Revolte von unten vor der entscheidenden Schlacht zurück. Es gibt deutliche Parallelen mit dem Bauernkrieg, aber Engels sah in den Ereignissen von 1848 keine einfache Kopie von 300 Jahre zurückliegenden Ereignissen.

Zu jener Zeit, 1525, war das deutsche Bürgertum noch nicht stark genug, um seine Interessen kollektiv durchzusetzen, auch wenn es bereits zaghafte Schritte in diese Richtung unternahm. Im 16. Jahrhundert gab es noch keine eigenständige bürgerliche Klasse. Es gab jedoch Einzelne und Personengruppen, deren wirtschaftliche Interessen einen Bruch mit den gegebenen feudalen Verhältnissen erforderten. Sie waren die aufsteigende Bourgeoisie, die ihren Reichtum aus dem Handel bezog, der in zunehmendem Maße auch mit Manufakturwesen und industrieller Herstellung verbunden war. Diese Einzelnen hatten in den Städten des Reichs eine starke Stellung inne. Erinnert sei daran, dass im Jahr 1525 einige aufständische Städte Artikel verfassten, die von den bäuerlichen Forderungen beeinflusst, aber von städtischen Interessen geprägt waren. Die wichtigsten Forderungen bezogen sich auf die Erleichterung der Handelsgeschäfte zwecks Gewinnerzielung.

Engels schrieb, die einzige Klasse, die von der Revolution profitierte, seien die Fürsten gewesen,[355] denn die deutsche Gesellschaft war im 16. Jahrhundert zu zersplittert, um eine gemeinsame Bewegung gegen den Feudalismus hervorzubringen. Im Jahr 1848 war die gesellschaftliche Entwicklung deutlich vorangeschritten:

---

354 Steinmetz (1960: 122–124).
355 Engels (MEW 7: 413).

Die Revolution von 1848 war keine deutsche Lokalangelegenheit, sie war ein einzelnes Stück eines großen europäischen Ereignisses. Ihre treibenden Ursachen, während ihres ganzen Verlaufs, sind nicht auf den engen Raum eines einzelnen Landes, nicht einmal auf den eines Weltteils zusammengedrängt.[356]

Engels betonte, dass 1525 und 1848 nicht dasselbe waren. Die beiden Revolutionen (man beachte, dass Engels 1525 als Revolution bezeichnete) waren „trotz aller Analogien doch sehr wesentlich voneinander verschieden".[357] Was war dann der Bauernkrieg?

Peter Blickle, einer der einflussreichsten Historiker über den Bauernkrieg, nannte ihn „die Revolution des gemeinen Manns", er habe den Versuch dargestellt, „die Krise des Feudalismus durch eine revolutionäre Umgestaltung der gesellschaftlichen und herrschaftlichen Verhältnisse auf Grundlage ‚des Evangeliums' zu überwinden".[358] Obwohl als „der Bauernkrieg" bekannt, vertrat Blickle die Auffassung, Träger der Revolution sei nicht die Bauernschaft gewesen, sondern der „gemeine Mann", „Bauer, Bürger landesherrlicher Städte, nicht-ratsfähige Bevölkerung der Reichsstädte, Bergknappen".[359]

Blickles Beschreibung ist sehr hilfreich, wenn auch etwas unscharf. Sie trifft den Geist des Bauernkriegs als Massenbewegung entrechteter Menschen aus den unteren Schichten der deutschen Gesellschaft, die in Konflikt mit den oberen Schichten geraten und eine Umgestaltung der Gesellschaft zum Nutzen aller fordern. Blickle definiert dabei den „gemeinen Mann" nicht als eigene Klasse, sondern in Abgrenzung zu anderen Klassen. Zum Beispiel schrieb Blickle in seiner Diskussion der „Gemeindereformation":

[...] zur Kategorie des Gemeinen Mannes [gehören] gewiss nicht die Knechte und Mägde, die Landsknechte und

---

356 Engels (MEW 7: 413).
357 Engels (MEW 7: 413).
358 Blickle (1975: 127).
359 Blickle (1975: 127).

Söldner, die Bettler und fahrenden Leute. Über und unter dem Gemeinen Mann stehen [...] die Herrenstände und die unter- oder außerständischen Schichten.[360]

Lyndal Roper hat Blickle und andere Historiker für die Verwendung des Begriffs „gemeiner Mann" kritisiert, denn dieser verschleiere die „geschlechtsbezogene und gesellschaftliche Parteilichkeit".[361] Sie sagt, Frauen seien zwar Teil des politischen Protests und der Aktivitäten gewesen, jedoch beschränkt durch einen „Rahmen, der sie als nichtpolitisch fasste".[362] In den Städten konnten Frauen „nicht Ratsmitglieder werden, durften nicht wählen und scheinen nicht einmal als Witwen ein formelles Mitspracherecht bei Zunftangelegenheiten gehabt zu haben, sie durften auch nicht am gesellschaftlichen Leben der Zunft teilnehmen. Obwohl Männer, die nicht Stadtbürger waren, in diese Vorstellung von einer Gemeinschaft integriert werden konnten, galt dasselbe anscheinend nicht für Frauen."[363] Und doch hatten Frauen häufig eine wichtige gesellschaftliche Stellung in der Stadtökonomie inne. In ihrer Untersuchung von Frauen und Produktion im Spätmittelalter stellt Martha C. Howell fest, dass „Frauen in Köln in allen Bereichen anerkannte Berufe ausübten", sie identifiziert drei Frauenzünfte: die Goldspinnerinnen, Garn- und Seidenmacherinnen. Diese Zünfte „organisierten Import-Export-Geschäfte, die von Familien betrieben wurden, nicht von Einzelpersonen; ihre Mitglieder stammten aus der neuen kapitalistischen Kaufmannsklasse Kölns; keine war in der Kölner Regierung vertreten". Sie fährt fort: „Die Meisterinnen dieser drei Zünfte gehörten demnach dem Familienbetrieb an, aber es waren in der Tat besondere Unternehmungen. Obwohl sie Handwerkerinnen waren, gehörten diese Frauen nicht zu dem sich auflösenden Bereich des Kölner Handwerks, sondern zu der in der Stadt aufsteigenden kapitalistischen Klasse."[364] Dass also Frauen aus dem politischen Bereich ausgeschlossen waren, heißt nicht, dass Frauen nicht an der

---

360 Blickle (1987: 18).
361 Roper (1987: 21).
362 Roper (1987: 20).
363 Roper (1987: 12).
364 Howell (1986: 123–127).

Reformation oder dem Deutschen Bauernkrieg beteiligt gewesen wären. Wie Roper sagt, wissen wir zum Beispiel, dass in Augsburg Frauen den Gottesdienst störten:

> Ein Mädchen warf gesegnetes Salz in das Taufbecken; Frauen gingen in die Kirche, wenn sie wussten, dass „etwas passieren würde", und Frauen werden häufig als Quelle von Gerüchten oder Überbringerinnen von Nachrichten für Aktionen zugunsten der Reformation und gegen den Stadtrat genannt.[365]

In dieser Darstellung des Bauernkriegs haben wir eine Reihe von Beispielen zur Rolle von Frauen angeführt – als Beteiligte an Protesten, wie bei der Erstürmung eines Klosters, oder um die Hinrichtung eines Aufständischen zu verhindern. Wir haben auch nachvollzogen, wie die Ideen von Frauenarbeit und der Aufgabe von Frauen in der Gesellschaft sich durch reformatorische Gedanken und die aufkommende Vorstellung von geschlechtsspezifischer Arbeit veränderten.

Mit anderen Worten wurden die Gemeindereformation und der Bauernkrieg auf eine sehr geschlechtsspezifische Weise ausgefochten, dies in einer Gesellschaft, die Frauen als Eigentum von Männern und ihnen auf allen Ebenen untergeordnet ansah. Das heißt nicht, dass Frauen nur Opfer waren, oder ihre Anliegen und Forderungen sich nicht in den Artikeln und dem Aufstand der unteren Stände wiederfanden. Sie konnten wegen ihrer untergeordneten Rolle in der damaligen Gesellschaft jedoch nicht vollwertig an dem Aufstand teilnehmen und dementsprechend gab es keine wirkliche Vorstellung von der Veränderung der Verhältnisse. Das müssen wir berücksichtigen, wenn wir den Begriff „gemeindlich" hören, sowohl in Bezug auf die gegenwärtige Geschichte als auch auf Berichte aus dem 16. Jahrhundert.

In seiner Diskussion der „Gemeindereformation" und der „Empörung des gemeinen Manns" zieht Peter Blickle eine enge Verbindung zwischen der Reformation und dem Bauernkrieg. Er trägt

---

365 Roper (1987: 14).

überzeugend vor, dass die Reformation nicht hätte stattfinden können ohne den Klassenkampf, der die deutsche Gesellschaft im Spätmittelalter bis ins 16. Jahrhundert prägte, und in den Ereignissen von 1524 und 1525 seinen Höhepunkt fand.

Es war gerade der Kampf der „gemeindlichen Organisation" für Selbstbestimmung und Emanzipation, der die untersten Stände dazu brachte, Wandel in Stadt und Land voranzutreiben. Blickle schreibt, durch die „gemeindliche Organisation – und nur durch sie – lernt der Bauer und der Bürger das Neinsagen, den Widerspruch, das Infragestellen herrschaftlicher Forderungen und obrigkeitlicher Ansprüche. Der Widerspruch der Gläubigen gegen die Kirche in Rom wird im Widerspruch der Untertanen gegen die Herren geprobt."[366]

Das ist eine wichtige Erkenntnis. Einige der Forderungen der Reformation und die im Jahr 1517 von Luther vorgetragene Kritik waren nicht neu. Neu war, dass sie von Tausenden Menschen aufgegriffen, verbreitet und weiterentwickelt wurden. Die Bevölkerung Deutschlands folgte den Vorstellungen von Reformatoren wie Luther nicht einfach, sondern erweiterte sie und „entwickelte ein in den wesentlichen Grundzügen gemeinsames Reformationsverständnis". Die einfachen Leute auf dem Land und in der Stadt übernahmen von den Reformatoren den Kirchenbegriff, fügten dem aber den „verpflichtenden Charakter eines solchen Evangeliumsverständnisses" hinzu.[367] In den Händen der einfachen Leute wurde die Reformation ein Instrument zur Neuerschaffung ihrer Gemeinden in ihrem Sinne.

Vor Luther haben viele Intellektuelle die Kirche und ihre Praktiken kritisiert. Luthers Reform jedoch wäre „über die klösterlichen Mauern und die universitären Hörsäle nicht hinausgekommen, hätte ihre Theologie und Ethik nicht eine so hohe ideologische Paßfähigkeit zur konkreten Realität des Kommunalismus aufgewiesen".[368] Zehntausende nahmen die reformatorischen Ideen an und entwickelten sie weiter, sodass sie ihre eigenen Interessen wiedergaben. Die schnelle Ausbreitung der Reformation kann nicht auf die

---

366 Blickle (1987: 186).
367 Blickle (1987: 165).
368 Blickle (1987: 213).

Redegewandheit eines Luthers reduziert werden oder die Verfügbarkeit der Druckerpresse, auch wenn beides wichtig war. Auch wie diese Ideen an die vorhandene Unzufriedenheit in den verschiedenen Gesellschaftsschichten anknüpften, spielte eine Rolle. Blickle fasst wie folgt zusammen:

> Ihr Einsatz für die christliche Republik ist der qualitative Sprung von der verantwortungsscheuen Theorie der Intellektuellen zur existenziellen Praxis der einfachen Leute. Und diese Praxis speist sich schwerlich aus der Frömmigkeit, sie erklärt sich aus den realen Lebensbezügen, sie erklärt sich aus dem Dorf und der Stadt, sie erklärt sich aus der politischen Kultur des Spätmittelalters.[369]

Diese politische Kultur spiegelte die Realität mit den sich verändernden Interessen und Bestrebungen vieler Menschen der deutschen Gesellschaft wider. Nehmen wir ein Beispiel, das Blickle erwähnt, die 1524 verfasste Anweisung der fränkischen Ortschaft Wendelstein an ihren neuen Pfarrer:

> So werden wir dich für kain Herren, sunder allain für ein Knecht und Diener der Gemaind erkennen, das du nit uns, sunder wir dir zu gebieten haben, und bevelhen dir demnach, das du uns das Evangelion und Wort Gottes lauter und klar nach der Warheit (mit Menschenlere unverhenkt und unbefleckt) treulich versagest.[370]

Hier erkennen wir, wie sich eine Hauptforderung der Reformation in der Praxis auswirkte, wo die Dorfbewohner gemeinsam mit ihrem Bürgermeister dem Pfarrer erklären, seine Aufgabe sei es nicht, durch seine Auslegung der Bibel die Gemeinde von oben nach unten zu unterweisen, sondern einfach nur das Evangelium zu verkünden. Es gehörte zu den wesentlichen Vorstellungen des protestantischen

---

369 Blickle (1987: 165).
370 Blickle (1987: 27).

Glaubens, dass jeder Christ auch ein Priester sei und alle gleiche Autorität hätten. Wie Luther sagte: Wenn wir alle Priester sind, „alle einen Glauben, ein Evangelium, ein Sakrament haben, warum sollten wir dann nicht auch die Macht haben, zu verstehen und zu urteilen, was Recht und Unrecht im Glauben ist?"[371]

In den Köpfen der unzufriedenen Bauern und Stadtbürger entwickelten sich diese Ideen zu dem Ruf nach demokratischer Kontrolle über die Religion und im Weiteren über die Gesellschaft, und weckten das Gefühl der Gleichheit unter den Menschen, die in einer strikten Ständegesellschaft gefangen waren. Zudem ließen sich die reformatorischen Vorstellungen mit der Zeit nicht mehr von wirtschaftlichen Belangen trennen. Zum Beispiel folgte aus dem Widerstand gegen den Zehnten, einer Kirchlichensteuer, der Widerstand gegen alle Steuern und dann der gesamten gesellschaftlichen Ordnung. Unter dem Einfluss des Bauernkriegs mit Armeen aus Tausenden Bauern, die radikale Veränderungen forderten und das Ende jeder Obrigkeit, ändert auch Luther seine Position zur Wahl von Pfarrern durch die Gemeinde. In seiner offenen Antwort auf die Zwölf Artikel der Aufständischen erklärt Luther nun, die Forderung der Gemeinden nach eigenständiger Einsetzung ihrer Pfarrer sei berechtigt, sie müssten aber zunächst die Obrigkeit um einen Seelsorger bitten. Sollte dieser sich weigern, dann könnten sie jemanden wählen, seinen Unterhalt müssten sie aber selbst tragen.[372]

Auf diese Weise ging der Bauernkrieg von der Reformation in einen offenen Klassenkrieg über. Auch das hat Blickle sehr gut zusammengefasst:

> Bauern und Bürger verlangen – und das kompromißlos –, Obrigkeit habe sich dem Evangelium zu unterwerfen. Zu nichts anderem dienen die aufrührerischen Veranstaltungen auf dem Land und in der Stadt, vom Klostersturm der Bauern bis zur Vertreibung altgläubiger Räte durch die Bürger.

---

371 Blickle (1987: 137). Original: Wenn wir „alle einen glauben, ein Evangely, einerley sacrament haben, wie sollten wir den nit auch haben macht, zuschmecken und urteylen, was do recht odder unrecht ym glaubenn were?"
372 Blickle (1987: 138).

Verpflichtung der Obrigkeit auf das Evangelium wird zum Ausweis von Legitimität. Herrschaft als solche ist nichts. [...] Mit der Gemeindereformation – das ist ein wichtiges Beiprodukt [...] – wird staatliche Legitimität [...] prinzipiell kritisiert und hinterfragt. Insofern haben natürlich auch die Aufstände in Stadt und Land einen prinzipielleren Charakter und sind [...] [keine] Neuauflagen älterer Bauernrevolten. Wo Obrigkeit sich dem Evangelium verweigert, können bäuerliche und bürgerliche Reformation sich zur revolutionären Bewegung verwachsen.[373]

Das heißt nicht, dass der Bauernkrieg allein auf die Reformation verengt werden kann. Die Forderungen der Bauern und der städtischen Gemeinden machen deutlich, dass religiöser Radikalismus und die Unzufriedenheit über wirtschaftliche Belange eng miteinander verflochten waren. Wie sich dies äußerte, hing von den jeweiligen Umständen ab, es ist jedoch bemerkenswert, dass die Zwölf Artikel fast überall im deutschen Aufstandsgebiet übernommen wurden. Es gibt aber auch einige bedeutende Unterschiede. Wir haben bereits den Unterschied zwischen den Forderungen der Rebellen auf dem Land und in den Städten angesprochen. Blickle meint, die „stärkere herrschaftliche Einbindung" auf dem Land habe dem Evangelium dort „eine größere politische Brisanz" verliehen als in der Stadt.[374] Am Bedrohlichsten für die gegebene Ordnung war die Verbindung der Reformation mit darüber hinausgehenden Vorstellungen von Freiheit. Insbesondere äußerte sich das in dem immer lauter werdenden Ruf nach Abschaffung der Leibeigenschaft, wie er sich in vielen Bauernforderungen findet. „Item abzustellen in der ganzen Grafschaft Tirol die Leibaigenschaft der Aigenleut", heißt es im 56. Meraner Artikel vom Mai 1525; oder im dritten der Zwölf Artikel:

Es ist bisher der Brauch gewesen, dass uns die Herren für ihre Leibeigene gehalten haben. Das ist zum Erbarmen,

---

373 Blickle (1987: 112).
374 Blickle (1987: 116).

angesichts dessen, dass uns Christus alle mit seinem kostbaren Blutvergießen erlöst und erkauft hat, den Hirten ebenso wie den Höchsten, keinen ausgenommen. Daher ergibt sich aus der Schrift, dass wir frei sind, und das wollen wir sein. Aber nicht, dass wir ganz und gar frei sein und keine Obrigkeit haben wollen, das lehrt uns Gott nicht. Wir sollen nach Geboten leben, nicht nach unserem freien fleischlichen Eigensinn, sondern Gott lieben, ihn als unseren Herrn in unserem Nächsten erkennen und alles tun, was auch wir gern hätten und was uns Gott in seinem Abendmahl zuletzt geboten hat. Darum sollen wir nach seinem Gebot leben. Aber zeigt und weist uns dies Gebot an, der Obrigkeit nicht gehorsam zu sein? Doch nicht allein der Obrigkeit, sondern jedermann gegenüber sollen wir demütig sein. So wollen wir auch gegenüber unserer gewählten und eingesetzten Obrigkeit, die uns von Gott eingesetzt ist, in allen rechtlich verpflichtenden und christlichen Sachen gern gehorsam sein. Wir haben auch keinen Zweifel, ihr werdet uns in der Eigenschaft als wahre und rechte Christen gern aus der Leibeigenschaft entlassen oder aber uns durch das Evangelium belehren, dass wir Eigenleute sind.[375]

Deshalb waren Luther und andere Reformatoren über den Bauernkrieg so entsetzt, denn hier wurden Vorstellungen von Freiheit und Gleichheit formuliert, die einen unmittelbaren Angriff auf die gesellschaftliche Ordnung darstellten. Die Reformation war auf fruchtbaren Boden gefallen, und während Luther noch versuchte, die Aufständischen zu widerlegen, war der Bauernkrieg längst über sie hinausgewachsen und strebte die Abschaffung der feudalen Ordnung an. Zur Verteidigung der bestehenden Gesellschaft und des gesamten Konzepts der ständischen Ordnung rief Luther zur blutigen Unterdrückung der Bauernschaft auf. Deshalb schlossen sich die Adligen auf beiden Seiten der Reformation zusammen, um die Aufständischen auf Schlachtfeldern wie Frankenhausen oder Böblingen

---

375 Ruszat-Ewig (2018: 70).

niederzumetzeln. Der Bauernkrieg war ein Klassenkampf, der den Zorn und die Enttäuschung der einfachen Leute gegen die Gesellschaft und ihre Obrigkeit zum Ausdruck brachte. Die Aufständischen hatten viele Gründe und Rechtfertigungen dafür. Diese wurzelten in der Ablehnung der überkommenen Feudalordnung aus dem Mittelalter und ihrer theologischen Repräsentation in den Institutionen der katholischen Kirche. Es gab aber auch eine neue Schicht von Leuten, die aufstrebende Bourgeoisie, deren Interessen bis zu einem gewissen Grad mit denen des einfachen Volks zusammenfielen. Für sie war die gegebene Ordnung ein Hindernis, um Geld zu machen. Sie hatten ihre eigenen Organisationen in den Städten und waren bereit, für die Umgestaltung der Gesellschaft zu kämpfen, allerdings eine Gesellschaft nach ihren eigenen Vorstellungen. Kämpfe wie diese, die die Reste der alten Feudalordnung für eine Welt stürzten, in der kapitalistische Beziehungen gedeihen konnten, sind als bürgerliche Revolution bekannt. Wie oben dargelegt, haben viele Historikerinnen und Historiker gestützt auf Engels die Ansicht vertreten, der Bauernkrieg sei ein frühes Beispiel dafür gewesen.

Es gibt eine umfangreiche Literatur zu der Frage, was Marxistinnen und Marxisten unter bürgerlicher Revolution verstehen.[376] Für Marx und Engels stellte die bürgerliche Revolution einen Prozess dar, in dem die alte feudale Ordnung durch eine bürgerliche Gesellschaft ersetzt wird, die die Tür zur kapitalistischen Entwicklung aufstößt. Der klassische Fall war die Französische Revolution von 1789, in der eine kleinbürgerliche Massenbewegung unter der Führung der radikalsten Elemente der Bourgeosie die französische Monarchie stürzte, den Monarchen hinrichtete und die Macht in die Hand einer Nationalversammlung legte.

Der Erfolg dieser Revolution beruhte auf der Aktivierung und Beteiligung der Masse der niedrigen Stände Frankreichs; die einfachen

---

376 Siehe zum Beispiel Neil Davidsons ausführliche Diskussion in: Davidson (2012). Es lohnt sich, die Debatte unter Marxistinnen und Marxisten über den Übergang vom Feudalismus zum Kapitalismus nachzuvollziehen. Hierzu gehört die wichtige „Brenner-Debatte" aufgrund von Robert Brenners einflussreichem Aufsatz von 1976 über „Agrarian class structure and economic development in pre-industrial Europe". Siehe: Aston/Philpin (1995). Mein Ansatz ist beeinflusst von Chris Harmans Herangehensweise, wie er sie insbesondere in seinem Buch „Marxism and History" dargelegt hat; Harman (1998).

Bauern und die Handwerker von Paris stürmten zum Beispiel das berüchtigte Staatsgefängnis, die Bastille. Doch obwohl die Bourgeoisie sich auf die Bauernschaft stützen musste, um die Revolution zu vollenden, war die aufstrebende kapitalistische Klasse der wahre Sieger, auch wenn sie einige Zugeständnisse machen musste. Alex Callinicos schrieb dazu: „Das Ergebnis spricht nicht gegen die Auffassung von der Revolution als einer bürgerlichen, denn zweifellos kam sie der ‚real existierenden‘ kapitalistischen Klasse Frankreichs zugute."[377]

Während Frankreich das klassische Beispiel einer bürgerlichen Revolution ist, ergibt sich das Problem für jene, die den Übergang vom Feudalismus zum Kapitalismus untersuchen, dass es verschiedene Wege der Bourgeoisie gab, die alten feudalen Verhältnisse zu stürzen und eine neue Gesellschaft zu errichten. England kam möglicherweise Frankreich am nächsten, aber die Englische Revolution fand ein Jahrhundert früher als die Französische statt, und die englische Gesellschaft war weit weniger entwickelt als die französische. Dennoch konnte Oliver Cromwell gestützt auf die geballte Kraft des „Mittelstands", verkörpert in der New Model Army (einer Armee „neuen Typs") die Kräfte der Königstreuen schlagen, was im Jahr 1649 zur Hinrichtung des Königs führte. Während die Restauration der Monarchie im Jahr 1660 oberflächlich gesehen die Englische Revolution wieder rückgängig machte, führte die Stuart-Restauration in Wirklichkeit zu einer Monarchie, die der bürgerlichen Herrschaft verpflichtet war. In anderen Gegenden Europas war der Weg vom Feudalismus zum Kapitalismus weniger geradlinig. Insbesondere die deutsche Bourgeoisie erwies sich als zu feige, um die Revolution gegen die alte Aristokratie zu vollenden, aus Angst vor der Stärke des Proletariats, das ebenfalls aufbegehrte.

Im 16. Jahrhundert gab es noch keine arbeitende Klasse im modernen Sinn. Es gab eine kleine Zahl Menschen, die davon lebten, ihre Arbeitskraft zu verkaufen, aber sie waren noch keine echte Klasse. Wie wir sehen konnten, war die große Mehrheit der deutschen Bevölkerung im Jahr 1525 Bauern oder Teil der bäuerlichen Wirtschaft.

---

377 Callinicos (1989: 151).

Sie litten unter den hohen Pachten, Steuern und dem Zehnten. Das ganze System des Feudalismus war darauf ausgerichtet, so viel wie möglich aus der Bauernschaft zu pressen. Während einige Bauern sich auflehnten, um ihr Los zu verbessern, ohne grundlegenden gesellschaftlichen Wandel vor Augen zu haben, zogen andere radikalere Schlussfolgerungen. Aber wie diese Alternative aussah, war von der Klassenlage der Individuen geprägt.

Die in der europäischen Wirtschaft des Mittelalters sich vollziehenden Veränderungen führten zu einer langsamen gesellschaftlichen Transformation, in der die neuen Interessen von Einzelnen und Gruppen von Individuen durch die bestehende Ordnung behindert wurden. Die Reformation gab ihnen das ideologische Werkzeug an die Hand, die herrschenden Verhältnisse anzugreifen.

Revolutionäre Bauern stellten sich eine Welt vor, in der die Erzeugnisse der Bauern gerecht genutzt und verteilt würden. Viele derer, die beseelt waren von Ideen der Gleichheit und der Freiheit, wie sie sich in der reformatorischen Kritik an der Kirche äußerten, waren einfache Leute, deren Kampf im Bauernkrieg sich auf die Erschaffung einer gerechteren, gemeindlich verfassten Gesellschaft richtete, und die in der Abschaffung der Leibeigenschaft den Schlüssel dazu sahen. Das war ein anderes Ziel als die Alternative zum Feudalismus, wie sie sich die radikalsten Kaufleute und Händler vorstellten.

Für die Reicheren, insbesondere die Kaufleute, die an dem Handel von Waren zwischen den Ortschaften und Städten verdienten, die aufstrebende kapitalistische Klasse, bot die Reformation die Gelegenheit, eine Gesellschaft zu kritisieren, die die Feudalherrschaft stützte, den Reichtum der Kirche gab und ihre Aussichten auf Profit beschränkte.

Ob der Bauernkrieg als bürgerliche Revolution bezeichnet werden kann, ist Gegenstand einer langen und ausführlichen Debatte. Der Historiker Rainer Wohlfeil, der über Engels' Buch zum Bauernkrieg schrieb, äußert seine Verärgerung darüber, dass der Aufstand als bürgerliche Revolution bezeichnet wird, denn er sieht in der „Bewegung nicht das Handeln der Bourgeoisie". Er kritisiert jene „Marxisten-Leninisten", die der Bewegung trotz des Fehlens einer bedeutenden bürgerlichen Klasse einen „bürgerlichen Charakter" zuschreiben.[378] Damit verkennt er jedoch den Charakter des Aufstands. Engels vertrat die Auffassung, dass die Reformation eine Bewegung des Bürgertums war. Er schrieb: „Der große Kampf des europäischen Bürgertums gegen den Feudalismus kulminierte in drei großen Entscheidungsschlachten": der deutschen Reformation gefolgt von der englischen und französischen Revolution.[379] Engels ordnete deshalb die deutsche Reformation in den langen Kampf der Bourgeoise für eine neue Ordnung ein. In Notizen von Ende 1884 für eine überarbeitete Ausgabe seines Buchs zum Deutschen Bauernkrieg betont Engels, dass der Bauernkrieg „die kritische Episode" in der „Revolution Nr. 1 der Bourgeoisie" war:

Reformation – Lutheranische und Kalvinistische – Revolution Nr. 1 der Bourgeoisie, worin Bauernkrieg die kritische Episode. Auflösung des Feudalismus, sowie Entwicklung der Städte, beides dezentralisierend, die absolute Monarchie dadurch gradezu nötig gemacht zum Zusammenhalten der Nationalitäten. Mußte absolut sein eben wegen des zentrifugalen Charakters aller Elemente. Das absolut jedoch nicht im Vulgärsinn zu verstehen: in stetem Kampfe teils mit den Ständen, teils aufständigen Feudalen und Städten; die Stände nirgends abgeschafft; also eher als ständische (noch feudale, verwesend feudale und embryo-bürgerliche) Monarchie zu bezeichnen.

Er fährt fort:

Sieg der Revolution Nr. 1, die viel europäischer als die englische und viel rascher europäisch wurde als die französische [...].[380]

---

378 Wohlfeil (2014: 102).
379 Engels (MEW 19: 533–534).
380 Engels (MEW 21: 402). Das sind sehr kurze Bemerkungen und ihre Existenz ist meist vergessen. Sie zeigen, dass Engels später auf die Bedeutung der Reformation, des Bauernkriegs und der bürgerlichen Revolution zurückkommen wollte. Leider wurden nur ein paar Seiten mit bruchstückhaften Notizen fertiggestellt.

Für Engels war die bürgerliche Revolution demnach ein Prozess, in dem die noch „embryonale" Bourgeoisie zur Zeit der deutschen Reformation an Zahl und Kraft gewann, bis sie es mit der alten feudalen Herrschaftsordnung aufnehmen konnte. Was bedeutet es also für Marxistinnen und Marxisten, wenn wir sagen, dass die Reformation und der Bauernkrieg Bewegungen bürgerlichen Charakters waren?

An dieser Stelle ist nicht die Klassenlage der Kämpfenden entscheidend, sondern der Kampf an sich. Das verdeutlicht Engels in seiner Schrift zum Bauernkrieg in Deutschland, wenn er feststellt, dass die Bauern diese Revolution nicht gewinnen konnten und die einzigen Nutznießer die Fürsten waren, somit die Feinde der Bauernschaft und der aufstrebenden kapitalistischen Schicht.[381] Aufgrund der Niederlage der Bauernerhebung wurde die Leibeigenschaft nicht abgeschafft, die feudale Gesellschaft ging konsolidiert daraus hervor. Das war für Engels keine Überraschung, denn wegen Deutschlands begrenzter wirtschaftlicher Entwicklung wie auch des zersplitterten Charakters seiner politischen Strukturen musste jeder Schritt zu einer zentralisierteren Nation zu diesem Zeitpunkt scheitern. Dafür gab es mehrere Gründe. Neben der Zersplitterung Deutschlands in viele Provinzen war es vor allem, „wie die Nation in jeder dieser Provinzen in eine vielfache Gliederung von Ständen und Ständefraktionen auseinanderfiel". In jeder Provinz fanden sich diverse gesellschaftliche Gruppen (Engels nennt Fürsten, Pfaffen, Adlige, Bauern, Patrizier, Bürger und Plebejer), lauter Stände mit konkurrierenden Interessen, die sich gegenseitig belauerten. Zu dieser Mischung kamen noch die internationalen Interessen des Kaisers und der Kirche hinzu. Engels schreibt,

> [...] wie trotz dieser mühsamen Gruppierung jeder Stand gegen die der nationalen Entwicklung durch die Verhältnisse gegebene Richtung opponierte, seine Bewegung auf eigene Faust machte, dadurch nicht nur mit allen konservativen, sondern auch mit allen übrigen opponierenden Ständen in

---

381 Engels (MEW 7: 413). „Wer profitierte von der Revolution von 1525? Die Fürsten."

Kollision geriet und schließlich unterliegen mußte. So der Adel im Aufstand Sickingens, die Bauern im Bauernkrieg, die Bürger in ihrer gesamten zahmen Reformation. So kamen selbst Bauern und Plebejer in den meisten Gegenden Deutschlands nicht zur gemeinsamen Aktion und standen einander im Wege.[382]

Im Bauernkrieg, und in der Reformation insgesamt, kämpften unterschiedliche Klassen für ihre jeweiligen Interessen. In diesem Rahmen nahm der Aufstand der Bauern, teils wegen ihrer zahlenmäßigen Bedeutung, den Charakter einer Revolution gegen die gegebene Ordnung an – selbst wenn diese Revolution erfolglos bleiben musste. Die Niederschlagung der Aufständischen im Jahr 1525 und die folgende Fortsetzung und Erneuerung der Leibeigenschaft stärkten die Position der Feudalherrscher, verzögerten die weitere wirtschaftliche Entwicklung Deutschlands und führten schließlich zur Stagnation.

Als Luther sich gegen den Bauernaufstand stellte, waren viele erschüttert, auch Tausende Bauern. Wegen seiner Klassenlage wurde er zum Gegner des Aufstands, obwohl er weiterhin jene angriff, gegen die die Bauern sich erhoben hatten. Während seine Schriften und Taten die Bauernschaft ermutigt hatten, brachten ihn seine Identifikation mit den Reichen und Mächtigen und sein Glaube an die Notwendigkeit von Herrschaft dazu, sich auf die Seite derer zu schlagen, die den Aufstand unterdrückten, selbst wenn sie nicht mit seinen religiösen Überzeugungen übereinstimmten. Deshalb fiel Engels' Urteil über Luther vernichtend aus:

Luther hatte der plebejischen Bewegung ein mächtiges Werkzeug in die Hand gegeben durch die Übersetzung der Bibel. In der Bibel hatte er dem feudalisierten Christentum der Zeit das bescheidene Christentum der ersten

---

382 Engels (MEW 7: 411–412). Der Aufstand Sickingens, auch als Ritterkrieg bekannt, wurde von Franz von Sickingen angeführt, einem niederen Adligen. Es war der Versuch, das Reich im Interesse der Ritterschaft zu reformieren. Der Aufstand scheiterte und Sickingen starb an einer schweren Verwundung, die er bei der Belagerung und Beschießung seiner Burg im Jahr 1523 erlitten hatte.

Jahrhunderte, der zerfallenden feudalen Gesellschaft das Abbild einer Gesellschaft entgegengehalten, die nichts von der weitschichtigen, kunstmäßigen Feudalhierarchie wußte. Die Bauern hatten dies Werkzeug gegen Fürsten, Adel, Pfaffen, nach allen Seiten hin benutzt. Jetzt kehrte Luther es gegen sie und stellte aus der Bibel einen wahren Dithyrambus auf die von Gott eingesetzte Obrigkeit zusammen, wie ihn kein Tellerlecker der absoluten Monarchie je zustande gebracht hat. Das Fürstentum von Gottes Gnaden, der passive Gehorsam, selbst die Leibeigenschaft wurde mit der Bibel sanktioniert.[383]

Die Reformation bot, wie religiöse Ideen im Allgemeinen, den unterschiedlichen Menschen auch unterschiedliche Dinge. Einerseits war sie für die entstehende kapitalistische Klasse die „erste Ideologie der bürgerlichen Revolution", wie der britische Marxist Neil Davidson schrieb,[384] für die niederen Stände wurde sie zur Legitimation ihres Zorns und ihrer Frustration über ihre gesellschaftliche Lage, die Ausbeutung und Armut. Wie wir bereits gesehen haben, konnten radikale Denker wie Thomas Müntzer diese Argumente aufgreifen und revolutionär weiterentwickeln.

Wir müssen uns deshalb vor einem groben Verständnis der Reformation hüten, wonach diese ein Konstrukt der unzufriedenen kapitalistischen Klasse war, das dem Aufruf zum Umsturz der Feudalordnung diente. Davidson hält es für falsch, im „Protestantismus ein Produkt der kapitalistischen Wirtschaft und ideologischen Legitimation" zu sehen, gleichermaßen sei es falsch, den „Protestantismus als unabhängigen Faktor zu betrachten, der den Gläubigen versehentlich die psychologische Motivation bot, Kapitalakkumulation zu betreiben".[385]

Die europäische Gesellschaft zu Beginn des 16. Jahrhunderts erlebte eine Zeit großer Unsicherheit, der Krise und wirtschaftlichen Instabilität. Der Protestantismus war eine Reaktion darauf und schien eine Erklärung für die Ursache der Krise, nämlich die Schwächen

---

383 Engels (MEW 7: 350–351).
384 Davidson (2012: 565).
385 Davidson (2012: 566).

von Papst und Kirche, und eine Alternative zu bieten. Kritik an der Kirche war nicht neu. Luther griff auf einige Vordenker zurück. Der Unterschied bestand darin, dass im Jahr 1517 und danach Kritik an der Kirche in bedeutenden Bereichen der europäischen Gesellschaft Anklang fand. In Deutschland öffnete sie die Tür zu der Massenerhebung der Bauern, aber wie Davidson betont, bot sie „das Versprechen auf Rettung in einer Welt, in der es keine Sicherheit mehr gab, und zwar indem die Gläubigen aufgefordert waren, in ihr Herz zu schauen und zu prüfen, ob sie zu den Geretteten gehörten".[386]

Die lebendige Debatte in der Reformationsbewegung und zwischen Luther und den Verteidigern der alten Kirche zeigte, dass die Reformation für die Beteiligten unterschiedliche Bedeutung besaß. Eine Gruppierung, die die neuen Ideen besonders bereitwillig aufgriff, war die „embryo-bürgerliche"[387] Schicht, die die weitere Entwicklung ihrer wirtschaftlichen Interessen durch die Kirche und deren Verhalten behindert sah.

Marx schrieb, dass die Reformation insofern revolutionär war, als die Menschen über sich selbst und ihr Schicksal nachzudenken begannen:

> *Luther* hat allerdings die Knechtschaft aus *Devotion* besiegt, weil er die Knechtschaft aus *Überzeugung* an ihre Stelle gesetzt hat. Er hat den Glauben an die Autorität gebrochen, weil er die Autorität des Glaubens restauriert hat. Er hat die Pfaffen in Laien verwandelt, weil er die Laien in Pfaffen verwandelt hat. Er hat den Menschen von der äußeren Religiosität befreit, weil er die Religiosität zum inneren Menschen gemacht hat. Er hat den Leib von der Kette emanzipiert, weil er das Herz an die Kette gelegt.[388]

Glaube im Protestantismus wurde auf diese Weise eine persönliche Angelegenheit, ein ideologischer Bruch gemäß einer bürgerlichen Weltanschauung.

---

386 Davidson (2012: 569).
387 Siehe die Diskussion in Davidson (2012: 569–570).
388 Marx (MEW 1: 386). Hervorhebung im Original.

Luthers Zorn auf die Kirche und seine Polemik von 1517, insbesondere zu der Frage des Ablasses, war nicht abstrakt. Es gab eine ökonomische Basis für die Reformation, die sich im Ablasshandel zwecks Erhöhung der Einnahmen der Kirche, der Erhebung des Zehnten und der Ausbeutung der Bauern auf Kirchenland äußerte. Deshalb entstand eine Massenbewegung der unteren Schichten. Für die aufstrebende bürgerliche Klasse stellte die Kirche auf andere Weise ein Hindernis für ihre Interessen dar. Der Historiker Michael Mann hebt drei Faktoren hervor:

> Erster Punkt: Zwischen der zentralistischen Autorität der Katholischen Kirche und der in einem Marktsystem erforderlichen dezentralen Entscheidungskompetenz derer, die über die Produktionsmittel und den Tausch geboten, bestand eine Spannung. Zweiter Punkt: Zwischen einem festen, von der Kirche legitimierten Statusgefüge und den Erfordernissen der Warenproduktion, bei der einzig der Eigentümerschaft bzw. dem Besitzrecht ein fester und autoritativer Status zukam, bestand eine Spannung. [...] Dritter und letzter Punkt: Zwischen der sozialen Pflicht der reichen Christen, „verschwenderisch" zu sein (d. h., einen großzügigen Haushalt zu führen, extensive Arbeitsmöglichkeiten bereitzustellen und den Armen zu geben), und dem Bedürfnis des Kapitalisten, private Besitzrechte auf den Mehrertrag zu reklamieren, um ein hohes Reinvestitionsniveau sicherzustellen, bestand eine Spannung.[389]

Der Bauernkrieg war bürgerlichen Charakters insofern, als er den Beginn des Kampfs für eine neue gesellschaftliche Ordnung in Europa darstellte. Wegen des niedrigen Grads der Wirtschaftsentwicklung Deutschlands und seiner politischen wie gesellschaftlichen Zersplitterung vollzog sich die Entwicklung der Bourgeoisie mit ihrer Rebellion gegen die feudale Gesellschaft langsamer als in anderen Gegenden Europas. Als sich die Reformation von Deutschland aus

---

389 Mann (1994: 343).

verbreitete, übertraf die kapitalistische Klasse in Ländern wie England und den Niederlanden diese in ihrem Kampf gegen den Feudalismus, weil sie viel weiter entwickelt war.[390]

Luthers Reformation schuf den Raum, in dem sich die Unzufriedenheit entfalten und in den Schriften und Reden der Radikalen verdichten konnte. Das war teils möglich, weil er selbst ein Rebell gegen die Kirche und den Papst war. Dabei musste Luther zumindest in den Anfängen der Reformation selbst die Massen ansprechen, indem er einige ihrer Beschwerden aufnahm. Zum Beispiel griff Luther in seinem Traktat „An den christlichen Adel deutscher Nation: von des christlichen Standes Besserung" jene an, die Geld verdienten, ohne zu arbeiten:

> Hier müßte man wahrlich auch den Fuggern und dergleichen Gesellschaften einen Zaum ins Maul legen. Wie ist es möglich, daß es sollte mit Gott und Recht zugehen, daß während eines Menschenlebens so große, königliche Güter zusammengebracht werden können? Ich kenne die Rechnung nicht. Aber das verstehe ich nicht, wie man mit hundert Gulden in einem Jahr zwanzig erwerben kann, ja, ein Gulden einen zweiten erwirbt, und das alles nicht aus der Erde oder aus dem Vieh, wo das Gut nicht in menschlicher Klugheit, sondern in Gottes Segen steht.[391]

Solche Argumente mussten bei der Masse der arbeitenden Bevölkerung Anklang finden, auch wenn sie jene abschreckten, die ihren Reichtum aus der Arbeit anderer beziehen wollten. Luthers Ideen, die in der gründlichen Lektüre der Bibel wurzelten, lieferten auch denjenigen, die für „göttliches Recht" eintraten, Munition und religiöse Rechtfertigung. Aus diesem Grund konnte Luther von seinen Feinden wegen Anstachelung zum Aufruhr angegriffen werden, während er selbst jene verurteilte und angriff, die sich unter der

---

390 Davidson weist darauf hin, dass in Ländern wie Frankreich, Italien und Spanien die herrschende Klasse den Protestantismus nicht annahm, weil sie ökonomisch mächtig genug war, um „die katholische Welt von innen her zu beherrschen". Er schlussfolgert, dass die Reformation gerade die am wenigsten entwickelten Länder Europas erfasste. Davidson (2012: 570).
391 Luther (1983: 119).

Fahne der Reformation erhoben. Deshalb hat der Historiker James M. Stayer recht, wenn er den Bauernkrieg als „den Ausdruck der Reformation auf dem Land" bezeichnet.[392] Das ist auch der Grund dafür, dass sich der protestantische und katholische Flügel des Adels in der Reformationsdebatte trotz Differenzen verbündete, um die Erhebung der Bauernschaft zu zerschlagen.

Luther schreckte nicht vor dem Aufruf zu gewaltsamer Unterdrückung der Bauern zurück und er verteidigte diese Haltung auch später noch. In seinem „Sendbrief von dem harten Büchlein wider die Bauern", wenige Wochen nach der Niederschlagung der Bauern im Jahr 1525 verfasst, bekräftigte er seine Forderung. Er schrieb: „Denn Aufruhr ist keines Gerichts, keiner Gnade wert, sei er unter Heiden, Juden, Türken, Christen, oder wo sie wollen, sondern ist schon verhört, gerichtet und verurteilt und dem Tode überantwortet von jeglicher Hand [...]."[393]

Luther fürchtete das Wiederaufleben von Widerstand und Aufruhr. Im Jahr 1527 warnte er: „Der Müntzer ist tot, aber sein Geist noch nicht ausgerottet."[394] Diese Warnung war nicht unbegründet. Ende 1527 deckte der Rat von Erfurt einen Aufstandsplan unter der Führung eines ehemaligen Anhängers Müntzer auf. In seinem Bericht notierte er, für diese seien „der Munzer und Pfeiffer die warhaftigen lerer gewest, und di wern unbilliche entleibt".[395]

Am Ende des Bauernkriegs gab es keine Reformen, die für das Leben der großen Mehrheit der Bevölkerung eine materielle Verbesserung dargestellt hätten. Ihre Lage hatte sich im Gegenteil durch Unterdrückung und Bestrafung noch verschlechtert. Zwar war Luthers Befürchtung nicht unbegründet gewesen, aber nach dem Gemetzel von Frankenhausen und an anderen Orten äußerte sich der Unmut nicht mehr in Massenaufständen, trotz der Hoffnungen und Pläne einer kleinen Zahl isolierter Rebellen. Andrew Drummond kommt zu dem Ergebnis, dass „nach den Niederlagen von 1525 die Hoffnungen auf gesellschaftlichen Wandel nicht verloren gingen,

---

392 Stayer (1994: 5).
393 Laube/Seiffert (1975: 427). Übertragung RN.
394 Roper (2016: 404).
395 Wappler (1913: 253).

wohl aber die Mittel zu dessen Verwirklichung; deshalb trat an die Stelle gesellschaftlicher Militanz meist der religiöse Dissens, der in den niederen Schichten großen Anklang fand".[396] Wie das aussah, werden wir uns später ansehen, wenn wir das Ende der radikalen Reformation und die Bewegung der Wiedertäufer betrachten.

Jene, die den Aufstand der Bauern und ihrer Verbündeten niederschlugen, suchten Vergeltung für ihre erlittenen Niederlagen, wollten aber auch weitere radikale Veränderungen unterbinden. Personen wie Müntzer entwarfen in ihren Predigten und Schriften Bilder einer besseren Zukunft. Die Realität an den Orten, wo die radikale Reformation zeitweilig siegreich war, sah allerdings anders aus. Engels schrieb über Müntzers Anhängerschaft in Mühlhausen:

> [..] in der Wirklichkeit blieb Mühlhausen eine republikanische Reichsstadt mit etwas demokratisierter Verfassung, mit einem aus allgemeiner Wahl hervorgegangenen Senat, der unter der Kontrolle des Forums stand, und mit einer eilig improvisierten Naturalverpflegung der Armen. Der Gesellschaftsumsturz, der den protestantischen bürgerlichen Zeitgenossen so entsetzlich vorkam, ging in der Tat nie hinaus über einen schwachen und unbewußten Versuch zur übereilten Herstellung der späteren bürgerlichen Gesellschaft.[397]

Selbst das war der herrschenden Klasse zu viel, und unmittelbar nach der Niederlage der Bauern wurde alles zurückgenommen. Dennoch brachten die radikalen Ideen Müntzers und anderer Reformatoren Tausende Bauern dazu, gegen mächtige Feinde zu den Waffen zu greifen. Diese radikalen Vorstellungen wollen wir nun näher untersuchen.

---

396 Drummond (2024: 286).
397 Engels (MEW 7: 402).

13. Alles gehört allen

Hunderte Dokumente mit den Forderungen der Bauern sind uns überliefert. Dieses reichhaltige Material ermöglicht uns einen wahren Einblick in die Anliegen der Mehrheit der Bevölkerung Deutschlands. Einige Rebellen gingen noch weiter und formulierten eine Vision von einer Gesellschaft der Gleichen, in der die Erzeugnisse der Bauern gerecht verteilt sind und alles gemeinschaftlich ist. In diesem Kapitel wollen wir uns diese revolutionären Forderungen genauer ansehen und erörtern, ob solch eine Gesellschaft aus dem Deutschen Bauernkrieg hätte hervorgehen können. Im September 1524 veröffentlichten Thomas Müntzer und Heinrich Pfeiffer die Mühlhäuser Artikel, eine Erklärung, wie eine neue Regierung gewählt werden sollte, die sich auf Gottes Wort stützte. Der erste Artikel rief auf, „ganz einen neuen Rat" zu wählen und der zweite lautete:

> Daß man ihn die Bibel oder das heilig Worte Gottes befehl, darnach Gerechtigkeit und Urteil fellen. Ursach, auf daß man dem Armen tu wie dem Reichen (wie Zach. 7, Levi. 19 und 26, Joh. 7, Mathei 5, Luce 18).[398]

Wie viele andere von den Aufständischen verfasste Schriften von 1524 und 1525 war dies ein Beispiel für Vorstellungen von einer ganz neu organisierten Gesellschaft. Die Grundlage für die neue Ordnung sollte Gottes Recht sein, wie es in der Bibel verkündet wird. Im Februar 1525 erklärte der Baltringer Haufen: „Was uns das göttliche Wort nimmt und gibt, dabei wollen wir es gerne bleiben und es uns auf Wohl und Wehe geschehen lassen."[399] Peter Blickle betont den revolutionären Charakter dieses Schritts und schreibt:

---

398 Lenk (1983: 137). Als Beispiel für die Bedeutung dieser Bibelstellen sei Zacharias 7,9–10 genannt, der seine Anhänger unterwies: „Haltet gerechtes Gericht, erweist Güte und Erbarmen, ein jeder gegenüber seinem Bruder; unterdrückt nicht die Witwe und Waise, den Fremden und Armen und plant in eurem Herzen nichts Böses gegeneinander!" (Die biblischen Verweise im ersten Artikel sind: Sacharja/Zacharias, Leviticus, Johannes; Matthäus und Lukas; RN.)
399 Blickle (1981: 146). Original: „Was uns dann daselbig göttlich wort nymbt und gibt, dabey woll wir allzeit gerne beleyben und uns bey demselben wol und wee geschehen lassen."

Das Göttliche Recht war potentiell dynamisch in einem dreifachen Sinn: Nun konnten Forderungen jeder Art, die aus der Bibel deduzierbar waren, angemeldet werden. Nun waren die ständischen Schranken aufhebbar, die Bauern und Städter bisher getrennt hatten. Nun wurde die künftige Sozial- und Herrschaftsordnung prinzipiell offen.[400]

Mit dem Aufgreifen des Schlagworts vom „göttlichen Recht" als Ziel der Bauern verschmelzen reformatorische Ideen mit dem Programm der Aufständischen. Wer könnte ihnen die Erfüllung von Forderungen verweigern, die sie aus der Bibel abgeleitet hatten?

Zwei uns überlieferte Eide der Christlichen Vereinigung des Baltringer, Allgäuer und Konstanzer Haufens richten sich auf eine neue gesellschaftliche und politische Ordnung zum Schutz des durch den Kampf Errungenen. Blickle gibt dabei zu bedenken, „offensichtlich standen die Bauern und ihre Führer noch zu sehr im Bann des feudalen Beziehungsgefüges", und er skizziert den Inhalt der Eide wie folgt:

> In der ersten Version: Vereidigung auf das Ziel, das Evangelium und das Göttliche Recht durchzusetzen und in diesem Rahmen die bestehenden herrschaftlichen Rechte zu wahren; in der zweiten Version die Ersetzung des Vorbehalts herrschaftlicher Rechte durch das Bekenntnis, keinen anderen Herrn als den Kaiser haben zu wollen.[401]

Wie bei Müntzers und Pfeiffers Artikeln enthielt die Bundesordnung der Christlichen Vereinigung[402] Bezüge auf das göttliche Recht als höchste rechtliche Instanz. Zur Gründung des Bunds heißt es:

---

400 Blickle (1981: 147–148).
401 Blickle (1981: 156).
402 Im Folgenden Übertragung gestützt auf: Lenk (1983: 87–89). Auch als Memminger Bundesordnung bezeichnet. Seebaß (1988) bietet einen Versionsvergleich der überlieferten Bundesordnungen; RN. Original auch in: Materialien zur Memminger Stadtgeschichte (2000: 32–35).

Dem allmächtigen ewigen Gott zu Lob und Ehre und
unter Anrufung des Heiligen Evangeliums und göttlichen
Worts, auch um Gerechtigkeit und Göttlichen Rechten
beizustehen, ist die Christliche Vereinigung und Bündnis
errichtet worden, und es soll niemand, sei er geistlich oder
weltlich, zu Verdruss und Nachteil gereichen, wie es der Inhalt des Evangeliums und Göttlichen Rechts anzeigt, und
soll insbesondere zur Mehrung brüderlicher Liebe beitragen.

Es folgen, ähnlich vielen anderen Artikeln des Aufstands, Forderungen zum Ausgleich von Schulden und für die gerechtere Verteilung der Ressourcen. Artikel fünf erklärt interessanterweise:

Weiterhin sollen Dienstleute, die Fürsten und Herren
dienen, ihren [den Herren gegebenen] Eid widerrufen, und
so sie das tun, sollen sie in diese Vereinigung aufgenommen
werden. Wer es aber nicht tun will, der soll Weib und Kind
nehmen und diese Landschaft nicht weiter behelligen.

Bauern und Bedienstete werden also aufgefordert, der neuen Ordnung durch bewussten Bruch mit der Vergangenheit beizutreten,
ansonsten sollten sie das Land verlassen. Was aber war mit dem göttlichen Recht selbst, was bedeutete es? Für die deutsche Gesellschaft
im 16. Jahrhundert besaß die Bibel hohe Bedeutung. Das göttliche
Recht war allerdings ein nebelhaftes Konzept. Es war nicht festge-
schrieben und erforderte Interpretation.

In dem nächsten Abschnitt der Erklärung der Vereinigung heißt
es:

[..] wo Pfarrer oder Vikare sind, sollen sie freundlich er-
sucht und gebeten werden, das heilige Evangelium zu verkünden und zu predigen [ohne Hinzufügung menschlicher
Lehre].[403]

---

403 Die bei Empson wiedergegebene längere Fassung findet sich nicht in den mir vorliegen-
den diversen Quellen. Sie lautet sinngemäß, das Evangelium solle rein und klar mit all seinen
Früchten und ohne Zusatz menschlicher Lehre verkündet werden; RN.

Die Verfasser der Bundesordnung benannten mehrere Theologen, unter anderem Martin Luther, seinen engen Verbündeten Philipp Melanchthon und Ulrich Zwingli, das „göttliche Recht auszusprechen". Diese jedoch weigerten sich. Melanchthon antwortete, „Da das Evangelium Gehorsam vor der Obrigkeit fordert und Aufruhr verbietet, auch wenn die Fürsten Übles tun, und auch fordert, dass man Unrecht erdulden muss, handeln die Bauern wider das Evangelium."[404]

Mit anderen Worten konnte niemand wirklich wissen, was das göttliche Recht war. Ohne Interpretation wurde das göttliche Recht zu dem radikalsten Ansatz für unbeantwortete Fragen, insbesondere unter dem Einfluss der revolutionären Prediger und Denker der Bewegung. Die Haufen der Christlichen Vereinigung stürmten nun die Schlösser und Klöster ihrer Region. Blickle fasst zusammen:

> [...] seit der Rezeption des Göttlichen Rechts [ist] die Beseitigung der konkreten Beschwerden nicht mehr das einzige Ziel der Bauern, sie [drängen] vielmehr, wenn auch mit noch vagen Vorstellungen, auf eine politische Ordnung, die ständische Unterschiede aufhebt und auf den Fundamenten lokal-regionaler Korporationen wie Dorf- und Stadtgemeinden, Gerichten und Landschaften einen staatlichen Verband anstrebt, dessen innere Struktur durch das Wahlprinzip, wie es den Erfahrungen und Praktiken im kommunalen Bereich entsprach, geformt wird, ohne die älteren Korporationen aufzuheben.[405]

Wie wir gesehen haben, führte das zu verschiedenen Versuchen oder Vorschlägen, Dörfer, Städte und Gemeinden entsprechend diesen demokratischen Vorgaben neu zu organisieren. Engels stellt dazu jedoch fest: „Der Gesellschaftsumsturz [...] ging in der Tat nie

---

404 Blickle (1981: 156–157). Original: „[...] dieweil das Evangelium foddert Gehorsam gegen die Oberkeit/ und Aufruhr verbeut, ob schon Fursten ubel tuen, und auch sonst foddert, das man Unrecht leid, handeln sie widder das Evangelium."
405 Blickle (1981: 158).

hinaus über einen schwachen und unbewußten Versuch zur über-eilten Herstellung der späteren bürgerlichen Gesellschaft."[406] Dennoch kann nicht geleugnet werden, dass diese Versuche von echter Radikalität geprägt waren. Sie bildeten den Rahmen dafür, dass die Gemeinden ihre eigenen Geistlichen wählten, Steuerzahlung verweigerten, Archive mit Verzeichnissen der feudalen Leibeigenschaft zerstörten und vieles mehr. Das war keine echte Demokratie der unteren Schichten, es war aber ein Schritt über die Beschränkungen der feudalen Gesellschaftsorganisation hinaus.

Und hierin liegt die dem Aufstand innewohnende Widersprüchlichkeit: In zahllosen Artikeln und Forderungen wird nach der Neuordnung wesentlicher Bereiche der Gesellschaft gerufen, diese aber dauerhaft umzusetzen, war nicht möglich. Nehmen wir den vierten der Zwölf Artikel, bei dem es um das Recht eines jeden auf Jagd, Fischen und Fallenstellen geht, um die Familien zu versorgen:

> Es ist bisher der Brauch gewesen, dass kein armer Mann das Recht gehabt hat, Wild, Vögel oder Fische in fließendem Wasser zu fangen, was uns ganz schändlich und unbrüderlich dünkt, sondern eigennützig und dem Wort Gottes nicht gemäß. Auch hält die Obrigkeit das Wild an manchen Orten uns zum Hohn und zu großem Schaden. Während die unvernünftigen Tiere das Unsere, das Gott zum Nutzen des Menschen hat wachsen lassen, zu unserem Schaden leichtfertig wegfressen, müssen wir leiden und dazu still schweigen. Das ist wider Gott und den Nächsten. Denn als Gott den Menschen schuf, hat er ihm Gewalt gegeben über alle Tiere, über den Vogel in der Luft und über den Fisch im Wasser. Darum ist unser Begehren: Wenn einer Gewässer besitzt und mit einer ausreichenden Urkunde beweisen kann, dass er das Wasser redlich gekauft hat, begehren wir nicht, es ihm mit Gewalt zu nehmen. Sondern: Man muss hier ein christliches Einsehen haben, aus brüderlicher Liebe. Aber wer darüber keine genügende Auskunft geben kann, soll's gerechterweise einer Gemeinde überlassen. [407]

---

406 Engels (MEW 7: 402).
407 Ruszat-Ewig (2018: 71).

Auch in Artikel 41 der Bauern von Stühlingen, wo der Aufstand im Sommer 1524 begann, fand sich eine lange Klage verbunden mit der Forderung, dass „das wildpret frey sein solle". Hier geht es um die von den Bauern erlittene Ungerechtigkeit, deren Äckern durch das von den Herren gehaltene Wild Schaden zugefügt wurde, während ihnen bei Strafe des Augenausstechens das Jagen verboten war. Die Stühlinger Bauern baten darum, „one straf" das Hoch- und Niederwild jagen, schießen und fangen „vnd zu vnser notturft geprauchen" zu dürfen. Auch wollten sie dem Förster für die ihnen bisher verbotenen Jagdbüchsen und Armbrusten nichts mehr geben.[408]

Bereits im Mai 1524 empörten sich die Einwohner von Forchheim, weil sie in den Teichen des Dompropstes fischen wollten. Das Recht zu jagen, zu fischen und Fallen aufzustellen gehörte in dieser Zeit zu den üblichen bäuerlichen Forderungen. Sie sind ein Beleg für die Spannungen in einer Gesellschaft mit einer Minderheit von Grundbesitzern, deren Leibeigene bei der Bestellung ihres Lands von der Duldung der Herren abhängig waren und die kaum Mittel hatten, ihre Rechte zu schützen.[409]

Aus dem vierten Artikel der Memminger Forderungen und ähnlichen Schriften spricht tiefsitzende Verbitterung, aber kein Appell an die „brüderliche Liebe" oder Selbstlosigkeit der Herren konnte hier Abhilfe schaffen. Deutschlands Gesellschaft beruhte auf der Vorstellung, dass eine Minderheit das Land besaß und die übrige Bevölkerung darauf zum Wohle der Oberschicht schuftete. Privateigentum an Grund und Boden gaben dementsprechend dem Eigentümer das Nutzungsrecht. Die Herren vermehrten ihren Reichtum nicht selten, indem sie Gemeindeland zerstörten oder den Bauern Rechte entzogen, weil sie für die Funktionsweise des Feudalismus zugunsten der Wohlhabenden ein Hindernis waren. Das Jagd- und Fangrecht zur Befriedigung bäuerlicher Bedürfnisse erforderte den unmittelbaren

---

408 Baumann (1877: 202).

409 Zu Forchheim siehe: Franz (1975: 94–96); RN. Derartige Anliegen blieben bis in die Neuzeit hinein ein Merkmal des Gegensatzes zwischen reichen Grundbesitzern und Bauern, Kleinbauern und Arbeitern. Die schwere Kriminalisierung des Wilderns und Jagens für die Nichtlandbesitzenden im 18. und 19. Jahrhundert in England war ein Beispiel dafür, wie die Natur mit dem Aufstieg des Kapitalismus im Rahmen des Übergangs zu einer Lohnarbeitsökonomie auf dem Land zur Ware gemacht wurde. Siehe Empson (2018).

Angriff auf Grundprinzipien der Gesellschaft. Wie gütig oder selbstlos ein Herr auch sein mochte, oder wie sehr er das Niederbrennen seines Schlosses fürchtete, solchen Forderungen konnte er höchstens für kurze Zeit nachgeben.

Die Forderung nach dem „göttlichen Recht" konnte somit revolutionäre Kräfte freisetzen, aber daraus ergab sich noch nicht die Formulierung einer neuen, klassenlosen gesellschaftlichen Ordnung. Menschen wie Michael Gaismair oder in einem anderen Kontext Gerrard Winstanley, die Visionen von einer solchen neuen Gesellschaft entwarfen, wussten nicht, wie diese zu erreichen war. Denn der Entwurf solch einer neuen Gesellschaft erforderte die Zerstörung der alten Ordnung und die Entwicklung einer wirtschaftlichen Grundlage, die eine klassenlose Welt tragen konnte. Marx und Engels schrieben im Kommunistischen Manifest, die „Geschichte aller bisherigen Gesellschaft ist die Geschichte von Klassenkämpfen". Da Klassengesellschaften auf widerstreitenden ausbeuterischen Beziehungen beruhen, führen sie zu Klassenkämpfen. Dieser Kampf findet jedoch unabhängig davon statt, ob es den Unterdrückten gelingen kann, den Kampf zu gewinnen oder nicht. Im Deutschen Bauernkrieg stellten die Massenbewegungen der Unterdrückten eine Kampfansage an die gesellschaftliche Ordnung dar, und mit ihnen entstand ein Umfeld, in dem einzelne Denker die Utopie einer bäuerlichen Gesellschaft auf der Grundlage gleicher Verteilung von Gütern und örtlicher Demokratie entwarfen. Aber sie hatten keine Chance, eine solche Gesellschaftordnung zu schaffen.

Der Grund dafür ist der Charakter einer bäuerlichen Gesellschaft und die beschränkte wirtschaftliche Entwicklung Deutschlands im 16. Jahrhundert. Wie wir gesehen haben, war die wirtschaftliche und soziale Basis Deutschlands seinerzeit die Bauernschaft. Von der landwirtschaftlichen Erzeugung der Bauern waren sowohl die örtlichen Herren als auch die kleinen Städte Deutschlands abhängig. Es wurde genug Überschuss produziert, um den extravaganten Lebensstil der Herren, Fürsten und Monarchen zu tragen, und auch genug für jene, die in den Dörfern und Städten für die Agrarökonomie notwendige Güter herstellten. Die Bauern teilten die Erfahrung von Unterdrückung und Ausbeutung. Deshalb gab es unweigerlich

Zeiten kollektiver Reaktion, wie Aufstände und Proteste, in denen die bäuerliche Gemeinde sich im Widerstand gegen ihre Unterdrücker, die Kirche, Grundbesitzer, Monarchen, zusammentat. In solchen Bewegungen konnten gemeinsame Forderungen zum Grundbesitz erhoben werden, zu dem Zugang zu Naturgütern und Land, oder gegen die Beschränkung des Jagd- und Fangrechts. Was aber nicht existierte, war das gesellschaftliche Potenzial für eine kollektive Lösung, denn Produktion in bäuerlichen Gemeinschaften ist eine isolierende Erfahrung. Es lohnt sich, Marx zur französischen Bauernschaft Mitte des 19. Jahrhunderts zu zitieren, um dieses Dilemma zu beleuchten:

> Die Parzellenbauern bilden eine ungeheure Masse, deren Glieder in gleicher Situation leben, aber ohne in mannigfache Beziehung zueinander zu treten. Ihre Produktionsweise isoliert sie voneinander, statt sie in wechselseitigen Verkehr zu bringen. Die Isolierung wird gefördert durch die schlechten französischen Kommunikationsmittel und die Armut der Bauern. Ihr Produktionsfeld, die Parzelle, läßt in seiner Kultur keine Teilung der Arbeit zu, keine Anwendung der Wissenschaft, also keine Mannigfaltigkeit der Entwicklung, keine Verschiedenheit der Talente, keinen Reichtum der gesellschaftlichen Verhältnisse. Jede einzelne Bauernfamilie genügt beinah sich selbst, produziert unmittelbar selbst den größten Teil ihres Konsums und gewinnt so ihr Lebensmaterial mehr im Austausche mit der Natur als im Verkehr mit der Gesellschaft. Die Parzelle, der Bauer und die Familie; daneben eine andre Parzelle, ein andrer Bauer und eine andre Familie. Ein Schock davon macht ein Dorf, und ein Schock Dörfer macht ein Departement. So wird die große Masse der französischen Nation gebildet durch einfache Addition gleichnamiger Größen, wie etwa ein Sack von Kartoffeln einen Kartoffelsack bildet.[410]

---

410 Marx (MEW 8: 198).

Wegen der Isolation der Bauern mit ihren geschlossenen und auf Familieproduktion gestützten kleinen Höfen waren sie, mit Marx' Worten, unfähig, „ihr Klasseninteresse im eigenen Namen [...] geltend zu machen". Die Bauernschaft in Deutschland konnte revolutionäre Bewegungen anführen, aber damit keine neue Gesellschaft aufbauen. Am ehesten konnte sie Reformen innerhalb der bestehenden Gesellschaft erreichen, die Beschränkung ihrer Ausbeutung, gewisse Umverteilung von Reichtum und verändertes Recht.

Die Vorstellung von einem „Gemeineigentum" war der Kern unzähliger utopischer Visionen über Jahrhunderte hinweg. Aber erst mit der Entstehung des modernen Kapitalismus, in dem die Produktion in rieisgen Betrieben und Fabriken konzentriert ist, konnte eine Vision von „Gemeineigentum" echte Bedeutung erlangen. Das wird den Umsturz der kapitalistischen Gesellschaft durch die Zerschagung des kapitalistischen Staats erfordern, wobei die arbeitende Klasse die Kontrolle über die „Produktionsmittel" übernimmt und sich kollektiv im Sinne ihrer Klasseninteressen organisiert. Dieser Weg stand der deutschen Bauernschaft nicht frei. Während also die Forderungen der Bauern von 1524 und 1525 getränkt waren von dem Bezug auf „göttliches Recht", begannen einige auch eine Vorstellung von einer sozialen, gemeindlichen Ordnung zu entwickeln. Die Hauptforderungen richteten sich darauf, Reichtum umzuverteilen und der Ausbeutung der Bauernschaft Grenzen zu setzen. Im fränkischen Wassertrüdingen erklärten die Rebellen dem reichen Bürgermeister: „Ihr großen Hansen, ihr müsst mit uns teilen und müsst einer so reich wie der andere sein." In Würzburg verkündeten die Aufständischen öffentlich: „So wir dann Brüder werden, lasst uns schon heute beginnen, dass die Reichen mit den Armen teilen und lasst uns verteilen, was die Reichen den Armen durch Handel und Geschäft genommen haben."[411] Es gibt unzählige Beispiele dafür, wie Bauern während des Aufstands spontan Vermögen aus den von ihnen gestürmten Schlössern, Klöstern und Häusern der Reichen verteilten. Doch konnte diese Bewegung nicht den nächsten Schritt zum Sturz der feudalen Ordnung tun.

---

411 Endres (1974: 162). Original: „Ir großen hansen ir muest mit uns tailn und muest einer als reich sein als der ander." Endres (1979: 77).

In dem Kampf der Bauern zeigte sich auch die Sehnsucht nach einer Gesellschaft, in der Eigentum und Grund und Boden gemeinschaftlich genutzt werden. Diese Vorstellung wird insbesondere mit Thomas Müntzer in Verbindung gebracht. Wie wir jedoch schon gesehen haben, hat Müntzer vermutlich nichts dergleichen geglaubt oder gesagt.

Das heißt nicht, dass Müntzer kein Revolutionär gewesen wäre. Wie sowohl aus seinen Artikeln als auch aus seiner Tätigkeit als Anführer von Bauernheeren hervorgeht, begriff er, dass Wandel die Zertrümmerung der Gesellschaft durch eine revolutionäre Massenbewegung erforderte.

Die Idee von einer Welt, in der „alle Dinge gemeinsam sind", hat in der deutschen Theologie eine lange Tradition, die auf die Bibel zurückgeht. Das Urchristentum war zunächst eine Gemeindebewegung, und das spiegelt sich an verschiedenen Stellen der Bibel wider. In der Apostelgeschichte 2,44 findet sich die berühmte Stelle: „Und alle, die glaubten, waren an demselben Ort und hatten alles gemeinsam. Sie verkauften Hab und Gut und teilten davon allen zu, jedem so viel, wie er nötig hatte." Für die Armen und Radikalen, die von der christlichen Theologie durchdrungen sind, liest sich die Apostelgeschichte 4,32–35 noch gewaltiger:

> Die Menge derer, die gläubig geworden waren, war ein Herz und eine Seele. Keiner nannte etwas von dem, was er hatte, sein Eigentum, sondern sie hatten alles gemeinsam. [...] Es gab auch keinen unter ihnen, der Not litt. Denn alle, die Grundstücke oder Häuser besaßen, verkauften ihren Besitz, brachten den Erlös und legten ihn den Aposteln zu Füßen. Jedem wurde davon so viel zugeteilt, wie er nötig hatte.[412]

Während der Reformation und des Bauernkriegs war dies aus zwei Gründen revolutionär: Erstens bot die Apostelgeschichte Argumente gegen diejenigen, die sich selbst als Christen bezeichneten und

---

412 Die Apostelgeschichte 2 und 4 spielte auch eine wichtige Rolle in der frühen Wiedertäuferbewegung, die wir noch behandeln werden. Siehe Stayer (1994), Kapitel 4.

angesichts von Massenarmut in Luxus lebten. Zweitens war es eine Vision von einer Gesellschaft auf gemeindlicher Grundlage, in der das Privateigentum aufgehoben war und alle an dem gesellschaftlichen Reichtum teilhaben konnten. Das Streben nach Durchsetzung des „göttlichen Rechts" war der Antrieb der revolutionären Bewegung. Dieses Ziel konnte zwar nicht erreicht werden, aber allein die Tatsache, dass vor 500 Jahren die Ausgebeuteten den Kampf gegen ihre Ausbeuter aufnahmen, war und bleibt eine Inspiration für alle, die auch heute für eine Gesellschaft frei von Unterdrückung und Ausbeutung kämpfen.

Fast ein Jahrzehnt nach der Niederlage der Bauernbewegung versuchten radikale Christen in einer deutschen Stadt, eine Gesellschaft auf der Grundlage einer strengen, radikalen Auslegung der Bibel zu errichten. Im folgenden Kapitel werden wir der Geschichte der Wiedertäufer von Münster nachgehen.

14. Die Wiedertäuferbewegung.
Das Ende der radikalen Reformation

Heute ist Münster in Westfalen eine große Universitätsstadt mit etwa 300.000 Einwohnern. Sie hebt sich von vielen anderen Städten in Westdeutschland nicht sonderlich ab. Das Zentrum wird beherrscht von dem Paulusdom. Unweit davon steht die spätgotische katholische Kirche St. Lamberti. Wer die Kirche hochschaut, entdeckt eine Besonderheit: Drei Eisenkörbe hängen dort am Turm. Diese sind Nachbildungen der im Jahr 1536 geschmiedeten Körbe, in denen jahrzehntelang die Knochenreste von drei Männern zu sehen gewesen sein sollen. Die Männer waren Jan van Leiden, Bernhard Knipperdolling und Bernhard Krechting. Sie wurden wegen ihrer führenden Funktion bei dem letzten großen Aufbäumen der radikalen Reformation, dem „Täuferreich von Münster", hingerichtet. Diese Männer waren Wiedertäufer und der Aufstand begann als ein Versuch, eine radikal-christliche Gesellschaft mit „Gütergemeinschaft" zu schaffen. Die Degenerierung des Aufstands und die durch die feindliche Belagerung Münsters verursachte Not brachten Traumata und Tod in großem Ausmaß mit sich. In der belagerten Stadt und als Reaktion auf die Entbehrungen des Kriegs wurde ein System des Gemeineigentums und der Polygamie von oben nach unten eingeführt. Tragischerweise degenerierte der Aufstand bald, weil Münster isoliert blieb.

Heute kennen wir die Wiedertäufer meist als kleine religiöse Gruppierungen wie die Mennoniten, die Amischen oder Hutterer. Ihre Ursprünge liegen jedoch in den religiösen Unruhen der frühen Reformationzeit und ihre Ideen waren geprägt von einer radikalen Lesart der Bibel und der Betonung der den ersten Christen zugeschriebenen gesellschaftlichen Vorstellungen aus der Apostelgeschichte, die wir in Kapitel 13 bereits betrachtet haben. Während die frühen Täuferbewegungen die Bibel auf sehr unterschiedliche Weise auslegten, teilten einige doch die Verpflichtung auf die „Gütergemeinschaft", die Teilhabe der Gruppe an allem, die Ablehnung der Kindstaufe und den Glauben an die Erwachsenentaufe, auch

Wiedertaufe genannt. In der Begeisterung und dem Getümmel der frühen Reformation traten die Wiedertäufer nicht besonders hervor. Sie waren eine der vielen sich damals bildenden Gruppen und Sekten. Viele ihrer Anhänger waren bestrebt, andere von ihrem Glauben zu überzeugen, weshalb Prediger von Ort zu Ort reisten und tauften. Dadurch vermehrten sie ihre Anhängerschaft, und diese Strömung konnte sich verbreiten. Da sie letztendlich isoliert blieben, kam es unter den Anhängern zu Differenzen in der Glaubenslehre. Dennoch „schürten dieselben gesellschaftlichen und wirtschaftlichen Impulse, die lokale Bauernunruhen auslösten, den religiösen Protest der frühen Wiedertäufer", wie ein Historiker schreibt.[413] James M. Stayer, ein weiterer Historiker der frühen Wiedertäuferbewegung, meint, sie seien „die bedeutendste Gruppe Radikaler der ‚Bewusstseinsrevolution' des 16. Jahrhunderts, die wir Reformation nennen", gewesen.[414]

Das frühe Täufertum ist aus mehreren Gründen mit dem Bauernkrieg in Verbindung gebracht worden. Der erste ist die direkte Beziehung zwischen einigen Radikalen des Bauernkriegs und führenden Wiedertäufern – wir werden im Folgenden noch Hans Hut begegnen, der als Verbündeter Thomas Müntzers in seinen Ideen und seinem Handeln von ihm beeinflusst war. Der zweite Grund besteht darin, dass die Vorstellung von geteilten Gütern und einem gemeinschaftlichen Leben gerade von den Feinden der Bewegung mit den Revolutionären der Bauernbewegung in Beziehung gesetzt wurde. Der sozialistische Historiker Ernest Belfort Bax geht sogar so weit, die Erhebung von Münster als „Höhepunkt des christlichen Kommunismus" zu bezeichnen.[415]

Nach der konterrevolutionären Zerschlagung des Bauernaufstands von 1525 gab es Entfaltungsmöglichkeiten für radikale Bewegungen. In der Folge konzentrierte sich gesellschaftliche und religiöse Unzufriedenheit noch mehr auf den Glauben und die religiöse Organisation. Die Täufer waren die bedeutendste Gruppe, die daraus Nutzen zog. Sie sprachen mit ihrer Ablehnung der bestehenden Verhältnisse

---

413 Packull (2008: 19).
414 Stayer (1976: 1).
415 Bax (1903: pv).

und ihrer Forderung nach einer von Reichtum und Macht befreiten Kirche unzufriedene und verarmte Bauern und Stadtbewohner gleichermaßen an. Die engen Parallelen zwischen den Bereichen, in denen das Täufertum gedieh, und denen des Bauernaufstands sowie die Tatsache, dass viele ehemalige Rebellen zu Täufern wurden, lassen vermuten, dass „das Täufertum bis zu einem gewissen Grad eine religiöse Nachwirkung des Bauernkriegs war".[416]

Das bedeutet, dass das Täufertum von Beginn an von theologischen Spaltungen geplagt war. Zum Beispiel gab es Meinungsverschiedenheiten in wichtigen Fragen wie Pazifismus, Gütergemeinschaft und ob die Obrigkeit Macht über die Christgläubigen ausüben dürfe. Eine wichtige Debatte der Täufer betraf das „Schwertrecht". Dies wurde je nach Lesart der Bibel als Mittel der Machtausübung befürwortet oder abgelehnt. Gab es zwei Gewalten der „Zwangsgerichtsbarkeit", die zivile und die kirchliche? Oder nur eine, die ausschließlich von dem weltlichen (nichtreligiösen) Regime ausgeübt wurde? Die Täufer und viele andere Reformatoren vertraten letztere Auffassung. Für sie stand „das eine weltliche Schwert für die gesamte Herrschaft und Kraft, die notwendig war, eine gesellschaftliche Ordnung aus Individuen zu festigen, von denen angenommen wurde, dass sie in der Mehrzahl äußerst böse, egoistisch und deshalb nicht für das Gemeinwohl empfänglich waren". Das Schwertrecht beschäftigte die Täufer, weil es eng mit der Ethik verbunden war und, wie Stayer darlegt, zu einer Vielzahl von Ideen darüber führte, ob Gewaltanwendung richtig sei, um sich selbst oder seine Überzeugungen zu schützen, oder aber, um eben diese Ideen zu verbreiten.[417]

Führende Täufer waren ursprünglich Anhänger Luthers und anderer Reformatoren seines Umfelds gewesen. In Zürich, wo sich die erste Täufergruppierung formierte, sammelten sie sich anfangs um Ulrich Zwingli, mit dem sie schließlich brachen. Hinter diesem Bruch standen Differenzen zum Kirchenzehnten, den Zwingli von Papst und Kirche missbraucht sah, aber dennoch für eine

---

416 Stayer (1994: 72, 89). Stayer weist auf die Verbindungen zwischen dem Bauernkrieg und der Täuferbewegung hin.
417 Stayer (1976: 1–2).

funktionierende Gesellschaft erforderlich hielt.[418] Zwingli glaubte, die Ablehnung des Zehnten wäre ein unmittelbarer Angriff auf die Obrigkeit und würde zu Gewalt führen. Er kritisierte die Amtskirche, die ihre Stellung missbrauchte und die einfachen Christen im Stich gelassen hatte. Er sorgte sich aber auch über die anschwellende radikale Bewegung. Ein Biograf Zwinglis schrieb, er

> [...] sprach auch die neue Bedrohung der gesellschaftlichen und religiösen Harmonie im Land an: die extremistischen Evangelikalen, selbstbewusst, hochkritisch gegenüber anderen, ohne Nächstenliebe, die die bestehende weltliche Regierung verwarfen, streitsüchtige, neidische, hinterhältige Heuchler. Sie lehnten die Kindertaufe rundum ab und mit ihren ständigen Disputen an jeder Straßenecke und ihren Predigten unter freiem Himmel drohte das Evangelium in Misskredit gebracht zu werden. Es war ein Hinweis auf die Existenz eines religiösen linken Flügels in Zürich, der schon bald Kirche und Staat in Schwierigkeiten bringen sollte.[419]

Aufgrund dieser Auseinandersetzungen lagen die Täufer mit beiden Flügeln der christlichen Bewegung im Streit und waren in einer deutlichen Minderheit, wenn ihre Bewegung auch wuchs.

Hier kann die Geschichte des Täufertums nicht im Detail untersucht werden. Einiges jedoch sollte erwähnt werden: Erstens gehörte die Ablehnung der Kindertaufe und die Notwendigkeit der „Wiedertaufe" zu einem Kernbestandteil ihrer Vorstellungen, dass der Einzelne aufgrund des eigenen Glaubens zur Kirche finden musste. Die Taufe von Anhängern fand zum ersten Mal im Januar 1525 statt und widersprach allen kirchlichen Lehren. Die katholische Kirche hatte lange Zeit behauptet, dass die Wiedertaufe ein gotteslästerlicher Akt sei und mit dem Tode bestraft gehörte. Das hatte zur Folge, dass die Täuferbewegung wegen ihres Glaubens und ihrer religiösen Praxis sofort von Verfolgung bedroht war. Die zweite Folge war, dass die Täufer sich als getrennt von anderen Christen begriffen. Da ihnen

---

418 Potter (1984: 161–166).
419 Potter (1984: 166).

die Rechtgläubigkeit abgesprochen wurde, ihre religiösen Anführer nicht anerkannt wurden, selbst nicht ihre Kirchen, hielten sie sich abseits der übrigen Gesellschaft. Das ging so weit, dass sie den gegebenen Staat ablehnten und den „ernsthaften Versuch", wie Bax es nannte, unternahmen, „die Grundsätze der Lehre des Evangeliums und die Idee einer Rückkehr zu einem vermeintlichen Urchristentum logisch umzusetzen".[420]

Diese Unabhängigkeit förderte die Eigenständigkeit und eine gewisse Heimlichkeit bei ihrer Organisationsweise und der Verbreitung ihrer Ideen. Das war nicht überraschend, denn in der Zeit nach dem Bauernkrieg wurden Tausende Wiedertäufer verfolgt, eingekerkert, gefoltert und hingerichtet – häufig auf roheste Weise. Die Unterdrückung der Täufer wirft ein Licht auf einen wesentlichen Aspekt des religiösen Glaubens in jener Zeit. Es gab keine Vorstellung von Toleranz gegenüber anderen Religionsgemeinschaften, deshalb ging die Obrigkeit grundsätzlich mit Gewalt gegen ihre Gegner vor.

Wegen dieser Verfolgung wurden die Täufer immer wieder zu Flüchtlingen. Das ermöglichte ihnen wiederum die Verbreitung ihrer Ideen und stärkte vermutlich ihre Entschlossenheit und ihren Glauben daran, die Auserwählten zu sein, die wahren Christen. Um die frühe Täuferbewegung zu verstehen, ist es jedoch notwendig, kurz einen Blick auf eine Vorstellung zu werfen, die ihnen von Freunden wie Feinden zugeschrieben wurde: die Gütergemeinschaft.

Die Idee der Gütergemeinschaft war ein Ausfluss der Radikalisierung des Bauernkriegs. Wir wir schon gesehen haben, war für viele Aufständische dies der Beginn der Erschaffung einer neuen religiösen Gesellschaft. Indem sie die gegebene christliche Kirche mit all ihrem Reichtum und ihrer Macht ablehnten, suchten diese Rebellen nach neuen Wegen der religiösen Organisierung, und viele waren beeinflusst von biblischen Erzählungen über die frühen Christen, insbesondere die in der Apostelgeschichte 2 und 4 beschriebenen. Und doch gibt es genügend Zweideutigkeiten in diesen Passagen, um zu geringfügig unterschiedlichen Schlussfolgerungen zu kommen.

James M. Stayer identifiziert in seiner Darstellung der täuferischen

---

420 Bax (1903: 63).

„Gütergemeinschaft" und des Bauernkriegs grob vier verschiedene Täufergemeinden, die geografisch wie theologisch voneinander getrennt waren. Stayer meint, die „Handwerkerführer" des Wiedertäufertums „artikulierten einfach die wirtschaftlichen und religiösen Ideale der vorkapitalistischen, vorindustriellen ländlichen und halbländlichen einfachen Leute im Allgemeinen".[421] Einige interpretierten die „Gütergemeinschaft" als das Teilen von Gütern und Vermögen innerhalb des einzelnen Haushalts. Für andere, wie die Schweizer Täufer, war „die christliche Gütergemeinschaft ein Ausdruck des göttlichen Rechts", und das bedeutete, „mit den Bedürftigen zu teilen und [...] das Verbot der Ausbeutung". Für sie war die Kirche „eine Gemeinde der einfachen Leute, die von ihrer Hände Arbeit lebten und in der keine Herrscher oder Rentiers mit ihren besonderen Privilegien die Einheit der Brüderschaft störten".

In Süd- und Mitteldeutschland waren Täufer laut Stayer beeinflusst von den radikalsten Ideen des Bauernaufstands. Gütergemeinschaft bedeutete für sie die Herstellung einer „Subsistenzwirtschaft", der Produktion nur für den eigenen Bedarf. Die Täufer schließlich aus Mähren (im Osten des heutigen Tschechiens), das zum Zufluchtsort für verfolgte Täufer wurde, übernahmen beeinflusst von Michael Gaismair die radikalste Interpretation und strebten eine „in sich geschlossene, relativ egalitäre Gesellschaft der einfachen Leute" an.[422]

Bei einigen Täufern stellte die „Gütergemeinschaft" die revolutionäre Ablehnung der gegebenen Gesellschaft dar und den Versuch, eine neue Gesellschaftsordnung zu schaffen. Für andere ging es um eine bessere, egalitärere Lebensweise. Was uns hier jedoch interessiert, sind weniger die Details der unterschiedlichen Bibelauslegung und wie die verschiedenen Täufergemeinden diese in ihre Lebenspraxis übertrugen, sondern vielmehr der starke Gemeinschaftssinn, der dem Gemeindeleben der Täufer innewohnte.

Das Täufertum hat viele faszinierende Persönlichkeiten hervorgebracht, von deren radikalen christlichen Ideen sich Zehntausende begeistern ließen. Einer von ihnen war Hans Hut, ein reisender

---

421 Stayer (1994: 10).
422 Zitate zu den Spielarten des Täufertums bei: Stayer (1994: 10–12).

Buchhändler, der die Werke von Thomas Müntzer verlegte und verkaufte. Hut war vom Täufertum angezogen und wurde zu einer bedeutenden Person der Bewegung in Süddeutschland und Österreich. Er war mit Müntzer in Mühlhausen gewesen und marschierte nach Frankenhausen, wo er Müntzers letzte Rede hörte. Er konnte dem Gemetzel entkommen, wurde gefangen genommen und schließlich freigelassen. Trotz der Niederlage predigte er auch danach: „Und es sey jetzo die zeit, das sy all solten erschlagen werden. Und die pauren haben den gewalt."[423]

Der bedeutendste Täufer dieser Zeit war jedoch Melchior Hofmann, dessen Ideen Anfang der 1530er Jahre in Straßburg für ein radikales Endzeitdenken standen. Während die Täuferbewegung in Mähren Zulauf erhielt, begann sie im Nordwesten Deutschlands einen neuen Charakter anzunehmen.

Straßburg bot der frühen Täufergemeinde Ende der 1520er Jahre einen fruchtbaren Boden für ihre Entfaltung. Die Obrigkeit dieser kaiserlichen Stadt schien nachsichtiger zu sein und erlegte den ersten Predigern, die in die Stadt kamen, verhältnismäßig geringe Beschränkungen auf. Das Täufertum entwickelte sich anfangs entlang „den alten theologischen Linien",[424] bis zur Ankunft Hofmanns. Hofmann war Handwerker, ein Kürschner, und ein autodidaktischer Bibelkundiger, der durch Norddeutschland entlang der Ostsee gereist war, anscheinend hat er sogar in Stockholm gepredigt. Er erreichte Straßburg im Jahr 1529 und schloss sich den Wiedertäufern an, wo er schnell als Prophet galt. Hofmann reiste danach weiter in die Niederlande, wo er die Täuferlehren verbreitete, kehrte dann aber wieder nach Straßburg zurück. Hofmann scheint mit den vorherrschenden Lehren der Gewaltlosigkeit, die die Mehrheit der Täufer befolgten, gebrochen zu haben. Er begann zu predigen, die Auserwählten sollten das „zweischneidige Schwert" ergreifen und es gegen die Ungläubigen richten. Hofmanns Einfluss war besonders groß in Straßburg, den Niederlanden und vor allem in Münster, wo sein melchioritisches Täufertum für den dortigen Aufstand besondere Bedeutung erlangte.

---

423 Seebaß (2002: 187). Siehe auch: Stayer (1994: 78–79).
424 Bax (1903: 99).

Hofmanns Leben endete auf tragische Weise: Er hielt Straßburg für das „neue Jerusalem" und glaubte, hier werde der Herr am Jüngsten Tag die „Herrschaft der Heiligen" errichten. Hofmann prophezeite, Christus werde im Jahr 1533 herabsteigen, woraufhin dort eine riesige Bewegung entstand und Tausende ihn predigen hören wollten. Einem Haftbefehl entzog er sich, kehrte später aber wieder zurück. Die Stadtoberen fürchteten die Ausweitung der Unruhen und verhafteten ihn. Er predigte den Weltuntergang noch vom Gefängnisturm aus. Zum Ende des Jahres zeichnete sich ab, dass die Heiligen nicht nach Straßburg kämen und Hofmanns Anhänger begannen, auf Münster zu schauen, wo die radikale Reformationsbewegung großen Zulauf erhalten hatte. Vielleicht glaubten sie, die Menschen in Straßburg hätten Gott enttäuscht, nun sei Münster der auserwählte Ort. Hofmann konnte nicht mit ihnen ziehen, er starb zehn Jahre später in seiner Zelle.[425]

In den 1530er Jahren war Münster eine bedeutende Stadt mit etwa 15.000 Einwohnern. Sie waren in einen heftigen Kampf der Ideen zwischen Katholiken, protestantischen Anhängern der orthodoxen Reformation und Radikalen verwickelt. Münster war ein Fürstbistum, das neben Osnabrück und Minden Bischof Franz von Waldeck unterstand. Im Jahr 1533 hatte die Stadt bedeutende Reformen und Privilegien errungen, die dem gewählten Stadtrat erhebliche Macht verschaffte und das Recht, lutherisch zu sein. Damit entbrannte ein „Dreieckskampf über Religion" in der Stadt zwischen den Katholiken, den orthodoxen Lutheranern „um den Stadtrat" und den Anhängern von Bernhard Rothmann, einem radikalreformatorischen Kaplan in Münster, der noch kein Täufer war, unter dem Einfluss radikaler Flüchtlinge, die in die Stadt strömten, aber rasch dazu wurde.[426] Die ersten nach Münster ziehenden Täufer organisierten sich im Geheimen. Neuankömmlinge gingen in das Haus Rothmanns

---

425 Nach Bax (1903), Kapitel 4.

426 In Gresbecks Bericht wird Bernhard Rothmann auch Stutenberent (Stutenbernd) genannt, ein Spottname, der auf Rothmanns Praxis zurückgeht, Weißbrot (Stuten) statt Oblaten bei der Kommunion auszuteilen. Stayer geht auf die radikalen Ideen ein, die Leute wie Rothmann beeinflussten, und er weist darauf hin, dass sie nicht Anhänger der Melchioriten waren, sondern „die Taufe nach dem Glaubensbekenntnis lehrten, aber nicht praktizierten". Stayer (1976: 228–229).

und wurden von ihm getauft. Schließlich waren so viele zugezogen, dass sie an die Öffentlichkeit traten, wie Heinrich Gresbeck, ein Augenzeuge des Münsteraner Aufstands, erzählt:

> Dieser Pfaffe (Rothmann) hatte die Taufe mit den Ersten in der Stadt heimlich gehalten und begann auch, heimlich in seinem Haus zu predigen, und hatte so viel Volk heimlich getauft von Männern, Frauen und Mägden. So sind die Wiedertäufer so viel geworden in der Stadt, dass sie offen zu taufen begannen, wer sich taufen lassen wollte. [...] So hatten die Wiedertäufer eine Losung untereinander von Männern und von Frauen, und wollten so heilig sein und wollten die anderen Bürger und Frauen nicht ansprechen, es wäre Vater und Mutter, niemand wollten sie ansprechen. Wenn sich die Männer begegneten auf der Straße, so gaben sie sich die Hand und küßten sich auf den Mund und sagten „Lieber Bruder, Gottes Friede sei mit Euch“. Antwortet der andere „Amen“. So hatten die Frauensleute, die sich hatten getauft, auch eine eigene Losung untereinander: Dieselben Wiedertäuferinnen pflegten ohne Kopftuch zu gehen und gingen mit einer Mütze und dieselbe Mütze hatte einen Überschlag oben auf dem Haupte. Dieselbe Mütze war ihre Losung, daran kannte man sie, die Wiedertäuferischen. Dieselben Wiedertäufer und Wiedertäuferischen, die wollten sich halten wie Brüder und Schwestern, so große Liebe wollten sie untereinander haben.[427]

In der Stadt herrschte eine angespannte Stimmung. Der Stadtrat ließ zwei lutherische Theologen von außerhalb kommen, um seine Stellung zu stärken, und er beabsichtigte, Rothmann und andere Radikale der Stadt zu verweisen. Im November 1533 versuchten die Katholiken es mit einem Angriff auf die Radikalen, der aber von den bewaffneten Anhängern Rothmanns zurückgeschlagen wurde,

---

427 Originalschrift in: Cornelius (1853: 12). Modernisierte Fassung in Auszügen in: van Dülmen (1974: 45) und Karasek (1977). Erster Absatz in eigener Übertragung; RN.

die sich in der Lambertikirche versammelt hatten.[428] Rothmann war zwar als Kaplan der Lambertikirche abgesetzt worden, um aber zu verhindern, dass er trotzdem predigte, war der Stadtrat von der Unterstützung der Katholiken abhängig. Noch waren sie keine Täufer, doch zeigte der Waffengebrauch der Anhänger Rothmanns in dieser Phase, wie weit sich die Bewegung von der Gewaltlosigkeit des zeitgenössischen Täufertums entfernt hatte. Rothmanns Bewegung sollte sich noch weiter radikalisieren.[429] Im Januar 1534 ließen er und andere führende Radikale sich taufen und das Täufertum wurde in kürzester Zeit zur vorherrschenden Religion in der Stadt. Im Jahr zuvor hatte Münster sich das Recht erzwungen, sich dem Luthertum anzuschließen. Bischof Franz stand auf der Feindesseite und der Rat konnte seine Stellung nur mittels der Unterstützung eines Nachbarfürsten halten. Mit dem Aufstieg der Täufer in Münster, die im gesamten Reich verboten waren, geriet der Rat nun unter Druck von zwei Seiten: den Täufern und dem Bischof.

Zu Beginn des Jahres 1534 machten sich Gerüchte breit, der Bischof rüste sich, um die Täufer zu schlagen. Daraufhin kam es zu Unruhen zwischen den verschiedenen Fraktionen der Stadt, wobei jede Partei Stärke zu demonstrieren versuchte. Am 9. und 10. Februar 1534 erreichte die Stadt weitere Nachricht vom Anrücken der Streitkräfte des Bischofs. Die Täufer erhielten immer mehr Zulauf und es kam zu einem Zusammenstoß mit dem Rat der Stadt. Die Täufer besetzten das Rathaus und den Prinzipalmarkt, der Rat stellte eine Streitmacht aus Lutheranern und Katholiken auf und holte auch tausend Bauern aus den umliegenden Orten zu Hilfe. Die Täufer waren zahlenmäßig deutlich unterlegen, weshalb Rothmanns Anhänger sich gedrängt sahen, trotz ihres Glaubens an Gewaltfreiheit zu den Waffen zu greifen. Vielleicht boten sie deshalb auch der Stadt an, ihre Waffen im Namen des Friedens wieder niederzulegen. Bürgermeister Hermann Tilbeck nutzte offenbar den Moment, den Rat davon zu überzeugen, das Friedensangebot anzunehmen. Stayer schreibt, es sei der Versuch gewesen, „die Angelegenheiten der Stadt

---

428 Karasek (1977: 41).
429 Zur Eroberung Münsters durch die Wiedertäufer siehe: Stayer (1976: 228–234).

auf der Grundlage gegenseitiger religiöser Toleranz zu regeln".[430]

Es war nur eine kurze Atempause. Bischof Franz leitete Schritte zur Eroberung der Stadt ein. Aus Angst vor den Täufern und der Belagerung begannen die Katholiken und Lutheraner, die Stadt zu verlassen. Gleichzeitig strömten täuferische Flüchtlinge nach Münster. Am 23. Februar 1534 fand die jährliche Ratswahl statt. Die Täufer gewannen alle Ratssitze. Nun zogen Massen von Täufern nach Münster, um sich auf die „Herrschaft der Heiligen" vorzubereiten. Zur Machtübernahme in Münster hatten die Täufer zu den Waffen greifen müssen, wenngleich sie „legal zur Herrschaft gekommen waren", wie Stayer schreibt. Es war eine eindrucksvolle Machtdemonstration und es kam kaum zu Gewalt.[431]

Sobald sie jedoch an der Macht waren, begann die Führung der Wiedertäufer Druck auszuüben, sich ihnen anzuschließen oder die Stadt zu verlassen. Der einzige uns überlieferte zeitgenössische Bericht aus Münster stammt von Heinrich Gresbeck, der schließlich aus der Stadt flüchtete und sich auf die Seite der Belagerer schlug.

Mit seinem Bericht versuchte er, sein eigenes Handeln zu rechtfertigen, und er war, wie das folgende Zitat zeigt, dem Täufertum feindlich gesinnt, auch wenn er eine führende Funktion in dem Aufstand innehatte. Gresbeck vermittelt uns einen Eindruck von den Ereignissen:

> Wenn es des Abends dunkel zu werden begann, da pflegten die Wiedertäufer durch die Straßen zu laufen und pflegten zu rufen „tuet Buße und bereut, Gott will euch strafen" und „bessert euch", und sie riefen: „Vater, Vater, gib, rotte aus, rotte aus die Gottlosen, Gott will sie strafen. [...] Einige Leute sagten in der Stadt, dass die Wiedertäufer die Rufer gekauft haben, dass sie des Abends und des Nachts auf den Straßen rufen sollen, auf dass sie das Volk verschrecken und verwirren. Sie pflegen auch des Nachts in den Häusern zu predigen, und pflegen sich bei Nacht zu Hofe zu versammeln, und wollen

---

430 Stayer (1976: 233). Bericht von Gresbeck in: Cornelius (1853: 14–17); van Dülmen in modernisierter Fassung (55–57). Siehe auch: Brendler (1966: 111–114).
431 Stayer (1976: 234). Siehe auch: Karasek (1977: 53).

nicht am Tage predigen. Noch halten sie die Stadt nicht richtig in Händen. Doch haben sie die Schlüssel zu allen Pforten und schließen jede Nacht alle Straßen und Gassen zu mit eisernen Ketten. Das Schließen taten sie so lange, bis sie ihren Widerpart von sich gejagt haben, was sie letztendlich auch taten. Als sie die Bürger und die Geistlichkeit von sich gejagt haben, jung und alt, da schlossen sie nachts keine Straßen mehr. Da waren sie einerlei Leute und waren die Herren der Stadt Münster. Wer nicht bleiben wollte, der mochte zur Stadt rausgehen, oder sie wollten sie totschlagen.[432]

Mehrere führende Täufer prägten jetzt das Geschehen in Münster. Einer von ihnen war Jan Matthys, der von Melchior Hofmann bekehrt worden war. Er gehörte zu den Flüchtlingen, die nach Münster kamen, während die Lutheraner und Katholiken die Stadt verließen, um der von dem Bischof eingeleiteten Belagerung der Stadt zu entkommen. Ein weiterer Täufer war Jan van Leiden (geborener Jan Bockelson), der sich im weiteren Verlauf der Geschichte als bedeutende Gestalt erweisen sollte. Diese täuferischen Anführer sandten Botschafter aus und luden Täufer überall im Land ein, sich ihnen anzuschließen und nach Münster zu kommen, denn hier werde schon bald das Neue Jerusalem entstehen, wie sie prophezeiten.

Das Täufertum in der Stadt war vor allem die Religion der Ärmsten, fand aber auch wohlhabendere Anhänger, denen die lutherische Reformation nicht weit genug gegangen war. Zu ihnen gehörte der einflussreiche Bernhard Knipperdolling (auch Knipperdollinck), der Wortführer der städtischen Gilden. Knipperdolling war ein paar Jahre zuvor mächtig genug gewesen, den Bischof anzuklagen; er fürchtete sich offenbar nicht, die Obrigkeit in religiösen Fragen anzugreifen. Wie sehr die Führungspersonen des Aufstands miteinander verbunden waren, zeigt die Heirat Jan van Leidens mit Knipperdollings Tochter während des Aufstands. Münster geriet sehr schnell unter die Kontrolle von Jan van Leiden und Matthys, die einen theokratischen Staat errichteten. Matthys hätte Nichtwiedertäufer, egal

---

432 Cornelius (1853: 4–5). Übertragung RN.

ob Katholik oder Lutheraner, hingerichtet. Doch auf Drängen der weniger radikalen Täufer wurden sie stattdessen aus der Stadt gewiesen. Die Austreibung glich einem Pogrom, Hunderte Greise, Kranke, Kinder, Mütter mussten inmitten eines Schneesturms die Stadt verlassen. Sie ließen ihre gesamte Habe zurück. Die in der Stadt Verbliebenen mussten sich auf dem Marktplatz der Erwachsenentaufe unterziehen. Dieser Vorgang währte drei Tage lang.[433] Nach Norman Cohn gab es in Münster „keine ‚Falschgläubigen' mehr, sondern nur noch Gottes Kinder".[434] Diese Ereignisse drängten die Obrigkeit zum Handeln. Der Bischof leitete die Belagerung Münsters ein, deren Bewohner Gräben aushoben, die Stadt befestigten und Bürgerwehren aufstellten. Die Wiedertäufer klagten, es habe keine „Kriegserklärung" gegeben, der Bischof als Oberhaupt der Stadt hätte den Stadtrat anhören müssen, ehe er den Krieg begann.[435] Stayer weist darauf hin, wie sich die Ereignisse zu Beginn der Belagerung in die Vorstellungswelt der täuferischen Anhänger Hofmanns fügten:

> Während der anfängliche Widerstand von Münster nicht im Widerspruch zu Hofmanns Glauben an das Recht einer christlichen Obrigkeit stand, das Schwert für legitime weltliche Zwecke zu gebrauchen, so erzeugte die Belagerung eine Stimmung apokalyptischer Dringlichkeit, die die melchioritische Lehre vom Schwert transformierte. Zum Beispiel wurde die Flucht der Täufer vor der militärischen Katastrophe am 10. Februar bald als ein buchstäblich wundersames Ereignis verstanden.

Rothmann behauptete, die bekehrten Christen hätten drei Sonnen und feurige Wolken gesehen, und die Täufer seien gerettet worden. Solcherart Berichte wurden zu den Täufern in der Umgebung Münsters geschickt. Sie trugen dazu bei, die Ereignisse in der Stadt zu rechtfertigen, und sollten noch mehr Wiedertäufer ermutigen, zu ihnen zu kommen, denn anscheinend war Gott auf ihrer Seite.

---

433 Cohn (1988: 289–290). Cornelius (1853: 19–21).
434 Cohn (1988: 290).
435 Stayer (1976: 235).

Die Führung der Täufer errichtete jedoch ein äußerst repressives Regime, auch wenn dieses sich auf Tausende Anhänger in der Stadt stützen konnte. Deren Beteiligung an religiösen Massenveranstaltungen und gemeindlichen Aktionen diente der Legitimierung und Stärkung der Täuferherrschaft. Gresbeck berichtet, dass der Bürger Hupert Smit (der Schmied Hubert Rüscher) wegen kritischer Äußerungen verhaftet wurde und „im Ring" von der Gemeinde gerichtet wurde. Diese befand ihn für schuldig und verurteilte ihn zum Tode. Jan van Leiden stach auf ihn ein und er starb acht Tage später.[436] Auch die Stadtverwaltung wurde aufgelöst, und die Macht lag in den Händen von Jan Matthys, der seine Gegner verhaften und bestrafen ließ. Die Hinrichtung von Gegnern während der Belagerung wurde zu einem alltäglichen Anblick, erst recht mit der Dauer der Belagerung und nach einem Umsturzversuch. Knipperdolling gab in seinem späteren Bekenntnis zu, dass er „ihrer ungefähr elf oder zwölf mit der Hand selbst geköpft habe", der „König", Jan van Leiden, schrieb sich sieben oder acht zu.[437] Die Anwendung von Gewalt war unmittelbare Folge der Zwänge der Belagerung wie auch der religiösen Gedankenwelt der Führungspersonen des Täuferregimes. Stayer kommt zu dem Ergebnis, dass die münsterischen Täufer „glaubten, Gott habe ihnen auf wundersame Weise offenbart, ihnen sei das Schwert für einen apokalyptischen Kreuzzug gegeben worden, die Welt zu bestrafen und das Königreich auf Erden zu errichten".[438] Allen Einwohnern Münsters wurden während der Belagerung Aufgaben zugewiesen, ob Männern, Frauen, Jung oder Alt. Damit die Stadt mit den beschränkten Mitteln funktionierte, erließen die Täufer eine Gemeindeordnung, nach der die Habe und die Lebensmittel der ausgewanderten Bürger verteilt wurden. In bestimmten Häusern konnten sich die Armen und Bedürftigen das Notwendige holen, von Betten bis zu Kleidung. Es gab auch Gemeinschaftshäuser, in denen jeder essen konnte, und während des Essens wurde aus der Bibel vorgelesen. Gresbeck schreibt:

---

436 van Dülmen (1974: 65–66; 94–96). Cornelius (1853: 28–30). Mackay (2016: 77–78). Mackay merkt an, dass diese Geschichte ähnlich in dem einzigen anderen halbwegs zeitgenössischen Bericht über die Belagerung von Hermann von Kerssenbrock erzählt wird, wenn auch Jahrzehnte später.
437 van Dülmen (1974: 271). Stayer (1976: 256).
438 Stayer (1976: 239).

Danach haben die Propheten, Prädikanten und der ganze Rat beratschlagt und wollten alles Gut gemeinsam haben. So haben sie als erstes befohlen, alle diejenigen, die Kupfergeld hätten, sollten es auf das Rathaus bringen, man sollte ihnen dort anderes Geld dafür geben. Das ist so geschehen. So sind sie des weiteren eins geworden und haben beschlossen, daß alles Gut gemeinsam sein soll, daß ein jeder sein Geld, Silber und Gold bringen soll, wie ein jeder zuletzt getan hat. Als die Propheten und Prädikanten sich darüber mit dem Rat eins geworden sind, so haben sie das in der Predigt verkündigen lassen, daß alles Gut gemeinsam sein soll, und daß der eine so viel haben soll wie der andere, ob sie nun reich gewesen seien oder arm, sie sollen alle gleich reich sein, der eine sollte soviel haben wie der andere. So haben sie in der Predigt gesagt: „Liebe Brüder und Schwestern, nachdem wir wie einerlei Leute sind, Brüder und Schwestern, so ist es ganz Gottes Wille, daß wir unser Geld, Silber und Gold zusammen bringen sollen. Der eine soll soviel wie der andere haben. So soll ein jeder sein Geld auf die Schreiberei beim Rathaus bringen. Dort soll der Rat sitzen und das Geld in Empfang nehmen." So hat der Prediger Stutenbernt [Rothmann] weiterhin gesagt: „Euch Christen steht es nicht an, Geld zu haben, es sei Silber oder Gold, es gehört einem Christen ... alles was die christlichen Brüder und Schwestern haben, das gehört dem einen so gut wie dem anderen. Ihr sollt an keinem Dinge Mangel haben, sei es Kost, Kleider, Haus oder Hof. Wessen ihr bedürft, das sollt ihr kriegen, Gott soll euch an keinem Ding Mangel haben lassen. Das eine soll ebenso gemeinsam sein wie das andere. Es gehört uns allen. Es ist mein so gut wie dein, und dein so gut wie mein." So haben sie die Leute überredet, daß sie zum Teil ihr Geld gebracht haben, Silber und Gold und alles, was sie hatten. Aber es ist ungleich zugegangen in der Stadt Münster, wo der eine so viel haben sollte wie der andere.[439]

---

439 van Dülmen (1974: 97, 99). Cornelius (1853: 32–33).

Für diese politische Ausrichtung stand vor allem Jan van Leiden, und wer den Anweisungen nicht folgte, wurde schwer bestraft oder getötet.[440] Die Durchsetzung dieser Politik erfolgte von oben nach unten, fand aber ohne Zweifel Anhänger bei den Ärmsten der Gesellschaft. Norman Cohn zitiert einen Antwerpener Gelehrten, der an den holländischen Theologen und Humanisten Erasmus von Rotterdam schrieb: „Wir in dieser Gegend sind von der Art, wie die Täuferrevolte aufgeflammt ist, äußerst beunruhigt, denn sie greift wahrhaftig wie ein Brand um sich. Ich glaube, es gibt kaum eine Stadt oder ein Dorf, wo die Lohe nicht im geheimen glüht. Sie predigen das Gemeineigentum mit der Folge, daß alle, die nichts besitzen, herbeiströmen.“[441]

Kein Wunder, dass die Obrigkeiten alles dafür taten, die Wiedertäufer zu vernichten. „Nicht nur das Bistum Münster selbst, sondern auch das Herzogtum Kleve und das Erzbistum Köln stempelten das Bekenntnis zum Täufertum zum Kapitalverbrechen. [...] Während der monatelangen Belagerung wurden in anderen Städten zahllose Männer und Frauen enthauptet, ertränkt, verbrannt oder gerädert.“[442]

Das Bekenntnis der Münsteraner Täufer zur „Gütergemeinschaft“ darf nicht über die repressiven Maßnahmen des theokratischen Staats hinwegtäuschen. Außer dem Alten und dem Neuen Testament wurden alle Bücher verboten und zusammen mit Urkunden und Dokumenten des vorherigen Regimes in einem Feuer verbrannt, das laut Gresbeck acht Tage loderte. Kirchen und Klöster wurden geschändet und zerstört, und obwohl die Täufer fünf oder sechs Schulen eröffneten, wurden hier nur religiöse Fächer unterrichtet.[443]

Die Einwohner konzentrierten sich jedoch hauptsächlich auf die Belagerung. Sie stellten Schießpulver her, lieferten sich Scharmützel mit den Belagerern und unternahmen nächtliche Ausfälle, wobei sie Gefangene machten, Feldgeschütze des Gegners vernagelten und einige Gewehre erbeuteten. Am 25. Mai versuchte der Bischof

---

440 van Dülmen (1974: 98).
441 Cohn (1988: 294).
442 Cohn (1988: 294).
443 van Dülmen (1974: 100, 120, 122).

mit seinen Landsknechten die Stadt zu stürmen. Aufschlussreich ist, was Gresbeck von der Anwendung traditioneller militärischer Praktiken erzählt. Ursprünglich hatten die Verteidiger keine Hauptleute, Trommeln oder Pfeifen, weil all dies als gottlos galt. Unter dem Druck der Ereignisse hatten die täuferischen Propheten die „Offenbarung von Gott", dass „die Kinder Israels Einheiten und allerlei Instrumente" gehabt hätten, das hätten sie „in der Bibel gefunden".[444] Es war eine lange Belagerung, die große Härten mit sich brachte. An ihr zeigte sich auch, wie sich die mittelalterliche Kriegsführung mit dem Aufkommen von Kanonen und Gewehren veränderte. Denn damit konnten Befestigungen angegriffen werden und es war möglich, aus großer Entfernung recht genau zu treffen (Gresbeck erzählt, wie ein Pfeifer auf der Stadtmauer von einer Kanonenkugel getroffen wurde). Meist jedoch wurde versucht, die Verteidigungsanlagen zu schwächen und Gegenangriffe zu führen: die Täufer bauten zum Beispiel Katapulte, um die Angreifer zu beschießen. Es war ein Stellungskrieg, und es gab auf beiden Seiten Opfer, aber die Angreifer waren deutlich im Vorteil, denn sie hatten Lebensmittel und Nachschub. Die Menschen in der Stadt begannen Hunger und Not zu leiden. Um dem zu begegnen, gab es Pläne, die noch vorhandenen Lebensmittelvorräte zu beschlagnahmen. Schließlich mussten sich die Verteidiger von Katzen, Hunden und Ratten ernähren.

Jan Matthys, der sich zusehends für einen Propheten hielt, bündelte nun alle Macht in seinen Händen. Das sollte ihm zum Verhängnis werden. Im April 1534 hatte er die Vision, er würde die belagernden Kräfte mit nur zwölf Männern besiegen – eine Zahl zweifellos in Anlehnung an die Apostel Jesu. Der kleine Trupp ritt aus der Stadt und konnte leicht geschlagen werden.

Nun ging die Herrschaft auf Jan van Leiden über, der sich zum König krönen ließ. Damit wurde das theologische Element in der Führung des Staats verstärkt. Jan van Leiden glaubte, ein Seher zu sein, was er auf verblüffende Weise nutzte. Zum Beispiel rannte er „in religiöser Ekstase nackt durch die Stadt", um dann drei Tage

---

444 van Dülmen (1974: 128). Cornelius (1853: 50–52, 55). Original: „[...] dat die kinder von Israel hedden banders gehat und allerlei gespil. Datselve funden sie in der bibelen." Zur Belagerung Münsters siehe: Gresbecks Bericht in: Cornelius (1853: 54–58).

lang stumm auf dem Marktplatz zu verharren. „Als er der Sprache wieder mächtig war, verkündete er [...], Gott habe ihm geoffenbart, daß die bisherigen städtischen Satzungen [...] von neuen, von Gott inspirierten ersetzt werden müssten." Jan sollte zusammen mit zwölf Ältesten regieren, darunter einige bisherige Ratsmitglieder und Obmänner der Zünfte.[445] Ein Aspekt der Belagerung Münsters, der zu reißerischen Spekulationen und Diskussionen geführt hat, ist die Polygamie. Ursprünglich hatten die Wiedertäufer Heirat nur zwischen zwei Getauften gestattet. Heirat zwischen einer neu getauften und einer „gottlosen" Person galt als Ehebruch und ein Verbrechen, das die Todesstrafe verdiente.[446] Jan van Leiden führte nun die Polygamie ein. Lasst uns zunächst anschauen, was Gresbeck dazu schreibt, wobei wir in Erinnerung behalten müssen, dass er zu einem scharfen Gegner der Wiedertäufer wurde:

> Nun hat Johann van Leiden mit den Prädikanten und den 12 Ältesten über den Ehestand verhandelt, daß ein Mann mehr als eine Frau haben sollte. So haben die Propheten, Prädikanten und die zwölf Ältesten den Ehestand heimlich behandelt, so lange bis sie sich einig geworden waren. So haben die Propheten und Prädikanten in der Bibel gefunden: „wachset und mehret euch". Es waren auch einige Patriarchen wie Abraham, David und Helkam [Elkana] und andere, die haben mehr als eine Frau gehabt. Da wollten sie nun fortfahren und haben den Ehestand angenommen. So haben die Propheten und Prädikanten den Ehestand verkündigt in den Predigten, weil das Gottes Wille wäre, daß sie einen Ehestand annehmen sollen, Gott hätte daran sein Wohlgefallen, daß man die Welt vermehre, denn Gott wolle eine neue Welt anrichten mit seinem Volk, und Gottes Wille wäre, daß ein jeder Bruder mehr Frauen habe als eine, und solle die Welt vermehren.

---

445 Cohn (1988: 295–296). Cornelius (1853: 101–102).
446 Cohn (1988: 297).

Er fährt fort:

> So hat Johann van Leiden mit seinem Bischof, den Prä-
> dikanten und den zwölf Ältesten den Ehestand verkündigt,
> daß es Gottes Wille wäre, daß sie die Welt vermehren sollten,
> daß ein jeder drei oder vier Frauen nehmen sollte, so viel
> er von ihnen haben wollte, aber sie sollten gütlich mit den
> Frauen leben [...]. So hat das dem einen gefallen, dem ande-
> ren nicht. Es waren da Männer und Frauen dagegen, die den
> Ehestand nicht halten wollten, worauf noch zuletzt mancher
> Mensch sterben mußte.[447]

Jan van Leidens Rechtfertigung für die Einführung der Polygamie
beruhte auf der Interpretation von im Alten Testament beschriebenen Ereignissen, wonach zum Beispiel Noah mehr als eine Frau hatte, und auf der biblische Aufforderung: „Seid fruchtbar und mehret
euch." Van Leiden selbst nahm sich fünfzehn oder sechzehn Frauen.

Nach der Belagerung wurde die Institution der Polygamie dafür
genutzt, um die Wiedertäufer in Misskredit zu bringen, da sie ein
Beweis ihrer mangelnden Moral gewesen sei. Das ist übelste Heu-
chelei derer, die die Unterdrückung, die Folter und den Massen-
mord an den Wiedertäufern bejubelten. Gleichzeitig handelte es sich
bei der Polygamie von Münster nicht um eine Art sexueller Befrei-
uung. Einige haben den Beschluss als Ergebnis des zahlenmäßigen
Missverhältnisses zwischen Frauen und Männern in der Stadt aufgrund der höheren Todesrate bei Männern erklärt.[448] Viele Männer
waren auch aus Angst vor der Hinrichtung geflohen und hatten ihre
Frauen zurückgelassen, um ihr Eigentum zu hüten.

Es gab in der Tat eine höhere Zahl Frauen als Männer in der Stadt.
Einige Frauen waren vor der Erhebung aktiv an der „evangelischen
Bewegung" beteiligt gewesen und kämpften als Wiedertäuferinnen
in der belagerten Stadt – wie zum Beispiel Hille Feicken, die einen
Anschlag auf den Bischof verüben wollte, dabei sah sie sich selbst

---

447 van Dülmen (1974: 140–141). Cornelius (1853: 59–60). (Teilweise eigene Übertragung,
weil bei van Dülmen nur als Auszug vorhanden; RN).
448 Hsia (1988: 59).

als die alttestamentarische Judith, die der Erzählung nach einen General tötete, der ihre Stadt belagerte. Die meisten Frauen schlossen sich jedoch nicht der Bewegung an. Die Nonnen waren gegen die Reformation und das Täufertum und andere ließen sich nur „unter Zwang" taufen, während sie ihrem Glauben treu blieben.[449] Die erzwungene Taufe der Münsteraner Bevölkerung bedeutete, dass alle, die die Stadt nicht verlassen konnten, als Täufer angesehen wurden, auch wenn sie nicht zu diesem Glauben übertraten. Und letztendlich waren es die Ärmsten, die nicht gehen konnten, und das betraf gerade auch „alleinstehende arbeitende Frauen – Junggesellinnen, Witwen und Mägde".[450] All diese Faktoren trugen zu der großen Zahl von Frauen in der Stadt bei. Um die Einführung der Polygamie zu erklären, haben einige Historikerinnen und Historiker die Ansicht vertreten, diese Maßnahme habe die Frauen schützen sollen, indem sie ehelich gebunden wurden. Eine solche Begründung findet sich nicht in Gresbecks Bericht. Wir sollten die Polygamie in Münster stattdessen als einen Reflex der Vorstellungen und Interessen der Führung der Wiedertäufer begreifen. Gresbeck erzählt, dass gleich nach dem Beschluss viele Männer so viele Frauen nahmen, wie sie wollten, gerne junge Frauen und, wie er schreibt, „zarte kleine Mädchen". Er fährt fort: „So schliefen sie zuerst bei der einen Frau und dann bei der anderen. Das taten sie alles mit dem heiligen Schein, auf daß sie die Welt vermehren sollten."[451]

Genau genommen war dies auch keine Polygamie (Vielehe), denn dann hätten die Frauen auch das Recht gehabt, sich mehrere Ehemänner zu nehmen. Die geeignetere Bezeichnung lautet Polygynie (Vielweiberei: Männer können sich mehrere Ehefrauen nehmen, aber nicht umgekehrt). Das wird mit der Erklärung der münsterischen Täuferführung unterstrichen, denn sie ließen

> [...] allen Frauensleuten, Jungfern und Mägden und Witwen sagen, alle, die mannbar sind, seien sie edel oder unedel, geistlich oder weltlich, sie sollen alle Männer nehmen,

---

449   Hsia (1988: 58).
450   Hsia (1988: 58–59).
451   van Dülmen (1974: 141, 144). Cornelius (1853: 62).

und die Frauen, die ihre Männer vor der Stadt haben, die von uns weggelaufen sind, diese Frauen sollen auch andere Männer nehmen, denn ihre Männer sind gottlos und sind vor Gottes Wort weggelaufen und sind unsere Brüder nicht. „Liebe Brüder und Schwestern, so lange habt ihr allzumal in Heidenschaft in dem Ehestand gelebt, es ist kein rechter Ehestand gewesen."[452]

Frauen wurden also zur Heirat gezwungen. Während einige anscheinend bereitwillig heirateten, taten es viele nicht.

Den Bericht Gresbecks über diese Ereignisse zu lesen, ist verstörend. Ohne Zweifel gab es großen Unmut. Laut Norman Cohn führte die Einführung der Polygamie sogar zu einem kleinen Aufstand gegen die Täuferherrscherschaft, und Jan van Leiden und Knipperdolling wurden kurzzeitig festgesetzt. Fünfzig Rebellen wurden anschließend hingerichtet. Es gab auch große Unruhe unter den Frauen in der Stadt und in den Haushalten. Gresbeck nimmt an, dass mindestens eine namenlose Frau Selbstmord beging oder getötet wurde, sie wurde tot im Wasser liegend gefunden. Andere wurden hingerichtet, weil sie die Heirat verweigerten oder gegen die Zwangsehe auftraten. Diese Empörung war so groß, dass die Täuferführung einen Rückzieher machte. Gresbeck sagt, sie erklärten, „niemand solle gezwungen sein, der Ehestand solle frei sein", aber es war zu spät.[453]

Der Historiker Ronnie Po-chia Hsia meint, der Schwenk zur „Polygamie" habe weniger mit biblischen Vorstellungen zu tun, sondern sei ein Mittel der Kontrolle gewesen, weil der Mehrheit der Bevölkerung nicht getraut werden konnte. Frauen wurden an Männer gebunden, und auf diese Weise konnten sie das „Heil" nur durch die doppelte Vermittlung von Männern und Christus erlangen". Hsia schlussfolgert, dass die Ereignisse in Münster der „Versuch waren, Frauen durch Beschränkung ihrer gesellschaftlichen und religiösen Aufgaben zu unterwerfen und sie letztendlich in gehorsame (und geschützte) Frauen und Töchter eines polygamen, patriarchalen

---

452 Cornelius (1853: 62). Übertragung RN.
453 Cornelius (1853: 63–67).

und heiligen Stammes zu verwandeln".[454] Während sich die Belagerung hinzog, wurde das Leben in der Stadt immer verzweifelter. Die Macht lag in den Händen Jan van Leidens, der sich zum „König über das Neue Israel und über die ganze Welt [...] und nächst Gott" aufschwang. „In der ganzen Welt sollte kein König oder Herr sein außer Johann van Leiden und in der ganzen Welt sollte keine Obrigkeit mehr sein, als Johann van Leiden".[455] Gresbeck merkt aber auch an, dass nicht alle damit einverstanden waren. „Das gemeine Volk hat stillgeschwiegen in der Stadt. [...] Die Obersten von den Wiedertäufern in der Stadt sind sich darüber einig geworden, die Prädikanten mit Knipperdolling und Bernd Krechting und Heinrich Krechting und Tilbeck und derselben mehr."[456] Cohn beschreibt die immer wilder werdenden Beschlüsse des ernannten Königs:

> Straßen und Stadttore erhielten neue Namen, Sonntage und Festtage wurden aufgehoben, die Wochentage wurden nach einem alphabetischen System umbenannt, sogar den Neugeborenen wurden Namen nach einer vom König entworfenen Liste gegeben. Geld übte in Münster zwar keine Funktion mehr aus, dennoch wurde eine neue Gattung von Silber- und Goldmünzen zu rein dekorativen Zwecken geschaffen. [...] Bockelsons Anspruch auf die absolute geistliche und zeitliche Herrschaft über die ganze Erde symbolisierend, wurde ein besonderes Emblem entworfen. [...] Bockelson selbst trug das aus Gold modellierte Emblem an einer goldenen Halskette [...].[457]

Jan van Leiden hielt den gesamten Reichtum nun in Händen, er lebte mit etlichen Frauen in enteigneten Bürgerhäusern und umgab sich mit einem Gefolge und einer Leibwache. Er schmückte sich mit allen Insignien der mittelalterlichen Monarchie und saß auf einem mit Goldbrokat drapierten Thron auf dem Marktplatz.[458] Immer mehr Güter wurden beschlagnahmt, um diesen pompösen

---

454 Hsia (1988: 59–60).
455 van Dülmen (1974: 147).
456 van Dülmen (1974: 147).
457 Cohn (1988: 300).
458 Cohn (1988: 302). Cornelius (1853: 85–88).

Lebensstil zu finanzieren, während die breite Masse Münsters immer mehr leiden musste. Terror wurde alltäglich – wer dem König oder den von ihm eingesetzten Amtsträgern nicht gehorchte, musste mit dem Tode rechnen. Die Launen der Herrscher bestimmten nun das Leben. Zum Beispiel sollte sich die Bevölkerung mit ihren Waffen auf den Ruf der Posaune auf dem Domhof versammeln. Dann sollten sie gegen die Belagerer aus der Stadt ziehen. „Begnadet mit übernatürlicher Kraft" wäre ihnen der Sieg sicher. Das Unternehmen wurde glücklicherweise im letzten Moment abgeblasen.

Cohn beschreibt, wie der Terror sich als Erstes gegen Frauen richtete: „[…] eine verlor den Kopf, weil sie ihrem Mann die ehelichen Rechte verweigerte, eine andere wegen Bigamie [...] und eine dritte, weil sie einen Prediger beleidigt und seine Lehre verhöhnt hatte." Cohn vermutet, dass Jan van Leiden als „zugewanderter Despot" den Terror vor allem als politische Waffe gegen die eingesessene Bevölkerung einsetzte, weshalb seine Leibwache auch „ausschließlich aus Ortsfremden" bestand, die mit Privilegien ausgestattet waren.[459]

Zum Ende des Jahres 1534 bereiteten sich die Belagerer auf die endgültige Zerschlagung der Münsteraner Wiedertäufer vor. Die am Rhein liegenden Länder einigten sich darauf, Bischof Franz mit Geld, Waffen und Truppen zur unterstützen, um die Stadt anzugreifen. Der Belagerungsring war geschlossen, einige wenige Wiedertäufer konnten jedoch entkommen und ihre Botschaft verbreiten. Der Ruf wurde gehört, und im Januar 1535 rotteten sich tausend Bewaffnete aus der niederländischen Provinz Groningen zusammen, um nach Münster zu ziehen. Sie wurden noch vorher geschlagen und zersprengt. Dann erstürmten 800 Wiedertäufer ein westfriesisches Kloster, wurden jedoch überwältigt.[460] In der Stadt selbst wurde die Lage immer verzweifelter. Gresbeck beschreibt den Luxus der Führer einerseits und die fast völlige Mittellosigkeit der breiten Masse:

---

459 Cohn (1970: 304–305). Gresbeck über die Versammlung auf dem Domhof in: Cornelius (1853: 106–110); RN.
460 Cohn (1988: 306). Keller (1880: 326, 328).

So haben sie zuerst Pferde gegessen, vom Haupt bis zu den Füßen, die Leber und Lunge. Sie haben gegessen Katzen, Hunde, Mäuse, Ratten, große breite Muscheln, Frösche und Gras, und das ist meist ihr Brot gewesen. Solange sie Salz hatten, war das ihr Weizen. So haben sie auch Ochsenhäute gegessen, und alte Schuhe haben sie eingeweicht und haben die gegessen. [...] Ihre Kinder starben vor Hunger, die Alten starben vor Hunger, einer nach dem anderen. Aber der Bösewicht, der König, mit seinen Reden, hatte noch genug zu essen und ließ das andere Volk zu Tode schmachten. Wer dem anderen etwas stehlen konnte, der tat es; von Kost, von Hunden und von Katzen, was sie stehlen konnten, haben sie genommen und aßen es. Das war ihr Wildbret. Erhielt der König in dieser Zeit Kunde davon, dass jemand von ihnen weglaufen wollte, dem hieb er den Kopf ab oder ließ ihn an eine Linde auf dem Domplatz hängen.[461]

Im Mai gestattete Jan van Leiden angesichts der verzweifelten Lage den Abwanderungswilligen, die Stadt zu verlassen. Die waffenfähigen Männer wurden umgehend von den Belagerern getötet, während den anderen der Abzug verwehrt wurde. Frauen, Greise und Kinder vegetierten fünf Wochen lang zwischen der Stadtmauer und den Schanzen der Belagerer, fraßen Gras und starben vor Hunger. Schließlich gab der Bischof nach: Wer als Täufer galt, wurde hingerichtet, die übrigen wurden verbannt.[462]

Die Stadt hielt bis Juni 1535 durch, achtzehn Monate nachdem die Täufer die Herrschaft übernommen hatten. Gresbeck gelang es, aus der Stadt zu entkommen. Als militärisch erfahren und nachdem er vermutlich in führender Funktion an den Ereignissen teilgenommen hatte (worüber er sich in seinem Bericht ausschweigt), wurde er nun zum Verräter. Er unterbreitete den Belagerern einen Plan, unentdeckt in die Stadt zu kommen. Die Söldner des Bischofs drangen in der Nacht vom 24. zum 25. Juni 1535 in die Stadt ein, es kam zu

---

461 Cornelius (1853: 189–190). Übertragung RN.
462 Cohn (1988: 308).

Gefechten und Hunderte starben.[463] Trotz des Versprechens, Gnade walten zu lassen, wurden viele Täufer nach ihrer Gefangennahme getötet, das Eigentum der Aufständischen wurde eingezogen. Führende Täufer wie der „König" Jan van Leiden wurden gefoltert und schließlich hingerichtet. Auch Frauen wie Jan van Leidens Ehefrau, „Königin" Divara, gehörten dazu. Im Januar 1536 wurden Jan van Leiden, Knipperdolling und Krechting öffentlich zu Tode gefoltert und ihre Leichname am Turm der Lambertikirche in Eisenkörben, deren Nachbildungen noch heute dort hängen, hochgezogen.

Einige Historiker dieser Ereignisse von Münster, vor allem linke wie Ernest Belfort Bax, dessen Buch zu den Wiedertäufern 1903 veröffentlicht wurde, sahen Parallelen zu späteren proletarischen Aufständen. Der Versuch, eine „Gütergemeinschaft" einzuführen, die Belagerung der Stadt durch die Obrigkeit und das anschließende Gemetzel an den Täufern erinnern deutlich an die Pariser Kommune von 1871. Aber es wäre falsch, den Wiedertäufern von Münster einen zu revolutionären Anstrich zu geben. Einfache Leute in Münster erfuhren großes Leid wegen der Ideen ihrer Anführer, insbesondere nachdem Jan van Leiden sich zum König erklärt hatte. Viele Wiedertäufer aus der armen Bevölkerung Nordwestdeutschlands und der Niederlande glaubten fest daran, dass die Erlösung nah sei, und sie hofften, an der Umverteilung des Reichtums zu den Armen teilhaben zu können. Sie sahen in den Monaten der Täuferherrschaft in Münster den Ort der Wiederkunft Jesu Christi.

„Apostel" wurden von Münster ausgeschickt, um das Wort über die Ereignisse zu verbreiten und aufzurufen, sich ihnen anzuschließen. Deshalb zogen Massen nach Münster. Im März 1534 machten sich Tausende Täufer in Holland auf Dutzenden Schiffen auf den Weg. Sammelpunkt war der Hafen von Kampen. Die holländischen Behörden hielten sie auf, richteten einige ihrer Anführer hin, verhafteten die meisten und schickten die übrigen nach Hause. In einer Entscheidung, die an die heutige Behandlung von Flüchtlingen erinnert, hatten die Behörden zunächst gedroht, die Täufer hinzurichten und die Boote zu versenken. Interessanterweise ließen sie mit der

---

463 Kirchhoff (1962: 141–142).

Begründung davon ab, es handele sich um „arme, arglose Leute" und es solle „die Entvölkerung des Landes vermieden" werden.[464] Im Mai 1535 gab es einen Aufstandsversuch in Amsterdam und 60 Wiedertäufer besetzten das Rathaus. Die meisten wurden getötet, weil sich die protestantische Bevölkerung nicht erhob. Stayer meint, Jan van Geel, der Führer des Aufstands, sei sich der Aussichtslosigkeit dieses Unterfangens bewusst gewesen, sah darin jedoch eine letzte Hoffnung für das belagerte Münster.[465]

In anderen Städten fanden münsterische Sendboten zwar Unterstützung, die aber sofort unterdrückt wurde. Die Stadt Warendorf stellte sich auf die Seite Münsters und ergab sich umgehend, als der Bischof mit seinem Heer anrückte. Die münsterischen Gesandten wurden hingerichtet.[466] Im Januar 1535 wurden täuferische Aufstandsversuche in Wesel, Maastricht, Utrecht und Leiden trotz ausgeklügelter Pläne im Keim erstickt.[467] Ohne Zweifel empfanden die unterdrückten Wiedertäufer der Region, insbesondere die armen, große Begeisterung und Sympathie für Münster, aber es war keine revolutionäre Massenbewegung, die eine emanzipatorische Politik verfolgte. Vielmehr erwarteten sie die Wiederkehr Christi und die baldige Erlösung, und sie waren bereit, die wahren Gläubigen mit dem Schwert zu verteidigen, bis diese Zeit gekommen war.

Wir sollten also vorsichtig sein mit Vergleichen zu späteren revolutionären Bewegungen. Das heißt nicht, dass es keine radikalen sozialen Ansätze im Täufertum oder bei den täuferischen Führern Münsters gab. Aber Münster war kein Vorläufer späterer städtischer revolutionärer Bewegungen. Am ehesten bietet sich der Vergleich mit der Pariser Kommune an. Was diese jedoch vom Täuferreich unterschied, war die Massenbeteiligung an der Revolution. Es war eine Bewegung des Proletariats, das sich bewaffnete, Reichtum und Eigentum umverteilte und neue Institutionen der arbeitenden Klasse schuf. Demokratie war in der Pariser Kommune ein entscheidendes Element, dadurch wurde gewährleistet, dass die gewählten Vertreter

---

464 Stayer (1976: 262–263). Siehe auch: Keller (1880: 162–163).
465 Stayer (1976: 274–275).
466 van Dülmen (1974: 173–174).
467 Stayer (1976: 269). Keller (1880: 327).

den Durchschnittslohn erhielten und jederzeit abrufbar waren.

Solch eine Demokratie oder Rechenschaftspflicht gab es in Münster nicht, auch keine Massenbewegung, die sich ihre neuen gesellschaftlichen Strukturen schuf. Die Umverteilung wurde von oben durchgeführt, wenn auch mit bereitwilliger Unterstützung vieler einfacher Bürger Münsters, aber es war keine selbstbefreiende Maßnahme. Die Isolation der münsterischen Wiedertäufer und die brutale Belagerung zwangen die Führung zweifellos zu schwierigen Entscheidungen wie die Verfolgung einer Logik der Gewalt, um ihre Herrschaft aufrechtzuerhalten. Dabei aber lebte der selbsterklärte „König" in Luxus, während seine Anhänger hungerten.

*

Die Erstürmung des wiedertäuferischen Münsters, das folgende Gemetzel und die Hinrichtung insbesondere der männlichen Bevölkerung der Stadt bildeten das Ende der radikalen Reformation. Das Täufertum konnte sich von dieser Niederlage nicht mehr erholen, obwohl es bis heute Nachfahren dieser religiösen Strömung gibt, die an dem Glauben an eine gemeinschaftliche Identität und den Pazifismus festhalten. Nach 1535 gab es auch keinen groß angelegten Versuch mehr, mithilfe der Reformation eine Gütergemeinschaft innerhalb der bestehenden Gesellschaft zu errichten.

Nach der Niederschlagung der Bauernerhebung hatte sich Unzufriedenheit nur noch durch Religion äußern können. Mit der achtzehn Monate anhaltenden Belagerung Münsters, die Tausenden unermessliches Leid brachte, und der obrigkeitlichen blutigen Zerschlagung der Täuferbewegung sollte auch dieser Weg versperrt werden. Das war weitgehend erfolgreich. Die Reformation in Europa verlor ihren Massencharakter und wurde an vielen Orten eine Reformation von oben. In England begegneten die einfachen Leute der Reformation Heinrichs VIII. gar mit Unruhe und Widerstand, weil sie seine religiösen Reformen ablehnten und für die Beibehaltung ihrer alten Kirche kämpften.[468]

---

468 Siehe dazu meine Darstellung in: Empson (2018). In der offenen Rebellion Zehntausender insbesondere im Nordosten Englands in den Jahren 1536/37 gegen Heinrich VIII. flossen religiöse, wirtschaftliche und soziale Forderungen zusammen.

Trotz der Zerschlagung der Täuferbewegung mit der Niederlage in Münster fanden sich auch danach noch Spuren des Radikalismus in Deutschland und den Niederlanden. Anhänger Melchior Hofmanns organisierten sich weiterhin. Im Dezember 1535 gab es einen Aufstandsversuch von etwa 60 Wiedertäufern in Hazerswoude in Südholland, der aber sofort unterdrückt wurde.[469] Um Weihnachten 1538 gab es die Erwartung, oder Gerüchte, eines erneuten Aufstand der übrig gebliebenen Täufer in den Niederlanden. Aber innerhalb nur weniger Jahre scheinen einige der radikalen oder revolutionären Täufer ins Bandidtentum abgeglitten zu sein. Sie raubten unter dem Vorwand, die katholische Kirche anzugreifen, Kirchen aus. Das ging noch bis in die 1570er Jahre so, ein Anführer ließ sogar eine der Schriften Rothmanns nachdrucken und nahm sich mehrere Ehefrauen. Dies war aber nur ein letztes Aufflackern einer Bewegung, deren Hauptkraft in Münster geschlagen worden war und mit der auch die Radikalität des Bauernkriegs ihr Ende fand.

Viele der radikalsten Anführer und Denker des Bauernkriegs hatten enge Verbindungen zur Wiedertäuferbewegung gehabt. Einer von ihnen war Heinz Kraut, ein Veteran des Bauernkriegs in Thüringen. Nach seiner Gefangennahme im Dezember 1536 wurde er von niemand anders als Philipp Melanchthon verhört. In seinem Prozess weigerte er sich, die Obrigkeit anzuerkennen. Er bewies mit seiner Haltung, dass trotz all des Blutvergießens die Ideen, für die Hunderttausende Männer und Frauen in den Kampf für Freiheit und Gleichheit gezogen waren, noch nicht ausgelöscht waren. Er wurde zum Tode verurteilt. Kurz vor seiner Hinrichtung sagte er ein altes Sprichwort auf, das die bäuerlichen Rebellen seit Jahrhunderten auf den Lippen trugen: „Als Adam grub und Eva spann, wo war denn da der Edelmann?"[470] An Menschen wie Kraut, die ihr Leben im Kampf für eine bessere Welt aufs Spiel setzten, sollten wir uns auch heute noch erinnern.

---

469 Stayer (1976: 287). Waite (1992: 460–463).
470 Wappler (1913: 150). Das Sprichwort wird dem englischen radikalen Prediger John Ball zugeschrieben, der den Aufstand von 1381 anführte und in Deutschland fast 200 Jahre später noch bekannt war. Im Augsburger Weberhaus war es seit dem 15. Jahrhundert bis ins 20. Jahrhundert noch an der Wand zu sehen, so Packull (1986: 56).

Schlussfolgerungen

Im Verlauf des Bauernkriegs in Deutschland, als Schlösser niedergebrannt und Städte erbobert wurden, gab es auch verschiedene Versuche, die Gesellschaft zu verändern. Keiner dieser Versuche ging über die Art Demokratie hinaus, die für die bürgerliche Ära kennzeichnend wurde. Warum konnten die Bauern keine gemeinschaftliche Gesellschaft verwirklichen?

Eine Ursache war die geringe Macht der Bewegung und teils war dies eher ein Zufall. Bauernbewegungen sind meist beschränkt durch die Ortsgebundenheit, die einer Bauerngesellschaft eigen ist. Zeitweise war es zwar möglich, die Bedürfnisse der Bauern durch die Vertreibung der Grundbesitzer und die Aufteilung ihres Besitzes unter den ansässigen Familien zu befriedigen, was im Laufe der Geschichte ein Merkmal von Bauernaufständen weltweit war. Diese Ortsgebundenheit fördert nicht unbedingt die Vorstellung von einem übergreifenden, kommunistisch aufgebauten Staat. Zweitens unterlagen die Bauernerhebungen praktischen Beschränkungen, den Feudalismus zu besiegen. Ihre militärische Schwäche zeigte sich trotz ihrer Empörung und der zusammengerufenen Massen im Aufstandsjahr 1525, als der Adel Haufen für Haufen vernichtete. Die Adligen konnten mit ihrem Reichtum Landsknechtsheere anwerben, und unter Überwindung ihrer Differenzen schlugen sie ihren gemeinsamen Feind. So groß die Bauernheere auch waren, reichte es nicht, die viel besser bewaffneten, erfahreneren und meist auch rücksichtsloseren Kräfte der feudalen herrschenden Klasse zu schlagen.

Und schließlich erfordert die Errichtung einer kommunistischen Gesellschaft eine materielle Basis. Sie benötigt einen Grad wirtschaftlicher Entwicklung, bei der ein Überschuss erzeugt werden kann, der allen ein gemeinschaftliches Leben erlaubt. Dafür war die bäuerliche Gesellschaft des 16. Jahrunderts in Deutschland noch nicht weit genug entwickelt. Isolierte Bauerngemeinschaften konnten im Feudalismus nicht überleben, und die Bauernbewegung konnte die feudale Gesellschaft nicht stürzen, denn das erforderte die weitere Entwicklung der Kapitalinteressen innerhalb der alten Ordnung.

Engels beschrieb die Bauernerhebung während der deutschen Reformation als wichtigste Komponente im ersten Stadium der bürgerlichen Revolution, denn sie war Ergebnis von Widersprüchen, die sich in der spätmittelalterlichen Gesellschaft herauskristallisierten, als sich die neue Wirtschaftsordnung abzuzeichnen begann.

Die Unfähigkeit der revolutionären Bewegung, einen Durchbruch zu erzielen, wurde von Engels in seiner berühmten Beschreibung der Falle, in der Müntzer sich befand, gut zusammengefasst:

> Es ist das Schlimmste, was dem Führer einer extremen Partei widerfahren kann, wenn er gezwungen wird, in einer Epoche die Regierung zu übernehmen, wo die Bewegung noch nicht reif ist für die Herrschaft der Klasse, die er vertritt, und für die Durchführung der Maßregeln, die die Herrschaft dieser Klasse erfordert. Was er tun kann, hängt nicht von seinem Willen ab, sondern von der Höhe, auf die der Gegensatz der verschiedenen Klassen getrieben ist, und von dem Entwicklungsgrad der materiellen Existenzbedingungen, der Produktions- und Verkehrsverhältnisse, auf dem der jedesmalige Entwicklungsgrad der Klassengegensätze beruht. Was er tun soll, was seine eigne Partei von ihm verlangt, hängt wieder nicht von ihm ab, aber auch nicht von dem Entwicklungsgrad des Klassenkampfs und seiner Bedingungen; er ist gebunden an seine bisherigen Doktrinen und Forderungen, die wieder nicht aus der momentanen Stellung der gesellschaftlichen Klassen gegeneinander und aus dem momentanen, mehr oder weniger zufälligen Stande der Produktions- und Verkehrsverhältnisse hervorgehn, sondern aus seiner größeren oder geringeren Einsicht in die allgemeinen Resultate der gesellschaftlichen und politischen Bewegung. Er findet sich so notwendigerweise in einem unlösbaren Dilemma: Was er tun kann, widerspricht seinem ganzen bisherigen Auftreten, seinen Prinzipien und den unmittelbaren Interessen seiner Partei; und was er tun soll, ist nicht durchzuführen. Er ist, mit einem Wort, gezwungen, nicht seine Partei, seine Klasse, sondern die Klasse zu vertreten, für deren Herrschaft die

Bewegung gerade reif ist. Er muß im Interesse der Bewegung
selbst die Interessen einer ihm fremden Klasse durchführen
und seine eigne Klasse mit Phrasen und Versprechungen, mit
der Beteuerung abfertigen, daß die Interessen jener fremden
Klasse ihre eignen Interessen sind. Wer in diese schiefe Stellung gerät, ist unrettbar verloren.[471]

Engels studierte die Ereignisse von 1525 nicht aus rein histori-
schem Interesse, sondern um die Feigheit der deutschen Bourgeoisie in den Revolutionen seiner eigenen Zeit zu verstehen. Im Jahr
1848 brachen in Europa revolutionäre Massenbewegungen aus, die
die Reste der alten aristokratischen und feudalen Ordnung hinwegfegen wollten. Das hätte es der neuen Bourgeoisie gestattet, ohne
Beschränkung von der Akkumulation des Kapitals zu profitieren. In
Deutschland jedoch fürchtete die Bourgeoisie weitere Aufstände der
unteren Schichten und sie schreckte zurück vor dem endgültigen
Zusammenstoß mit der alten Ordnung, sie stellte sich auf die Seite
des Adels gegen die Bewegung des Proletariats. Im Jahr 1525 war
die deutsche Bourgeoisie noch nicht stark genug, um ihre Interessen
durchzusetzen, obwohl sie bereits kleine, tastende Schritte unternahm. Erinnern wir uns an die von einigen aufständischen Städten
aufgestellten Artikel, die von den Bauernforderungen beeinflusst
waren, und eigene wirtschaftliche Ziele formulierten. Hierin verlangten sie eine Steuerreform im Interesse der aufstrebenden Kräfte
des Kaufmanns- und Manufakturkapitals. Das lag dieser Bemerkung
Engels' zugrunde: „Wer unter diesen Umständen vom Ausgang des
Bauernkriegs allein Vorteil zog, waren die Fürsten." Die Verlierer
sind leicht auszumachen: Die Geistlichkeit und der örtliche Adel
litten am meisten, weil Hunderte Klöster, Kirchen und Schlösser
niedergebrannt worden waren. Die Städte dagegen hatten nur wenig gewonnen: Die Bürger, die die Rebellion nutzten, ihre eigenen
Forderungen zu erheben, wurden unterdrückt, und die „Opposition
der Bürgerschaft blieb für lange Zeit gebrochen". Laut Engels wurde die alte Ordnung wiederhergestellt, „Handel und Industrie nach

---

471 Engels (MEW 7: 401–402).

allen Seiten hin fesselnd, bis in die französische Revolution fort". Die größte Tragik ist jedoch, dass die Bauern am meisten verloren. Zehntausende wurden getötet, viele mehr wurden verwundet. Sie wurden eingekerkert, gefoltert, gebrandmarkt, mit Geldbußen belegt oder verbannt. Ihre Anführer wurden auf grausamste Weise hingerichtet; ihre Organisationen waren weitgehend, wenn auch nicht vollständig gebrochen. Die Erhebung wurde zerschlagen.

Wie Engels abschließend feststellte, profitierten die Fürsten:

> Sie gewannen nicht nur relativ, dadurch daß ihre Konkurrenten, die Geistlichkeit, der Adel, die Städte, geschwächt wurden; sie gewannen auch absolut, indem sie die spolia opima (Hauptbeute) von allen übrigen Ständen davontrugen. Die geistlichen Güter wurden zu ihrem Besten säkularisiert; ein Teil des Adels, halb oder ganz ruiniert, mußte sich nach und nach unter ihre Oberhoheit geben; die Brandschatzungsgelder der Städte und Bauernschaften flossen in ihren Fiskus, der obendrein durch die Beseitigung so vieler städtischen Privilegien weit freieren Spielraum für seine beliebten Finanzoperationen gewann.[472]

Doch auch fünfhundert Jahre nach der Revolution ist der Bauernkrieg für uns noch von Bedeutung. Die Aufständischen wussten, dass sie in einem Kampf gegen Unterdrückung und Ausbeutung ihr Leben aufs Spiel setzten. Sie taten es, weil sie glaubten, sie könnten den Kampf gewinnen. Jene, die sich von den revolutionären Worten eines Thomas Müntzer oder Michael Gaismair inspirieren ließen, lebten in einer Welt, in der eine winzige Minderheit fast alles besaß, während die schuftenden Massen in Armut lebten. Die einfachen Leute sahen sich von den Reichen und Mächtigen ausgepresst, sie fürchteten Krankheit und Krieg und hatten die Korruption und die Verschwendung satt. Sie erhofften sich eine Welt, in der die Menschheit freien Zugriff auf die natürlichen Güter zum Wohle aller hatte,

---

472 Engels (MEW 7: 411).

und dabei wünschten sie sich die Freiheit der Religionsausübung ohne Beschränkung, ohne eine bestechliche Kirche mit ihren eigenen Zielen, die sie noch mehr auspresste.

Die Parallelen zu heute liegen auf der Hand. Aber fünfhundert Jahre nach dem Bauernkrieg ist die Welt sehr anders verfasst. Die Bourgeoisie hat weltweit triumphiert. Doch jetzt stehen Milliarden Menschen vor Krieg, Armut und Umweltzerstörung, weil der Antrieb dieser Welt die Kapitalakkumulation ist. Gleichzeitig hat der Kapitalismus jedoch, wie es im Kommunistischen Manifest heißt, mit der arbeitenden Klasse seinen eigenen Totengräber geschaffen. Im Europa des 16. Jahrhunderts waren es die Bauern mit ihrer harten Arbeit, die den Reichtum für die Errichtung von Kathedralen, riesigen Burgen und strahlenden Palästen erzeugten. Heute ist es die Arbeit von Milliarden Angehörigen der arbeitenden Klasse, die die Taschen der Anteilseigner mulitnationaler Konzerne und die Bankkonten von Milliardären füllen.

Als die Bauern sich erhoben, konnten sie höchstens darauf hoffen, dass sie das Land, das zuvor einem reichen Gutsherrn oder der Kirche gehört hatte, unter sich aufteilten. Sie hofften auf Rückgabe von Gemeindeland oder das Recht zu jagen, fischen oder Holz in den umliegenden Wäldern zu sammeln. Vielleicht hofften sie auch, dass ein besonders brutaler Fürst oder Adliger getötet würde. Manchmal hatten sie Erfolg, aber dies waren meist nur vorübergehende Siege. Heute birgt die kollektive Arbeit derer in Fabriken, Büros, Callcentern und anderen Betrieben die Möglichkeit für einen anderen Ausgang des Kampfs. Eine Welt, in der wir die Produktionsmittel gemeinschaftlich besitzen und kontrollieren, in der die Früchte menschlicher Arbeit nach Bedürfnis geteilt werden und die Gesellschaft demokratisch im Interesse aller organisiert ist. Das ist nicht nur notwendig, es ist auch möglich, anders als für die Bauern von 1525.

Dass Menschen schon immer gekämpft haben, um die Welt zu verändern, ist eine Motivation für all jene, die heute gegen den Kapitalismus antreten. Deshalb bleibt der Deutsche Bauernkrieg ein Meilenstein für uns. Auch wenn die religiöse Sprache des 16.

Jahrhunderts überholt ist, besteht kein Zweifel daran, dass die Botschaft der revolutionären Landesordnung von Michael Gaismair bis heute nachhallt:

> (Ihr werdet geloben), dass ihr alle gottlosen Menschen, die das ewige Wort Gottes nicht verfolgen, den gemeinen armen Mann beschweren und den gemeinen Nutzen verhindern, ausrotten und vertreiben wollt.[473]

Der Kapitalismus hat uns das produktive Potenzial der menschlichen Gesellschaft aufgezeigt. Aber neben dem Reichtum bringt er auch Armut, Hunger und menschliches Leid großen Ausmaßes hervor. Er bedrückt das gemeine Volk und „verhindert den gemeinen Nutzen". Angesichts des ökologischen Kollapses, der Wirtschaftskrise und endloser Kriege wird der Kampf für die Ersetzung des Kapitalismus mit einer am „Gemeinwohl" orientierten Gesellschaft immer dringlicher. Müntzer begriff, dass den Menschen die Notwendigkeit für den revolutionären Wandel von der Realität der Gesellschaft aufgedrängt wird. Wie er im Jahr 1524 sagte:

> Die Herren machen das selber, daß ihn der arme Mann feind wird. Die Ursach des Aufruhrs wollen sie nit wegtun, wie kann es die Lenge gut werden? So ich das sage, muß ich aufrührisch sein, wohlhin![474]

Die Zeit der Ernte ist da.

---

473 Übertragung gestützt auf: Lenk (1983: 238).
474 Lenk (1983: 225).

Nachwort: Das seltsame Nachleben des Deutschen Bauernkriegs

Für mich als Marxisten ist einer der faszinierendsten Aspekte bei der Untersuchung des Deutschen Bauernkriegs sein politisches Nachleben. Im Jahr 1850 veröffentlichte Friedrich Engels eine kurze Darstellung der Ereignisse, wobei er sich insbesondere auf die Arbeit des deutschen Historikers Wilhelm Zimmermann stützte. Engels bezweckte mit seinem Buch weniger eine detaillierte Studie, als die Niederlage der Deutschen Revolution von 1848 in ihrem historischen Kontext zu verstehen. Einige Jahre später schrieb Engels: „Die Parallele zwischen der deutschen Revolution von 1525 und der von 1848/49 lag zu nahe, um damals ganz von der Hand gewiesen zu werden." Trotz dieser Parallele war Engels bewusst, dass die zwei Revolutionen grundsätzlich verschieden waren. Das eine war der Versuch gewesen, die feudale Ordnung zu stürzen, was zum Scheitern verurteilt war. Das andere war eine Revolution, die die Gesellschaft umzuwälzen drohte. In diesem Sinne war die Revolution von 1848 ein unvollendetes Projekt, und dies aufgrund der wachsenden Stärker der arbeitenden Klasse. „Die Revolution von 1848 bis 1850 kann daher nicht enden wie die von 1525", lautete Engels' Schlussfolgerung.[475]

Als langjähriger Freund und Mitstreiter von Karl Marx war Engels' Analyse von hoher Bedeutung für nachfolgende Marxistinnen und Marxisten. Ende des 19. Jahrhunderts verfassten Ernest Belfort Bax und Karl Kautsky ihre eigene Darstellung des Bauernkriegs und des gesellschaftlichen Kontextes, wobei sie sich stark auf Engels stützten. Im Jahr 1910 schrieb der deutsche Marxist Franz Mehring das Werk „Deutsche Geschichte vom Ausgang des Mittelalters" mit einem längeren Abschnitt zur deutschen Reformation und dem Bauernkrieg.

---

475 Engels (MEW 16: 395); Engels (MEW 7: 413).

Aber das Interesse am Bauernkrieg beschränkte sich nicht auf die politische Linke. Einer der wichtigsten Historiker dieser Ereignisse war Günther Franz, dessen Publikation „Der deutsche Bauernkrieg. Herausgegeben in zeitgenössischen Zeugnissen" eine der vollständigsten Sammlungen von Archivmaterial über den Aufstand darstellt. Franz trat im Mai 1933 der NSDAP und im November der SA bei. Im Jahr 1935 wurde er SS-Rottenführer im Rasse- und Siedlungs-Hauptamt, ehe er 1936 zunächst Lehrstuhlvertreter und dann Professor in Jena wurde. Franz erstellte Schulungsmaterial für NS-Parteigliederungen und hielt innerparteilich regelmäßig Vorträge. In einem Lehrbuch für die SS von 1937/1938 schob er den Juden die Schuld für den Bauernkrieg zu. Er stellte antisemitische und historisch völlig haltlose Behauptungen über die Reformation, den Dreißigjährigen Krieg und die katholische Kirche auf, und er spielte eine maßgebliche Rolle dabei, historische Ereignisse mit dem Antisemitismus seiner Zeit zu verbinden. Franz wurde zu einer Schlüsselfigur des Naziregimes und wegen seines Beitrags zur Entwicklung einer rassenpolitischen Ideologie und Geschichte im November 1943 zum SS-Hauptsturmführer befördert. Trotz seiner Arbeit für das Naziregime während der gesamten Zeit der Diktatur wurde Franz nach dem Zweiten Weltkrieg „entnazifiziert" und durfte später wieder lehren. Er behauptete, er habe sich von den Nazis nicht vereinnahmen lassen, obwohl dies im offenen Widerspruch zu seiner Arbeit für das Regime stand.[476]

Nach dem Zweiten Weltkrieg erhielt der Aufstand erneut Bedeutung, insbesondere mit dem Herannahen des 450. Jahrestags 1975. Während des Kalten Kriegs wurde der Bauernkrieg Teil eines weltpolitischen Schlachtfelds. Nach dem Krieg wurde mit der Aufteilung Deutschlands zwischen den Siegermächten die von der Sowjetunion besetzte ostdeutsche Zone 1949 zur Deutschen Demokratischen Republik (DDR). Die DDR unterhielt enge Verbindungen mit der Sowjetunion und wurde als angeblicher „sozialistischer Staat" gegründet.[477] Ihre Historiker betonten die Bedeutung von Engels'

---

476 Behringer (1999: 114–141). Ich danke Rosemarie Nünning für diese Informationen.
477 Hier ist nicht der Ort für eine Diskussion über den Charakter der osteuropäischen Regime, die nach dem Zweiten Weltkrieg geschaffen wurden. Tony Cliffs Analyse dieser Länder als

Werk und Analyse des Deutschen Bauernkriegs – sowohl als marxistische Geschichtsschreibung als auch als Grundlagenwerk für ihren eigenen Staat. In ihrer Forschung über den Bauernkrieg bezogen sie sich auf die Arbeit von Engels und anderen sozialistischen Historikern und bauten darauf auf. Diese Arbeiten wurden von westlichen Geschichtswissenschaftlern regelmäßig angefochten, die den marxistischen Ansatz meist verwarfen, selbst wenn sie den Bauernkrieg als Erhebung der einfachen Leute feierten. Ein großer Teil der Forschung über den Bauernkrieg im 20. Jahrhundert war somit durch die Rezeption von Marx und des Marxismus geprägt, was zu einem Streit zwischen den Historikerinnen und Historikern des Westens und des Ostens unter dem Vorzeichen der Rivalitäten des Kalten Krieges führte.[478]

Für einen Marxisten wie mich werden damit mehrere Fragen aufgeworfen. Einerseits gibt es selten ein so breitgefächtertes Material über ein historisches Ereignis, verfasst von Autoren und Autorinnen, die von sich behaupten, einen marxistischen Ansatz zu verfolgen. Das bietet uns selbstverständlich wichtige Erkenntnisse. Andererseits hat die Version von Marxismus der offiziellen DDR-Ideologie wenig mit dem Marxismus der Selbstbefreiung zu tun, der die Werke von Marx und Engels selbst prägte – und ist zweifellos keine, der ich anhänge. Insofern entsprechen die Erkenntnisse der ostdeutschen marxistischen Historiker nicht unbedingt meinen eigenen Ansichten, was hoffentlich deutlich aus diesem Buch hervorgeht. Es ist eine Tragödie der Geschichte, dass die Ereignisse von 1525 von Regimen gefeiert wurden, die behaupteten, im Namen der „arbeitenden Massen" zu herrschen, diesen aber kaum demokratische Rechte und schon gar nicht die Beteiligung an der Gestaltung des Wirtschaftssystems einräumten.

Die ostdeutsche Regierung suchte Legitimation als „Arbeiterregierung" und angeblich sozialistische Regierung, als sie die Aufstände von 1524 und 1525 feierte. Sie hätte aber ohne Zweifel alle gehasst

---

staatskapitalistisch ist aus meiner Sicht immer noch am überzeugendsten. Siehe: Cliff (1975).
478   Der fraktionsartige Charakter dieser Debatten zeigt sich in einigen der Kapitel von Janos Baks wichtiger Essaysammlung von 1976 zum Bauernkrieg. Siehe: Bak (2014). Einen guten Überblick über die Debatten bieten Stalnaker (1979) und Blickle (1983).

und unterdrückt, die es wagten, Thomas Müntzers Kritik an der Konzentration des Reichtums in den Händen einer kleinen Minderheit auf Kosten der Masse der Produzierenden wiederzugeben. Im Gegensatz zu diesem „Sozialismus von oben" hoffe ich, dass meine eigene Darstellung des Bauernkriegs und des Kampfs für Gerechtigkeit, Gleichheit und Demokratie, der im Mittelpunkt dieses Ereignisses stand, erneutes Interesse weckt an dem Projekt einer revolutionären Selbstbefreiung der Massen.

Literatur

Anderson, Erich B. (2017): „Wildcards: Landsknechts in the German Peasant Armies." In: Medieval Warfare, Band VI, Nr. 6. Zutphen: Karawansaray.

Anshelm, Valerius (1896): Die Berner-Chronik. Fünfter Band. Bern: Historischer Verein.

Austin, Kenneth (2020): The Jews and the Reformation. Yale: University Press.

Bainton, Roland H. (1983): Martin Luther. Berlin: Evangelische Verlagsanstalt.

Bak, Janos (Hg.) (2014): The German Peasant War of 1525. London: Routledge.

Barge, Hermann (1914): Der deutsche Bauernkrieg in zeitgenössischen Quellenzeugnissen. Erster Band. Leipzig: Voigtländers.

Baumann, Franz Ludwig (Hg.) (1877): Akten zur Geschichte des deutschen Bauernkrieges aus Oberschwaben. Freiburg i. B.: Herder.

archive.org/details/aktenzurgeschich00baum/page/n1/mode/2up

Bax, E. Belfort (1899): The Peasants War in Germany, 1525–1526. London: Swan Sonnenschein.

Bax, E. Belfort (1903): Rise and Fall of the Anabaptists. London: Swan Sonnenschein.

Baylor, Michael G. (1991): The Radical Reformation. Cambridge: University Press.

Baylor, Michael G. (2012): The German Reformation and the Peasants' War: A Brief History with Documents. Boston: Bedford/St. Martins.

Behringer, Wolfgang (1999): „Bauern-Franz und Rassen-Günther. Die politische Geschichte des Agrarhistorikers Günther Franz (1902–1992)." In: Schulze, Winfried/Oexle, Otto Gerhard (Hg.): Deutsche Historiker im Nationalsozialismus. Frankfurt a. M.: Fischer.

Bentzien/Strobach (1975): „Entwicklungstendenzen bäuerlicher Kultur." In: Heitz et al. (1975): Der Bauer im Klassenkampf. Berlin: Akademie Verlag.

Blickle, Peter (1975): „Thesen zum Thema: ‚Der Bauernkrieg' als Revolution des ‚Gemeinen Mannes'." In: Historische Zeitschrift Band 4. München/Wien: Oldenbourg.

Blickle, Peter (1983): Die Revolution von 1525. München/Wien: Oldenbourg.

Blickle, Peter (1987): Gemeindereformation. Die Menschen des 16. Jahrhunderts auf dem Weg zum Heil. München/Wien: Oldenbourg.

Boer, Roland (2013): Criticism of Earth: On Marx, Engels and Theology. Chicago: Haymarket.

Bossert, Gustav (1925/26): „Der Bauernoberst Matern Feuerbacher." In: Württembergische Jahrbücher für Statistik und Landeskunde. Stuttgart: Kohlhammer.

Brandi, Karl (1964 [1937]): Kaiser Karl V. Werden und Schicksal einer Persönlichkeit und eines Weltreiches. München: F. Bruckmann.

Brendler, Gerhard (1966): Das Täuferreich zu Münster 1534/35. Berlin: VEB Deutscher Verlag der Wissenschaften.

Bücking, Jürgen (1978): Michael Gaismair: Reformer – Sozialrebell – Revolutionär. Seine Rolle im Tiroler „Bauernkrieg" 1524/32. Stuttgart: Klett-Cotta.

Callinicos, Alex (1989): „Bourgeois Revolutions and Historical Materialism." In: International Socialism Journal 43, Sommer. www.marxists.org/history/etol/writers/callinicos/1989/xx/bourrev.html

Cliff, Tony (1975): Staatskapitalismus in Russland. Frankfurt am Main.

Cohn, Henry J. (2014): „The Peasants of Swabia." In: Bak (2014).

Cohn, Norman (1988): Das neue irdische Paradies. Reinbek: Rowohlt.

Cornelius, Conrad Adolf (1853): Berichte der Augenzeugen über das Münsterische Wiedertäuferreich. „Meister Heinrich Gresbeck's Bericht von der Wiedertaufe in Münster." In: Die Geschichtsquellen des Bisthums Münster. Zweiter Band. Münster: Theissing'sche Buchhandlung.

www.digitale-sammlungen.de/en/view/bsb10024766?page=103

Davidson, Neil (2012): How Revolutionary Were the Bourgeois Revolutions? Chicago: Haymarket.

Die Bibel. Einheitsübersetzung 2016 (EU). bibleserver.com

Drummond, Andrew (2024): The Dreadful History and Judgement of God on Thomas Müntzer: The Life and Times of an Early German Revolutionary. London: Verso.

Empson, Martin (2017): „A common treasury for all: Gerrard Winstanley's vision of utopia." In: International Socialism Journal 154, Frühjahr. isj.org.uk/a-common-treasury-for-all

Endres, Rudolf (1974): „Der Bauernkrieg in Franken." In: Festschrift für Gerd Wunder. Württembergisch Franken, Jahrbuch Band 58.

Endres, Rudolf (1979): The Peasant War in Franconia. In: Scribner & Benecke (1979).

Engelberg, Ernst (2014): „Engels' Peasant War in Germany." In: Bak, Janos (Hg.) (2014): The German Peasant War of 1525. London: Routledge.

Engels, Friedrich (1968 [1893]): Engels an Franz Mehring. Brief vom 14. Juli 1893. In: Marx-Engels-Werke (MEW), Band 39. Berlin: Dietz.

Engels, Friedrich (1981 [1870]): Vorbemerkung zum 2. Abdruck des ‚Deutschen Bauernkriegs'." In: MEW, Band 16. Berlin: Dietz.

Engels, Friedrich (1982 [1850]): „Der deutsche Bauernkrieg." In: MEW, Band 7. Berlin: Dietz.

Engels, Friedrich (1984 [1884]): „Zum ‚Bauernkrieg'." In: MEW, Band 21. Berlin: Dietz.

Engels, Friedrich (1987 [1892]): „Einleitung zur englischen Ausgabe ‚Die Entwicklung des Sozialismus von der Utopie zur Wissenschaft'." In: MEW, Band 19. Berlin: Dietz.

Firnhaber-Baker, Justine (2021): The Jacquerie of 1358. Oxford: University Press.

Firnhaber-Baker, Justine/Schoenaers, Dirk (2017): The Routledge History Handbook of Medieval Revolt. London: Routledge.

Forcher, Michael (1982): Um Freiheit und Gerechtigkeit. Michael Gaismair. Leben und Programm. Innsbruck: Haymon.

Franz, Günther (1963): Quellen zur Geschichte des Bauernkrieges. Band II. München: Oldenbourg.

Franz, Günther (1972 [1935]): Der Deutsche Bauernkrieg. Aktenband (Ergänzungsband). Darmstadt: Wissenschaftliche Buchgesellschaft.

Franz, Günther (1975): Der Deutsche Bauernkrieg. Darmstadt: Wissenschaftliche Buchgesellschaft.

Friedrichs, Christopher R. (1996): „German Social Structure 1300–1600." In: Scribner (Hg.) (1996).

Fries, Lorenz (1883): Die Geschichte des Bauernkrieges in Ostfranken. Erster Band. Würzburg: Historischer Verein Unterfranken. franconica.uni-wuerzburg.de/ ub/10nz91360f912/index.html

Fuchs, Walther Peter (Hg.) (1964 [1942]): Akten zur Geschichte des Bauernkriegs in Mitteldeutschland. Band II. Aalen: Scientia.

Gess, Felician (1917): Akten und Briefe zur Kirchenpolitik Herzog Georgs von Sachsen. Band 2. Leipzig: Teubner.

Gimpel, Jean (1976): The Medieval Machine. Harmondsworth: Penguin.

Gimpel, Jean (1980): Die industrielle Revolution des Mittelalters. Zürich/München: Artemis.

Girgensohn, Dieter (1996): „Die ‚Landesordnung' von 1526 und ihr wahrscheinlicher Urheber Michael Gaismair." In: Geschichte und Religion/Storia e Regione (GR/SR). Heft 5. Bozen.

Gluckstein, Donny/Stone, Janey (2023): The Radical Jewish Tradition. London: Bookmarks.

Gœtzinger, Ernst (Hg.) (1870 [ca. 1533]): Johannes Kesslers Sabbata. Chronik der Jahre 1523–1539. Erster Teil. St. Gallen: Scheitlin & Zollikofer. www.digitale-sammlungen.de/en/view/bsb11248681?q=fa%C3%9Fnacht&page=338%2C339

Grotefend, H. (Hg.) (1888): Quellen zur Frankfurter Geschichte. Frankfurt a. M.: Carl Jügel's. https://archive.org/details/frankfurterchro00unkngoog/page/184/mode/1up

Haarer, Peter (1625): Eigentliche Warhafftige beschreibung deß Bawrenkriegs. Jetzunder erstmals in Teutscher sprach in den Druck gegeben. Franckfurt: Johan Ammons.

www.deutschestextarchiv.de/book/show/haarer_bawrenkrieg_1625

Harman, Chris (1998): Marxism and History. London: Bookmarks.

Harman, Chris (2016): Wer baute das siebentorige Theben? Wie Menschen ihre Geschichte machen. Band 1. und 2. Hamburg: Laika.

Herold, Richard (1889): Der Bundschuh im Bistum Speyer vom Jahr 1502. Inaugural-Dissertation. Greifswald.

Herrer, Hipolito Rafael Oliva (2017): „Interpreting large-scale revolts: Some evidence from the War of the Communities of Castile." In: Firnhaber-Baker & Schoenaers.

Hilton, Rodney (1972): Bond Men Made Free: Medieval Peasant Movements and the English Rising of 1381. London: Methuen.

Howell, Martha C. (1986): Women, Production and Patriarchy in Late Medieval Cities. Chicago: University Press.

Hoyer, Siegfried (1975): Das Militärwesen im deutschen Bauernkrieg 1524–1526. Berlin: Militärverlag.

Hoyer, Siegfried (1979a): „Arms and Military Organisation in the German Peasant War." In: Scribner & Benecke (1979).

Hoyer, Siegfried (1979b): „The Rights and Duties of Resistance in the Pamphlet to the Assembly of the Common Peasantry (1525)." In: Scribner & Benecke (1979).

Hoyer, Siegfried/Rüdiger, Bernd (1975): An die Versammlung gemeiner Bauernschaft. Eine revolutionäre Flugschrift aus dem Deutschen Bauernkrieg (1525). Leipzig: VEB Bibliographisches Institut. Digitalisiert Urfassung auf bavarikon: www.bavarikon.de/object/BSB-HSS-00000BSB00025789?lang=de

Karasek, Horst (1975): Die Kommune der Wiedertäufer. Berlin: Wagenbach.

Kaufmann, Thomas (2017): Erlöste und Verdammte. Eine Geschichte der Reformation. München: C. H. Beck.

Kautsky, Karl (1947a): Vorläufer des neueren Sozialismus. Band 1. Berlin: JHW Dietz Nachf.

Kautsky, Karl (1947b): Vorläufer des neueren Sozialismus. Band 2. Berlin: JHW Dietz Nachf.

Keller, Ludwig (1880): Geschichte der Wiedertäufer und ihres Reichs zu Münster. Münster: Coppenrath.

Kirchhoff, Karl-Heinz (1962): „Die Belagerung und Eroberung Münsters 1534/35." In: Westfälische Zeitschrift 112.

Kissling, Peter (2000): „Huldrich Schmid." In: Kuhn, Elmar L.: Der Bauernkrieg in Oberschwaben. Tübingen: bibliotheca acdemica.

Klaassen, Walter (1978a): „Michael Gaismair. Ein Vorkämpfer für soziale Gerechtigkeit." In: Goertz, Hans-Jürgen: Radikale Reformatoren. München: Beck.

Klaassen, Walter (1978b): Michael Gaismair: Revolutionary and Reformer. Leiden/Boston: Brill.

Kühne, Hartmut/Bünz, Enno/Wiegand, Peter (2017): Johann Tetzel und der Ablass. Berlin: Lukas Verlag.

Laube, Adolf (2014): „Precursors of the Peasant War: ‚Bundschuh' & ‚Armer Konrad' – Popular Movements at the Eve of the Reformation." In: Bak (2014).

Laube, Adolf/Seiffert, Werner (1975): Flugschriften der Bauernkriegszeit. Berlin: Akademie Verlag.

Lenk, Werner (1983): Dokumente aus dem deutschen Bauernkrieg. Leipzig: Reclam.

Leon, Abraham (1971 [1942]): Judenfrage und Kapitalismus. München: Trikont.

Luther, Martin (1853): Werke. Band 53. Frankfurt am Main: Hyder & Zimmer. docs.google.com/document/d/1E4xY9ntHSc6xvAOA8WRavV1F6KYfdLPUht-6GNK--VsQ/preview?hgd=1&tab=t.0

Luther, Martin (1888 [1525]): „Wider die Mordischen und Reubischen Rotten der Bawren." In: Werke. Kritische Gesamtausgabe, Band 18. Weimar: H. Böhlaus Nachfolger. www.lernhelfer.de/sites/default/files/lexicon/pdf/BWS-DEU2-0254-09.pdf

Luther, Martin (1983 [1520]): Taschenausgabe. Auswahl in fünf Bänden. Band 2: Glaube und Kirchenreform. Berlin: Evangelische Verlagsanstalt.

Luther, Martin (2016): Ausgewählte Schriften. Erster Band: Aufbruch zur Reformation. Berlin: Insel.

MacCulloch, Diarmaid (2010): Die Reformation 1490–1700. München: dtv.

Mann, Michael (1994): Geschichte der Macht. Vom Römischen Reich bis zum Vorabend der Industrialisierung. Frankfurt/New York: Campus.

Marx, Karl (1960 [1852]): „Der achtzehnte Brumaire des Louis Bonaparte." In: MEW, Band 8. Berlin: Dietz.

Marx, Karl (1988 [1844]): „Zur Kritik der Hegelschen Rechtsphilosophie." In: MEW, Band 1. Berlin: Dietz.

Materialien zur Memminger Stadtgeschichte (2000): Zwölf Artikel und Bundesordnung der Bauern, Flugschrift „An die versamlung gemayner pawerschafft". Stadtarchiv Memmingen.

stadtarchiv.memmingen.de/blaetterkataloge/index.html?catalog=Stadtarchiv/Zwoelf-Artikel_2000#page_1

Matheson, Peter (Hg.) (1988): The Collected Works of Thomas Müntzer. London: T&T Clark.

Miller, Douglas (2009): Armies of the German Peasants' War 1524–1526. London: Osprey.

Musculus, Andreas (1556): Wider den Ehteuffel. Die sechste hinderliste des Eheteuffels. Franckfurt an der Oder. books.google.de/books?id=DMjxRGUnqOEC&newbks=1&newbks_redir=0&printsec=frontcover&hl=de#v=onepage&q&f=false

Oman, C. W. C. (1890): „The German Peasant War of 1525." In: The English Historical Review, Band 5, Nr. 17.

Packull, Werner O. (1986): „In Search of the ‚Common Man' in Early German Anabaptist Ideology." In: The Sixteenth Century Journal. Band 17, Nr. 1.

Pascal, Roy (1933): The Social Basis of the German Reformation. London: Watts.

Pettegree, Andrew (2016): Die Marke Luther. Berlin: Insel.

Potter, G. R. (1984): Zwingli. Cambridge: University Press.

Rapp, Francis (1979): „The Social and Economic Prehistory of the Peasant War in Lower Alsace." In: Scribner & Benecke (1979).

Roder, Christian (Hg.) (1883): Heinrich Hugs Villinger Chronik. Tübingen: Litterarischer Verein. www.digitale-sammlungen.de/de/view/bsb11832325?page=%2C1

Roper, Lyndal (1987): „‚The Common Man', ‚The Common Good', ‚Common Women': Gender and Meaning in the German Reformation Commune." In: Social History, Januar 1987, Band 12, Nr. 1, S. 1–21.

Roper, Lyndal (2016): Der Mensch Martin Luther – Die Biographie. Frankfurt am Main: Fischer.

Rösener, Werner (1996): „The Agrarian Economy 1300–1600." In: Scribner (Hg.) (1996).

Ruszat-Ewig, Heide (2018): Die 12 Bauernartikel. Flugschrift aus dem Frühjahr 1525. Memmingen: Historischer Verein.

Schreiber, Heinrich (1864): Der Deutsche Bauernkrieg. Gleichzeitige Urkunden. Jahr 1525. Januar bis Juli. Freiburg: Wangler. dl.ub.uni-freiburg.de/diglit/schreiber-1864a?sid=bd14ea2fddea77e870ff66b92143ffc2

Schreiber, Heinrich (1866): Der Deutsche Bauernkrieg. Gleichzeitige Urkunden. Jahr 1525. Juli bis Dezember. Freiburg: Wangler.

dl.ub.uni-freiburg.de/diglit/schreiber1866a/0005?sid=0ef72e1354e8598016df994e-3c6a3463

Scott, Tom (1986): Freiburg and the Breisgau: Town-Country Relations in the Age of Reformation and Peasants' War (Clarendon).

Scott, Tom (1989): Thomas Müntzer: Theology and Revolution in the German Reformation. London: Palgrave.

Scott, Tom (1996): „Economic Landscapes." In: Scribner (Hg.) (1996).

Scott, Tom/Scribner, Bob (1991): The German Peasants' War: A History in Documents: New Jersey/London: Humanities.

Scribner, Bob (Hg.) (1996): Germany: A New Social and Economic History: 1450–1630. London: Arnold.

Scribner, Bob/Benecke, Gerhard (1979): The German Peasant War 1525: New Viewpoints. London: Allen & Unwin.

Seebaß, Gottfried (1988): Artikelbrief, Bundesordnung und Verfassungsentwurf. Heidelberg: Carl Winter.

Seebaß, Gottfried (2002 [1972]): Müntzers Erbe: Werk, Leben und Theologie des Hans Hut. Gütersloh: Gütersloher Verlagshaus.

Stalnaker, John C. (1979): „Towards a Social Interpretation of the German Peasant War." In: Scribner & Benecke.

Stanford, Peter (2017): Martin Luther: Catholic Dissident. London: Hodder & Stoughton.

Stayer, James M. (1994): The German Peasants' War and Anabaptist Community of Goods. Montreal: McGill–Queen's University Press.

Steinmetz, Max (1960): „Die frühbürgerliche Revolution in Deutschland (1476–1535). Thesen zur Vorbereitung der wissenschaftlichen Konferenz in Wernigerode vom 20. bis 24. Januar 1960." In: Zeitschrift für Geschichtswissenschaft, Heft 1, 8 Jg. Berlin: Rütten & Loening.

Thomas-Müntzer-Ausgabe (ThMA) (2004): Kritische Gesamtausgabe. Band 3. Quellen. Hg. von Helmar Junghans. Leipzig: Sächsische Akademie der Wissenschaften.

Thomas-Müntzer-Ausgabe (ThMA) (2010): Kritische Gesamtausgabe. Band 2. Briefwechsel. Hg. von Bräuer, Siegfried/Kobuch, Manfred. Leipzig: Sächsische Akademie der Wissenschaften. www.yumpu.com/de/document/read/62738922/muntzerthomas-briefwechsel-bd2

Thomas-Müntzer-Ausgabe (ThMA) (2017): Kritische Gesamtausgabe. Band 1. Schriften, Manuskripte und Notizen. Hg. von Kohnle, Armin/Wolgast, Eike. Leipzig: Sächsische Akademie der Wissenschaften.

Thompson, Edward P. (1980): „Die ‚moralische Ökonomie' der englischen Unterschichten im 18. Jahrhundert." In: Plebejische Kultur und moralische Ökonomie. Aufsätze zur englischen Sozialgeschichte des 18. und 19. Jahrhunderts. Frankfurt a. M.: Ullstein.

Trotzki, Leo (1960): Geschichte der russischen Revolution. Berlin: Fischer.

van Dülmen, Richard (1974): Das Täuferreich zu Münster 1534–1535. Dokumente. München: dtv.

Vogler, Günter (1975): Die Gewalt soll gegeben werden dem gemeinen Volk. Berlin: Dietz.

Walch, Johann Georg (Hg.) (1903): Dr. Martin Luthers Sämmtliche Schriften. 21. Band. Briefe vom Jahre 1507 bis 1532. St. Louis: Concordia.

Wappler, Paul (1913): Beiträge zur neueren Geschichte Thüringens. Band II. Die Täuferbewegung in Thüringen von 1526–1584. Jena: Gustav Fischer.

Ward, A. W./Prothero, G. W/Leathes, Stanley (Hg.) (1903): The Cambridge Modern History, Band II: The Reformation. Cambridge: University Press.

Waite, Gary (1992): „The Dutch Nobility and Anabaptism, 1535–1545." In: Sixteenth CenturyJournal XXIII/3.

Wehr, Gerhard (Hg.) (1989): Thomas Müntzer. Schriften und Briefe. Zürich: Diogenes.

Wiesner, Merry E. (1996): „Gender and the Worlds of Work." In: Scribner (Hg.) (1996).

Winstanley, Gerrard (1983): Gleichheit im Reiche der Freiheit. Herausgegeben von Hermann Klenner. Leipzig: Reclam.

Wohlfeil, Rainer (2014): „‚The Peasant War in Germany' by Friedrich Engels – 125 years after." In: Bak, Janos (Hg.) (2014).

Wopfner, Hermann (1900): „Der Innsbrucker Landtag vom 12. Juni bis zum 21. Juli 1525." In: Zeitschrift des Ferdinandeums für Tirol und Vorarlberg, 3/44. www.zobodat.at/pdf/VeroeffFerd_3_44_0085-0151.pdf

Wunder, Heide (1975): „Zur Mentalität aufständischer Bauern. Möglichkeiten der Zusammenarbeit von Geschichtswissenschaft und Anthropologie, dargestellt am Beispiel des samländischen Bauernaufstandes von 1525." In: H.-U. Wehler (Hg.): Der Deutsche Bauernkrieg 1524–1526. Geschichte und Gesellschaft, Sonderheft 1. Göttingen: Vandenhoek & Ruprecht.

Zeitschrift für die Geschichte des Oberrheins (1882), Band 34. Herausgegeben von dem Großherzoglichen General-Landesarchive zu Karlsruhe.

Zimmermann, Wilhelm (1980 [1891]): Der große deutsche Bauernkrieg. Berlin: Das europäische Buch.

Register